XIANDAI GAOXIAO JIAOYU GUANLI
YU JIAOXUE CHUANGXIN YANJIU

现代高校教育管理与教学创新研究

◆ 张燕　安欣　胡均法◎著

天津出版传媒集团
天津科学技术出版社

图书在版编目(CIP)数据

现代高校教育管理与教学创新研究 / 张燕, 安欣, 胡均法著. -- 天津 : 天津科学技术出版社, 2023.3
ISBN 978-7-5742-0828-5

Ⅰ. ①现… Ⅱ. ①张… ②安… ③胡… Ⅲ. ①高等学校-教育管理-研究 Ⅳ. ①G640

中国国家版本馆CIP数据核字(2023)第022669号

现代高校教育管理与教学创新研究
XIANDAI GAOXIAO JIAOYU GUANLI YU JIAOXUE CHUANGXIN YANJIU

责任编辑：马　悦
责任印制：兰　毅
出　　版：天津出版传媒集团
　　　　　天津科学技术出版社
地　　址：天津市西康路35号
邮　　编：300051
电　　话：（022）23332490
网　　址：www.tjkjcbs.com.cn
发　　行：新华书店经销
印　　刷：定州启航印刷有限公司

开本 710×1000　1/16　印张 13　字数 220 000
2023年3月第1版第1次印刷
定价：78.00元

前　言

高校是高素质创新型人才的培养基地，不仅是一个社会的轴心机构，还是其他各级教育的领头羊。因此，其自身现代化的实现对整个教育现代化有着积极的作用。在21世纪知识经济社会中，各国的竞争异常激烈，主要集中在科技竞争和人才竞争上，归根到底集中在教育竞争上，尤其是高等教育竞争上。因此，高等教育现代化的实现能够大幅度提升国家国际竞争力。实现高等教育现代化是一个复杂长期的过程，高校教育管理现代化是其重要内容，所以在高等教育现代化实践中，需要对高校教育管理工作进行优化与提升。在新时代的发展变革中，面对信息化技术的发展，各大高校为了提高人才水平，不断加强教育信息化建设。教育信息化的建设是教育现代化建设的中心任务，学校教育信息化是教育现代化的重要组成部分。教育信息技术的迅猛发展和应用，对学校教育产生了深刻影响，学校教育正在经历着前所未有的深刻变化，应用教育信息技术已成为高校教育发展的客观要求。面对21世纪，要全面提高高校教育质量，就必须认真研究高校教育中教育信息技术的应用与发展的问题。高校的现代化应建立在教育信息技术的平台之上，运用教育信息技术理论，对教学的内容、方法、体系进行系统的改革，从而提高高校教育的现代化水平。

本书首先概述了高校教育管理的基本内容，包括高校教育管理的概念、高校教育管理的理论与方法、高校教育管理的模式、高校教育管理的流程与优化等，其次对现代高校教育管理的内容进行论述，然后阐述了现代高校教学模式的相关知识，进而对高校教育管理信息化进行研究，并对高校教育教学管理实践创新进行详细分析，最后对高校教育教学的发展创新进行总结和探讨。

本书在编写过程中得到了很多专家教授的帮助，在此表示感谢。由于高校教育管理与教学涉及内容广泛，加之时间仓促，不足之处难以避免，恳请同行专家和读者不吝指正。

目录

第一章　高校教育管理概述

第一节　高校教育管理的基本解读

一、高校教育管理的含义

（一）教育管理

教育管理是学校管理工作的重要环节之一，也是学校管理中相对复杂的一项。教育管理不仅是对各种教育相关设施设备的管理，更是对所有教育活动、教育计划的管理，即教育管理者通过组织协调教育队伍，运用科学的方式方法，对各级教育机构与组织进行规划、组织、指导、监督、协调，达到对有限的教育资源的合理配置，实现教育质量提高、办学效益增进、教学秩序稳定、办学条件提升等目标，以此来促进教育事业发展。

（二）高等教育管理

要了解高等教育管理的含义，首先必须对管理的含义进行分析。“管理”一词在管理学中还没有一个统一的概念。有人强调决策的作用，认为：“管理就是决策。”有人从领导艺术的角度出发认为：“管理就是领导。”有人强调工作任务，将管理定义为由个人或者多人来协调他人的活动。随着管理学的发展和进步，“管理”一词的概念也被不断丰富，管理学界通常把管理定义为通过计划、组织、控制、激励、领导和监督等环节来协调人力、物力和财力资源，以期更好地达成组织目标的过程①。从管理的定义可知，所谓高等教育管理就是涵盖整个高等教育领域的管理，并非简单的高等教育行政管理，也非纯粹的普通高校管理，而是包括这两者的全面性管理。高等教育管理也可以从宏观和微观两方面来理解：从宏观方面来说，是指根据国家需要提出任务、制订计划、提供条件、颁布法规、发布指令；从微观方面来说，是根据上级要求直接组织人才培养和科学研究。简单地说，高等教育管理就是管理者对组织内部的各要素进行优化配置，保证日常管理工作的秩序性和高效性，为实现高等教育目标而做出的决策。

二、高校教育管理的本质

高校教育管理的根本宗旨就是通过教育与涵养、熏陶与浸染、培养与赋能，使学生具有发现幸福、创造幸福和体验幸福的能力，使学生更加优秀。可以说，让学生优秀和幸福是高校教育管理所有的价值所在。

（一）高校教育的本质

教育的本质是培养人的活动，人是教育的对象，教育促进人的发展和人的社会化；教育在一定的社会环境中进行，社会为教育提供物质和精神教育资源。人的发展和社会的发展是一致的，因此教育促进人的发展和促进社会的发展的功能具有本质上的一致性。促进人的发展包括：德、智、体、美诸多要素的关系，是教育的内部关系；教育与社会经济、政治、文化的关系，是教育的外部关系。但是，从根本上来讲，教育是帮助受教育的人，给他发展自己的能力，完善他的人格，即润泽生命、开启智慧。归根到底，教育者还是要守护受教育者的精神高地、守护他的内心。一个人的内心感觉是否幸福、是否宁静、是否有力量，从某种意义上来讲，最终还是要回归教育本质、回归幸福本质、回归爱的本质。

（二）管理的本质

管理是一种普遍存在的、非常重要的社会现象，是组织的手段和工具，是一个组织生存和发展的必要条件。

（三）高校教育管理的本质

高校是培养身心协调发展的高素养人才的一种特殊社会组织，高校的关键

① 徐国华，张德，赵平．管理学[M].北京：清华大学出版社，2005.

业务有三项：教学、科研和管理。教学和科研目标的实现离不开科学管理，教育目标的实现，更离不开科学管理。高校教育管理的终极之善是改善各类办学要素状态及其组合状态，共同服务于培养具有丰富精神、高尚品德、独立思考、情善意美的社会普适性人才。高校教育管理是协调高校内部各要素之间、内部要素与外部要素之间关系，对有限的资源进行合理配置，使之与环境更相适应，从而更好地实现办学目标的重要方法和手段。高校教育管理水平的高低，是衡量教育现代化程度的基本尺度之一，高校教育管理的水平直接影响高校教育教学的水平和质量，影响高校办学目标的实现。高校教育管理包括教学管理、学生管理、科研管理、师资管理、物资管理、财务管理及服务管理等内容，其中，教学管理、科研管理和学生管理是本书重点讨论的内容。高校教育管理是一种特殊的管理，它的管理对象是活生生的人。高校除了财和物的管理，更重要的是人——教师和学生的管理。 管理是一把双刃剑，管理好了，被管理的事物就会焕发生机；管理不好，被管理的事物就会萎靡不振，甚至死亡。管理的艺术在于借力，力的本质是能量及其特殊的存在方式。借力的关键是要增加协同力，通过密切目标接触等办法，增加动力源，促进动力释放；同时，要通过避免接触障碍的方法，减少受到的阻力。在管理也是生产力的时代，高校应树立“向管埋要效益”的观念，充分认识提高高校教育管理水平对于提高资源利用效率、激发师生员工教和学积极性的重要意义，不断提高管理水平和能力。

三、我国高校教育管理的任务

高校教育管理的总体任务就是应该为最有效地实现高校的教育目标服务。教育管理的服务职能的体现程度，将直接影响高校的教育质量。

（一）教育目标对教育管理的要求

教育的根本目标历来是培育人。任何一个国家、任何一种社会制度都要求教育必须为社会的政治、经济、文化的发展服务。我国的社会主义市场经济体制，同样要求教育服务于我国的政治、经济和文化事业。就高等教育而言，就是要培养为我国社会主义市场经济发展服务的有用人才，这是高等教育的总体目标，就各类高等院校而言，它们有其各自的独特性。市场经济中是充满竞争的，市场环境也是多变的，因此各高校的教育目标必须能够尽可能地适应市场变化的要求，并且应有鲜明的超前性，对市场经济的发展方向应具有引导功能。教育目标的超前性、多变性要求高校的教育管理体制表现出充分的灵活性，提供或形成一种机制，能够适应多变的市场需求，为高校的生存与发展创造有利环境。

（二）高校教育管理的任务

我国高校教育管理的任务，是要转变思想观念，实实在在地为高校的教育、教学、科研工作服务，切实转变角色，为高校的办学总目标服务。具体到现在高校教育管理的任务可归纳为以下几个方面。

1.高等教育相关的信息收集、加工、处理与输出

现代经济的发展要求高校不仅具有育人的功能，更要做好经营。经营不仅是方法，更是一种理念，核心是效率和效益。未来高校教育的目标是服务、适应与引导市场经济的发展，真正体现教学、科研和社会服务三大职能。因此，高校教育管理者必须时刻注意国内外市场经济的变化，及时收集市场经济发展对高校要求的信息。这种信息不仅包括当前市场经济的要求，更重要的是通过分析市场经济发展的趋向，提早发现、判断和捕捉未来的要求，只有这样才能发挥高等教育对市场经济发展的引导作用。对市场经济发展要求的变化信息，不应只是简单地收集与积累，应该有教育管理的专业研究人员进行加工与研判，并且将研究结果及时反馈给学校决策者和广大师生、员工。

2.为校领导决策提供科学的、合理的建议

在充分做好信息收集、加工、处理的基础上，为校领导的决策提供科学的合理性建议，特别是在办学目标确定、专业设置及调整、教学改革、经济收入支出、校园建设等重大问题的决策上。由于这些建议是在充分的研究工作基础上提出的，对高校的办学走向将起着重要作用，这也是真正为最有效地实现高校教育目标服务的真实体现。

3.为学校师生的教学、科研工作提供优质服务

师生是学校的主体，师生的教学、科研工作是实现高校教育目标的最直接行动，离开师生的教学与科学研究工作，教育目标的实现就将成为一句空话。教育管理要服务于教育目标的实现，就必须服务于师生的教学与科研工作。这里要特别强调的是，教育管理所提供的服务应该是优质服务。这是因为高校管理工作的服务职能虽已提出多时，大多数高校的教育管理条例中也明确写着“管理就是服务”，但在实际工作中体现出来的，则处处是“管”字当头，服

务质量低下。强调优质服务，还在于教育管理部门所提供的服务应该是高层次的服务，如及时提供国内外高等教育动态，为教师的教学与科研提供指导性建议，在学生的选课、择业等方面提供正确的意见等，而不是一些“福利”型的低层次服务。这也从另一个层面反映出教育管理者的真正水平，是教育管理评价中的一个有效依据。

4. 对外宣传的任务

办学是经营，经营就要对外宣传，只有准确、有效地对外进行宣传，才能让社会了解学校，学校才能得到更好的生源，学校的毕业生也更容易为社会所接受。在今后的高等教育发展中，这种宣传工作将越来越重要，既要向国内宣传，也要在国际上宣传。这也是高等教育的社会服务的一种体现。

四、现代高等教育管理的基本原则

根据现代高等教育管理的基本规律、运作原理，以及现行的指导思想，本书将现代高等教育管理的主要原则概括为以下几项。

（一）高校教育管理的方向性原则

高校教育管理的方向性原则，指我国的高等教育系统不仅要实现管理的现代化、高效化，而且要始终不渝地坚持“教育必须为社会主义现代化建设服务”的教育方针，努力培养大批德、智、体、美、劳全面发展的新型人才的管理原则。它是社会主义高等教育管理的一项首要原则。就是说始终不渝地坚持党和国家的教育方针，为我国的经济和社会的发展，大规模地培养党和国家的教育方针坚持社会主义方向的各级各类合格人才，是我国社会主义高等教育管理的方向性原则。

（二）高校教育管理的系统效益性原则

系统效益性原则，又称整体效益性原则，指坚持以整个（全国）高等教育系统的效益最佳化为目标的管理原则。它是由系统性原理引申而来的。

贯彻系统效益性原则，必须掌握好三个环节。

1. 效益性

如同一切目的系统一样，高等教育系统也有它的输入和输出。但有别于其他目的系统的是：高等教育系统的投入是教育经费和广大教职工的智力劳动，而产出是新一代人才及新的科学技术知识。这些新的人才和新的知识将会给社会带来巨大的经济效益。所以，马克思把它形象地称为“人才工厂”。既然，人才培养具有“生产性”的特点，那么就有一个生产效益的问题，我们的高等教育在坚持社会主义方向性的前提下，也要注意投入、产出的效益，要力争在产出确定的情况下，投入最小化；或在投入确定的情况下，产出最大化。

2. 全局性

前面所说的效益性通常有两种：一种是局部效益，另一种是全局效益。二者有时一致，有时矛盾。我们在实施高等教育管理时，必须摆正二者的关系，必须坚持“全国高等教育一盘棋”的思想和“局部服从全局”的思想。当局部利益与全局利益相抵触时，有时为了保证全局的效益最佳，必须果断地牺牲局部利益。

3. 结构最佳化

为了获得全局效益最佳化，首先必须保证高等教育系统的内部结构最优化。这就要求高等教育管理者善于通过对高等教育系统结构和功能关系的研究，即对高等教育系统质的规定性（含构成要素、要素特性及其结合形式）和量的规定性（指要素间的比例关系）两个方面的综合研究，找出能够发挥其最佳功能的高等教育结构，并按此结构模式有目的地改造现有高等教育系统。例如，当前高校教育管理采取的“控制速度，调整比例，注重质量，讲究效益，优化结构，协调发展”方针，就是系统效益性原则的生动体现。

（三）高校教育管理的能级相符原则

高校教育管理的能级相符原则，指根据高等教育系统中所含机构、法则和人的能量的大小，将其分成不同的等级，建立一定的秩序、规范和标准，并在管理中，确保其能量和级别相符的管理原则。它是由适应性原理、能动性原理和动态性原理引申而来的。

一个稳定的高等教育管理结构应该呈正三角形，通常分为四个层次（四级），不同层具有不同的职能要求。第一层——决策层，它是高校教育管理系统中的领导核心，负责决定该系统的大政方针。第二层——管理层，负责运用各种管理的技术和手段，发出各种具体的管理指令来保证决策层所确定的大政方针的落实。第三层——执行层，负责直接调动和组织人力、财力、物力来执行管理指令。第四层——操作层，担负一些具体任务的操作工作。

贯彻高校教育管理的能级相符原则，必须注意以下三个环节。

1. 决策权要集中，管理层要精干

只有决策权集中，管理层精干，才能避免机构臃肿，扯皮推诿，内耗丛生的低效益、高损耗状况，保证决策迅速、果断，管理卓有成效。

2. 各管理层次要有相应的“权、职、责、利、效”

管理者要权、职、责、利、效相统一。其中，权和职是处在一定级别上发挥应有作用（达到应有能量）的条件、保证；而责和利，则是激励管理者更好地发挥作用的动力；效，则是检验管理结果的标志或管理所要实现的目标。这五者有机统一，才能保证能级的高度协调。否则，权、职、责、利、效五者互相脱节，必将造成一部分人“有劲使不上”的被动局面和一部分人“有劲不想使”的消极局面，从而扼杀各管理层次的主观能动性。

3. 各类能级必须形成动态对应

所谓“动态对应”，包括两层含义：一层是具备一定才能的人要放在相应能级的岗位上，也就是要“适才适所”。另一层是，随着人的能力的变化，其所在岗位，也应随时做相应调整。只有这样，在动态中保持能级始终对应，才能发挥最佳的管理效果。

（四）高等教育管理的动力原则

高校教育管理的动力原则，指通过正确运用动力，最大限度地调动高等教育系统各方面人员的积极性、主动性、创造性，促进高等教育事业迅速、健康地向着预定目标前进的管理原则。它是由能动性原理而引申出来的。贯彻高等教育管理的动力原则，需要正确处理三大动力的关系。

1. 物质动力

物质动力是基础。在社会主义社会，物质利益仍然是推动事物发展的内在动力。因此，正确地贯彻物质利益原则，发挥物质的动力作用，是调动人们工作积极性，提高管理效益的一个重要保证。但是物质动力不是万能的，如果把物质动力看成唯一动力就不可避免地要走到“邪路”上去，特别是在“以育人为宗旨”的教育领域，稍不注意，就会危害下一代。所以，必须十分强调物质动力和精神动力的结合。

2. 精神动力

精神动力是支柱。精神动力不仅可以弥补物质动力的欠缺，而且在特定情况下，可以成为决定性的动力。对于教育系统来说，这种动力尤其可贵。例如，许多优秀教师的“春蚕精神”“蜡烛精神”“人梯精神”“园丁精神”等，不仅具有自身的动力价值，而且对于广大受教育者来说，还具有巨大的感染作用，也是一种无形的鞭策力。精神动力不能脱离物质动力而独立存在，否则它将失去存在的基础。可见，精神动力和物质动力二者的有机结合对于管理所具有的价值。

3. 信息动力

信息动力是一种既有别于物质动力，又不同于精神动力的独立动力因素。例如，有关世界新技术革命和人类社会发展关系的信息对我国的高等教育改革就是一个重要推动力，它促使我国高等教育管理者从中找到自己的努力方向，并激发他们充分发挥自己的创造潜力，去迎接世界新技术革命的挑战。

值得强调的是，无论运用哪种动力，都必须正确地把握好“刺激量”，只有在“刺激量”适度的情况下，动力才能有效地发挥作用。否则，“刺激量”过大或过小，都将削弱甚至抵消动力作用。例如，奖金中的平均主义，或评先进中的人人有份等，非但起不到动力作用，反而会挫伤先进人物的积极性。所以，这就给高校教育管理者提出了一个课题，即如何把握刺激的“适度量”。要准确地回答这个问题，就必须对管理对象进行深入的心理分析，并把这种分析与周围环境的变化统一起来加以考察，以得到比较科学的答案。

（五）高校教育管理的反馈原则

高校教育管理的反馈原则，指在高等教育管理过程中，依据对某项决策付诸实施后所引起的反映（对输出信息的反映），而调整、修正原决策，或做出新的决策（控制、调整信息的再输出），以期达到预定目的的管理原则。也可简要表述为：“依据决策实施的反馈信息，调整或重新决策，以保证其更有利于实现目标的管理原则。”它是由系统性原理和动态性原理引申出来的。

如同作用与反作用一样，只要有输出信息，就必然有对输出信息的反馈信息，但是需要注意的是：第一，有些输出信息的反馈信息并不一定能“回”得来，即并不一定能成为反馈信息；第二，反馈回来的信息并不一定都准确，有的可能失真；第三，即使反馈回来的信息是准确的，也还有一个价值问题，有可能无关紧要的信息“准确”地反馈回来了，而有价值的信息却漏掉了。所以，贯彻高等教育管理的反馈原则，必须做到以下三点：

1.必须保证高等教育管理回路是封闭的

高等教育管理系统是闭环的，如果管理回路不封闭，大敞口，即只有决策信息的输出，没有执行后反馈信息的输入，管理人员势必对执行情况一无所知，对决策正确与否无法检验，这实质上就是管理的失效（等于没有管理）。如何实现高等教育管理回路的封闭呢？关键在于建立健全高等教育管理系统的反馈机构。反馈机构不能有名无实，必须能够担负起及时、准确捕获反馈信息的职能。

2.必须有灵敏的“信息感受器”

为了迅速发现管理与实际之间的矛盾和变化的信息，高校必须有灵敏的“信息感受器”。为了有效地提高高等教育管理系统内反馈机构的“信息感受”的灵敏度，必须抓好三个环节：一要民主办学。要广开言路，充分听取广大知识分子和教职工对办学的意见和建议，集思广益。二要建立健全必要的教育政策和教育发展战略的研究机构，如高等教育研究室（所）等，充分发挥高等教育研究专家们对办学的参谋和咨询作用，为行政决策提供科学依据。三要建立健全毕业生“跟踪调查”的制度和档案，尽可能完整地掌握社会和用人单位的反馈信息，为改进高等教育管理方法提供可靠的依据。

3.必须有高效能的“信息分析系统”

高效能的“信息分析系统”是指过滤和加工感受到的各种信息。高等教育管理系统的反馈机构，不能只是将所感受来的信息原封不动地传递给决策者，还必须肩负信息分析和处理的职能。即将感受到的信息，经过去伪存真，去粗取精，提炼升华，最终将准确并有价值的信息反馈给决策者，以提高决策的科学性、可靠性、可行性。如果没有这样一个“信息分析系统”，反馈机构只起“传声筒”的作用，把一大堆纷繁杂乱的信息全堆到决策者面前，使其眼花缭乱，分不清现象和本质、主流和支流，就容易造成决策者以偏概全或本末倒置的决策失误。

因此，在高等教育管理中，必须坚持反馈原则和强化反馈机构的建设，做到善于捕捉萍末之风，及时反馈，并及时采取相应措施，把矛盾和问题解决在萌芽状态，实现“决策→执行→反馈→再决策→再执行→再反馈”，这样循环往复、螺旋上升的运动，使高等教育管理获得不断地改进和完善。

（六）高等教育管理的育人原则

高等教育管理的育人原则，全称是“高等教育管理的‘管理、教育和人的全面发展一体化’原则”，该原则指高等教育管理效益的提高，绝非仅仅依赖管理（包括管理技术和手段的现代化），更重要的是依赖全体教职员工素质的提高，依靠他们的教育素养和全面发展的程度，即依赖“管理—教育—人的全面发展一体化”程度的管理原则。它是由能动性原理引申出来的。

贯彻“管理—教育—人的全面发展—体化原则”，必须把握好四个环节：

（1）必须从根本上改变把被管理者当作“机器人”的狭隘管理思想，改变管理效益仅取决于被管理者执行指令的迅速和忠实程度的管理意识，树立管理效益取决于被管理者对管理指令的感情程度、理解深度和执行能力三者综合的管理观。

（2）要增强被管理者对管理指令的感情，必须善于把管理指令的贯彻、执行变成每一个成员（包括大学生和教职工）自身发展的一种需要，变成他们的一种自觉需求，从而使他们由被动“受令”变为主动工作，进而自觉地发挥自身潜力去努力完成管理指令。

（3）要提高被管理者对管理指令的理解深度，就必须创造条件，加深他们对决策的参与度。参与程度越深，理解就越透。

（4）要提高被管理者执行管理指令的能力，必须把“管理的关键在于用人”的思想引申到“用人的关键在于育人”上来，只有这样才能抓住“关键的关键”，把“育人”放在管理工作的首要位置上来。通过育人，促进人的全面发展，进而从根本上提高人对管理指令的执行能力。所谓“最基本的原则”，指这六项原则应当贯穿于高等教育管理的各个领域、各个过程，而不局限于哪一个特定领域。至于高等教育管理的各具体领域，还有一些必须遵循的具体原则，如计划领域的“弹性原则”、领导体制方面的“民主集中制原则”等，这里不做赘述。

第二节　高校教育管理的理论与方法

一、高校教育管理的理论基础

（一）古典管理理论

古典管理理论是指19世纪末20世纪初在西方一些国家形成的系统的管理理论。19世纪末20世纪初，科学技术水平和生产社会化程度有了很大提高，尤其是资本主义经济由自由竞争进入垄断阶段，企业规模扩大，管理工作日益复杂，劳资矛盾进一步加剧，经济危机频频爆发。这一切表明，资本家原来那种家长式的行政管理和单凭经验办事的管理方法不能适应生产发展的需要。在这种背景下，资本主义国家的一些企业管理人员、工程技术人员开始进行各种实验研究，总结管理经验，探求提高劳动生产率的新的管理方法。其主要代表是美国管理学家泰勒（F.W.Taylor）的科学管理理论。

泰勒是科学管理理论的创始人，在资本主义管理学史上被称为“科学管理之父”。他在总结前人研究成果的基础上，通过管理方面的许多重要的试验研究，如“搬运生铁块试验”“铲铁砂和煤块试验”“金属切削试验”等，提出了科学管理理论。泰勒的科学管理理论的主要思想可以概括为以下几点。

1.科学管理的目的和中心问题是提高劳动生产率

泰勒认为，最高的劳动生产率是工厂主和工人共同达到繁荣的基础。它能使工人关心的较高的工资和工厂主关心的较低的劳动成本结合起来，从而使工厂主得到较多利润，工人得到较高的工资，进而提高他们对扩大再生产的兴趣，促进生产的发展，达到工厂主和工人的共同富裕。

2.科学管理的精华是要求管理人员和工人双方实行重大的精神革命

精神革命就是工人和工厂主之间不要对立，不要把注意力放在盈余的分配上，而应转向增加盈余的数量，在科学管理的基础上实现劳资双方的合作，共同致力于增加生产，提高效率。

3.标准化原理

标准化原理指通过对工人的每一个动作和每一道工序的分析研究，确定标准的操作方法，以代替过去工人单凭经验的操作方法。与此同时，实行操作所需要的工具和环境应标准化，并根据标准化的操作方法和环境的标准化，确定工人一天必须完成的标准的劳动定额。

4.差别计件工资

为了鼓励工人打破劳动定额，实行刺激性的差别计件工资制度。

5.科学训练

科学地选择第一流的工人，并用科学的操作方法来训练他们，使他们真正按科学的方法去操作。

6.职能划分和细分

泰勒提出把计划职能和执行职能分开，使工人和管理部门分别执行不同的职能。实行职能组织制，将管理工作予以细分，使每个管理者只承担一、两种管理职能。

7.实行例外原理

泰勒提出高层主管人员为了减轻处理纷繁事务的负担，应把处理一般日常事务的权利适当授予下级管理人员，高层主管人员只保留对例外事项（重要事项）的决策权和监督权。

泰勒的管理理论有许多弊病，所谓科学管理实际上是加强对劳动控制的手段，它使工人的意识和行动分离，丧失工作过程中的自主权而成为管理部门活的生产工具。

所谓高效率是以工人极度紧张的劳动为代价的。然而，这毕竟是人类管理活动史上的一次变革，它反映了当时大机器工业生产中的某些客观规律，对以后的管理实践和理论的发展有重要影响。正如列宁所说的，泰勒的管理理论一方面是资产阶级剥削的最巧妙的残酷手段，另一方面是一系列最丰富的科学成就。

（二）人际关系—行为科学管理理论

从 20 世纪 20 年代开始，资本主义经济发展进入一个新的时期，科学的进步、技术的发展使生产规模不断扩大，新技术广泛用于工业部门，资本主义生产越来越机械化、自动化。这不仅对生产者水平的要求越来越高，也使生产者的“异化”程度越来越严重，人成了机器的附属品。如何使人摆脱机器的奴役，变被动劳动为积极劳动，成为新的研究课题。另外，由于工人阶级觉悟的提高，他们越来越要求经济上、政治上的民主权利，劳资矛盾进一步加剧。为了改善劳资矛盾，维护资本主义社会的稳定，西方学者开始重视对人以及人与人的关系的研究。

1.人际关系理论

人际关系学说的创始人是美国哈佛大学教授梅奥（E.Mayo）。他通过车间照明对生产效率的影响，工作时间和其他条件变化（如休息间隔、工间茶点）变化对生产效率的影响的各种试验以及与全厂工人的谈话和对有关社会组织的试验分析，提出了人际关系学说。

认为，梅奥人是“社会人”，反对以往的管理理论中把人看作“经济人”的观点，认为人不单是追求经济收入的，还有社会、心理方面的需要，人的思想行为更多地由感情来引导。因此，工资报酬、工作条件并不是影响生产效率的唯一因素，不能单纯从技术、物质条件着眼，而应从社会、心理方面来鼓励工人提高生产效率。

正式组织中存在着非正式组织，两者相互依存，共同影响着劳动生产率。正式组织是具有一定的目标，并由规章、制度、方针、政策等规定企业中各个成员之间相互关系和职责范围的一定的组织体系。非正式组织是组织内部的成员在共同的工作过程中，由于共同的爱好、共同的倾向等共同的社会情感而形成的非正式团体。这些团体有自然形成的规范，其成员约定俗成地自觉服从其规范。

梅奥认为，非正式组织可以保护工人免受内部成员忽视和外部人员的干涉所造成的损失。非正式组织涉及每个人，不仅工人中有非正式组织，管理人员、技术人员中也有。

管理人员既要强化正式组织的作用，又不能忽视非正式组织的作用。新型的领导方式在于提高工人的满足度，从而提高劳动生产率。

梅奥从“社会人”“非正式组织”的观点出发，认为金钱、经济刺激对提高劳动生产率只起第二位的作用，起决定作用的是工人的情绪和态度，即士气。而士气同人的满足度有关。职工的满足度主要是指对获取安全的、归属的感觉等。满足度越高，士气越高，生产效率越高。他认为，在传统管理理论基础上形成的领导方式只重视物质、技术因素，不能适应工人社会需求方面的满足。新型的领导方式既要重视技术因素，又必须重视生产中的人的因素，关心团体中的人际关系状况，努力提高工人的满足度，最终达到提高生产率的目的。

梅奥的人际关系学说要求管理者按照人的社会特性来改进管理，这不仅是对古典管理理论的重要补充，也开辟了西方管理理论发展的一个新领域。在实践上，人际关系学说为调动工人积极性提供了新思路和新方法，如重视工人的感情因素，努力为他们创造一种愉快的工作环境，采取民主的领导方式，使下级有建议和参与管理的机会等。

2. 行为科学管理理论

行为科学是运用心理学、社会学、社会人类学等学科理论和自然科学的实验、观察方法，研究人的行为产生的原因和影响人的行为的因素，以激发人的积极性、创造性的综合性学科。

现在这门学科已经被广泛应用到各个部门，特别是经济管理部门。有人称行为科学标志着由以物的管理为中心的时代向着以人的管理为中心的时代的转移。行为科学理论也成为管理人员的必修课，一些著名大学还设有行为科学系和研究中心。

（三）社会系统理论

社会系统管理理论的创始人是美国管理学家和企业家切斯特·欧文·巴纳德（Chester Irving Barnard）。他把各类组织都作为协作的社会系统来研究，提出了一系列不同于传统组织理论的观点。他是继梅奥之后对于社会系统研究做出突出贡献的代表人物，他的观点为现代组织理论奠定了基础。巴纳德的管理思想对西方管理理论进入现代管理理论阶段起着继往开来、承上启下的作用。美国当代著名管理学家哈罗德·孔茨（Harold Koontz）把由巴纳德开创的管理理论体系称作社会系统学派。

巴纳德的主要论点有以下内容。

1. 组织是一个社会协作系统

组织是“两个或两个以上的人，有意识地协调的活动和效力的系统。”他认为组织的差异在于物质和社会的环境、成员的数量和种类、成员向组织提供的贡献等。组织由人组成，而这些人的活动互相协调，因而成为一个系统。一个系统要作为一个整体来对待。系统有各种级别，一个组织内部的各个部门或子系统是低级系统，由许多系统组成的整个社会是一个高级系统。

2. 协作系统包含三个要素

（1）协助意愿。

协助意愿指的是组织中的每一个人为了能结合在一起而做到自我克制，将个人的行为纳入组织整体的行动体系。这种协助意愿的大小跟个人为组织做出的牺牲与组织为个人提供的报酬之间有着密切的关系。

（2）共同目标。

共同目标指的是组织中的人是在共同目标的基础上进行协作的，个人的目标应当与组织的目标统一起来。

（3）信息联系。

信息联系指的是组织成员只有相互沟通，才能对组织的共同目标有所理解，也才能产生协作的意愿和行为。

组织必须有高效率的信息联系渠道和称职的信息联系人员，以保证信息沟通的效能。

3. 经理在组织中是关键人物

经理的主要任务是协调组织和人之间的关系。经理既要实现组织的目标，又要满足人的感情、欲望和各种需要，帮助其实现态度、动机和价值观的变化。经理要充分发挥每个人的才能去实现组织的目标，就必须善于帮助他们克服物质的、生理的、心理的和行为习惯的障碍。

4. 经理的权利只有被职工接受的时候才是有效的

经理的权利必须要被职工所接受，因此必须加强彼此间的沟通。要使职工相信经理提出的要求是全面的、合理的，他提出的要求既符合组织发展的需要，又满足个人的利益，也是自己有可能完成的。

5. 职工是组织的成员

职工要积极地参加组织的活动，并为组织做出贡献；组织要按照职工对组织贡献的大小给予不同的奖励，这种奖励要等于甚至要大于他们对组织的贡献。

6. 非正式组织

非正式组织指不属于正式组织的一部分，且不受正式组织管辖的个人联系和相互作用以及有关的人们集团的总和。

（四）分层次教育管理理论

分层次教育管理是对教育领域客观存在的分层次现象加以分析研究，并实施优化的管理，使客体得到更有效的发展的一种管理行为。

系统论认为，任何一个整体都是由许多要素为了特定目的组合而成的系统。而且系统组成的各要素之间、母系统与子系统之间，不是杂乱无章的、偶然的临时堆积，而是有机地组合，呈现结构化与层次性的特点。层次是表征系统内部结构不同等级的范畴。是相对于系统的，是普遍存在的，是分等级的；层次是会随着某一因素的变化而产生变化的；层次具有可被识别的差异性特征，表现为数量、质量、能量、等级、规模、尺度、范围等的差别。通过对系统中层次的差异性分析，实施由粗到精的分解识别，找到事物的内在联系和规律性，设计出解决问题的最佳方案，从而施以科学有效的干预，促进其朝着预定的方向发展，获取最佳的效果。

分层次管理就是在特定的环境条件下，为实现管理的最优化目标，对客体进行合乎目的的精细分层，并根据各层次的特点设计相应的方法、策略，实施与层次相对应的有效管理，促进管理的有效性和高效率。发现管理对象的差异性，分解和识别层次，设计最优化的解决方案是分层次管理的重要环节。

分层次的教育管理，就是对教育领域“学群”内部客观存在的差异性，依据一定的目的和标准进行合理的层次分解，并运用相应的方法策略对其实施管理，以提高管理的质量和效率的科学方法。其概念包含以下几个要素。

1.“学群”内部的差异性

这里的“学群”包括“学科知识群体、学生群体、班级群体、教师群体、学校群体”等。由于客观和主观因素的影响，“学群”内部的差异性是客观存在的，如果对其实施“一刀切”的管理方法，管理效果肯定不佳，且违背科学和规律。承认差异性，找出差异性，实施有针对性的差别化管理，是实施分层次教育管理的动因所在。

2.分层次实施管理

把握各层次的特点，运用有针对性的方法、策略，实施与层次相对应的有效管理，避免管理错层或错层管理，提高管理的适配性，是分层次教育管理的本质要求。

二、高校教育管理的方法

高校教育管理的方法；一方面，要接受管理理论的指导，另一方面，以自身的发展促进管理理论的深化和发展。因为大学生的活动及其形式是千变万化的，现实的条件也不可能是一成不变，因而实际的管理不可能照搬照套固定模式，采用任何管理方法都要有一定的灵活性，要具体问题具体分析，过分执着于信条往往会事与愿违。

（一）民主管理的方法

当前的高校教育管理工作中，实施民主管理势在必行。对民主的追求是人的一种高层次追求。民主与人的素质有关，大学生作为文化素质比较高的人群，对民主会有更高、更切实的要求。对大学生实施民主管理，不仅有助于大学生学习、生活和社会实践活动的有效进行，也有利于大学生实现自身的全面发展。实施民主管理，应着力做到三点：第一，尊重学生的主体性；第二，正确认识学生的价值；第三，建立学生参与管理的新型管理模式。

（二）目标管理的方法

目标管理是 1954 年由现代管理大师彼得·德鲁克（Peter F. Drucker）提出来的，德鲁克认为，为了充分发挥不同组织成员在计划执行中的作用，协调他们的努力，必须把组织任务转化成总目标，并根据目标活动及组织结构的特点将总目标分解为各个部门和层次的分目标，组织的各级管理人员根据分目标的要求对下级的工作进行指导和控制。目标管理要求组织内的每一个人、每一个部门全力配合实现组织的目标，对于分内的工作自行设定目标、决定方针、编订制度，以最有效能的方法达成目标，并经由检查、绩效来考核、评估目标达成状况及尚需改善之处，作为后续目标设定的参考依据。

（三）刚性管理的方法

所谓刚性管理，是指以规章制度为核心，凭借制度约束、纪律监督、奖惩规则等手段对组织成员进行管理。刚性管理是一种强调严格的控制，采取纵向高度集权的、以规章制度为核心的管理。规章制度往往是以规定、条文、标准、纪律、指标等形式出现，强调外在的监督与控制，具有很强的导向性、控制性，其约束力是明确的。俗话说：没有规矩，不成方圆。任何一个组织机构，它的正常运行和发挥效益都离不开严格的制度和规范。刚性管理是保证一个组织健康、正常运转所必要的管理机制的有机组成部分，它是以“合于法”为基本思路的管理方式和手段。

大学生正处于成长的关键时期，极易受外界环境的影响，惰性的增长较为容易，判断能力、自我控制能力也比较差，在自身发展过程中，表现出强烈的自我矛盾倾向。

例如，自我意识虽强，但缺乏自我监督、约束和调控的能力；有自我设计、自我奋斗、自我选择、自我发展的欲望，但是又受到自身素质、能力和社会环境的限制。在如此情形下，刚性管理不仅是必要的，而且是行之有效的。刚性管理的出发点并不是为了惩罚学生，而是在“法理”的前提下，达到正确规范学生、约束学生的行为，进而维护学校秩序，提高教育教学质量，提升学生的学习和活动效率，促进学生成长的目的。刚性管理强调以外在的规范为主，它主要通过各项政策、法令、规章、制度形成有序的行为。管理者的意志通过这些具体条文体现，学生的一切行为都有章可循、有据可依，是非功过的评价都有统一的标准、统一的尺度。这些有形的法律法规制度不仅具有很强的可操作性，使学生有明确的行动方向，而且给学生以安全感和依托感，使学生放心地、充满希望地在制度框架内自由行动。

（四）柔性管理的方法

柔性管理是相对于刚性管理提出来的。进入 21 世纪，人们对管理的要求已经不单单停留在严格、规范、科学的层面，而是更加强调人性间的相互关怀和人格尊重，旨在不断追求人与人之间的情感互动和心灵共鸣，从而实现组织目标。于是，柔性管理便应运而生。高校教育管理亦是如此，它面对的是有思想、有感情、有追求的大学生，单纯的刚性管理已经不能完全解决高校教育管理中面临的许多问题，必须辅之以柔性管理。柔性管理坚持以人为中心，注重人文关怀和心理沟通，强调通过营造和谐的组织文化和共同的价值观来增强组织的向心力和凝聚力，从内心深处激发每个成员的积极性、主动性和创造性。柔性管理是刚性管理的完善和升华，以刚性管理为基础和前提，旨在使组织焕发生机和活力。

如果说刚性管理更多地表现为静态的外现行为，那么柔性管理则更多地表现为动态内隐的心理认同。但对于高校教育管理而言，不管是刚性管理，还是柔性管理，其落脚点都是促进大学生的成长和全面发展。因而这两种方法在高校教育管理中如同车之两轮、鸟之两翼，是相辅相成的，应该做到“共融、共生、共建”，实现刚柔相济。

对高校学生管理工作者来说，柔性管理的精髓在于以学生为本，注重人文关怀，它强调在尊重大学生人格和维护大学生尊严的基础上，充分发挥大学生的积极性、主动性和创新精神，使之在大学的学习、生活、能力培养、品格塑造、校园活动以及社会实践方面变被动为主动，变消极为积极，变他律为自律，促进大学生自我管理、自我约束、自我完善、趋善避恶，使之成长为适应社会需求的高素质、强能力、富有创新精神的优秀人才。

（五）系统管理的方法

系统管理，指将相互关联的过程作为系统加以识别、理解和管理，以便于组织提高实现目标的有效性和效率。

高校教育管理具有系统性管理的特点，主要表现在以下几个方面。

1. 整体性

高校教育管理作为一个系统是由多个子系统组成的，这些子系统之间既是相互独立的，又相互依存、相互影响和相互制约。根据系统论思想，如果整个学校教育管理系统的各个子系统的功能都发挥正常，那么整体的功能就会比较理想。即使某些子系统的功能发挥不甚理想，只要子系统能够组成一个良好的有机整体，一般情况下也能够取得较为理想的效果，这就是所谓的整体大于部分之和。

2. 关联性

高校教育管理工作中的各要素既相互区别，又相互联系、相互作用、相互依存，并各有分工。

3. 环境适应性

特定的环境会造就特定的管理，高校教育管理离不开特定的环境，如大学生专业知识的学习、实践能力的打造、品格素养的修炼等都需要在一定的环境中进行，离开这个环境是不可想象的。学校教育管理工作只有具备了环境的适应性，能够顺应环境、有效利用环境提供的有利条件，才会富有成效。

4. 动态平衡性

高校教育管理系统的各要素在时间、空间和资源上的不同组合，要随着宏观环境即社会的变化发展而变化发展，对宏观环境要保持灵敏的适应性。同时，还需保持系统的动态平衡，即让系统的各要素在各环节上保持相应的比例关系，以免系统内部失调，影响整个系统的正常运转。

5. 目的性

高校教育管理系统是一个具有多种目标的系统。在这一系统中，既有总目标，又有分目标，总目标与分目标有机结合形成一个目标体系，通过目标体系的不断优化，实现资源的有效利用，以此推动高效教育管理工作的突破，为学生提供最大的发展空间。

第三节　高校教育管理流程与优化

一、高校教育管理的流程

高校教育管理过程是指高校管理者组织指挥本系统内成员，为达到预定管理目标而进行共同活动的过程。这个过程是多边的、有序的、可控的。其具体程序虽因管理对象和条件不同而各有差异，但一般来讲，有调查、预测、计划、决策、实施、协调、指导、监督、检查、考核、评定、分析和处理等步骤。概括起来，就是计划——实施——检查——总结四个阶段。

（一）计划

计划是管理过程的起始环节，是对未来行动的有目标、有条理的设计，是后继各环节的依据。它是高校教育管理科学化的重要标志，没有计划，就谈不到科学管理。计划具有定向、指导和协调作用，可以防止盲目性、片面性和随意性。通过科学合理的计划，可以为高校各项工作规定明确的任务，使人们看到工作“蓝图”的全貌和远景，了解工作的要求、部署和方法，自觉地为实现计划协调一致，使整个系统有节奏地运转。

1. 制订计划的依据

制订计划，主要应考虑以下几个方面。一是要依据党和国家的教育方针、政策，特别是国家形势以及上级提出的办校方针、原则和各种指示精神，以保证计划的方向性正确，这也是关系到计划能否得到实施的关键问题。二是要依据各种科学理论，特别是教育科学、管理科学理论的要求。还要熟悉有关专业理论知识，严格按客观规律办事，以保证计划的科学性。三是要依据院校的实际情况，包括院校的客观条件、承担的任务、之前一个管理周期的情况和效果等，以保证计划的可行性。

2. 计划的内容和制订计划的方法

（1）计划的内容。

计划的内容既要反映出管理目标的各项指标，又要规定出实现目标的方法、手段和途径。因此，一个完善的计划，不仅要有目标层次的科学设计，而且要有任务项目的统筹分工，有限定时间的依次安排，有人力的合理组合，有物资经费的必要保障。在计划中，一般要明确规定以下问题：做什么，为什么做，怎样做，做到什么程度，在什么地方做，什么时间做，谁去做，有什么物质条件保障。

（2）制订计划的方法步骤。

制订计划的基本方法可以归结为“三找一定”，即找主要问题，找产生问题的原因，找影响质量的原因，制定对策。具体可分为以下几步。

第一步，获取信息，掌握依据。制订计划的基础是要掌握大量可靠的信息。因此，在制订计划之前，必须通过多种方式和途径，认真做好调查研究，充分获得与计划有关的各种信息。同时，要学习、领会党和国家的有关方针、政策和上级指示，学习有关的科学理论和专业知识。在此基础上，分析当前客观实际，预测未来情况。

第二步，确定目标，设计方案。由主要管理人员提出计划设想意见，包括目标、指导思想、主要工作和措施。并广泛听取群众意见，召集有关部门讨论、确定目标，拟订多种计划方案。

第三步，审议讨论，修改定案。在反复讨论、集思广益的基础上，对各种方案进行比较，分析利弊，修改补充，确定最佳方案，形成正式计划。

第四步，上报下发，形成体系。审定后的正式计划，要按隶属关系和工作需要，上报下发。全局性工作计划应以院校名义批准下达，一般性计划可由主要部门批准下达。下级单位，应根据上级计划，视情制订相应计划，形成计划体系。

（二）实施

实施就是根据计划预定的目的，把全体成员组织起来，实际施行，使计划付诸行动，变成现实，从而完成任务，取得成绩，达到目标。实施是院校管理的中心环节，也是管理活动中最激烈、最活跃、工作量最大、持续时间最长的阶段。在这个过程中，各项工作按计划展开，各个层次按任务发挥积极作用，各类人员按职责各就其位，群策群力，奔向目标。在实施过程中，最重要的是最大限度地调动各方面的积极因素，提高实施效率。为此，管理者必须随时掌握计划进程，采取相应的组织、指导、协调、教育激励等措施进行有效的管理。

1.组织

组织是按计划要求对院校的人、财、物、时间、信息所做的全面安排，是计划实施的第一步工作。组织得好坏，直接影响到院校管理诸要素的发挥，影响到管理的整体效应。管理者要运用科学的方法对管理诸要素的作用进行时间和空间上的统筹安排。第一，要妥善组织人员。院校是人才集中的地方，管理者要知人善任，根据能级原理和工作需要，妥善安排各成员的工作，扬长避短，使每个成员都能大显身手，增长才干，做到事得其人、人尽其才、各得其所。第二，要合理分配财力、物力。要按计划任务的需要和财力、物力的可能条件，以教学为主，权衡轻重缓急，精打细算，合理分配资源，做到物尽其用，财尽其利，把“钢”用到“刀刃”上。第三，要统筹安排时间，使教职员工和学生有秩序、有节奏地从事工作、学习。第四，要建立精干、严密、高效的管理系统，明确各个管理层次和各个岗位的职责，分级管理，分权指挥。第五，要建立合理的规章制度，使各项工作有章可循，保证各个系统正常运转。

2.指导

指导是上级对下级在工作过程中进行指挥和引导。计划实施阶段，各种各样的情况都会随时出现，各项工作的进展不可能都一帆风顺，往往会出现这样那样的问题。因而管理者要及时给予执行者指导，以保证各项工作不偏离计划，不出现“力”的浪费。

管理者为了进行有效的指导，第一要建立良好的群众基础。管理者要同计划执行者建立良好的共事关系，做知心朋友，让执行者乐于接受指导。第二要深入第一线，全面、深入、及时、具体地了解情况，掌握信息。既要通过灵敏、准确、有力的信息反馈系统掌握情况，又要亲自听取各种意见，防止失误。要记住“不具备三个以上具体例子的情报是不可相信的”，这话是有一定道理的。第三要坚持原则，既要敢于指导，又要善于指导。要指导执行者忠实地、创造性地执行计划，不能各行其是。对出现的问题，要正视矛盾，及时引导，不能放任自流，姑息迁就。第四要讲究工作方法。遇事要在查明情况的前提下，纵观全局，运筹帷幄，冷静深思，果断决策。对执行者的具体指导，要因人而异，因事而异，灵活多样。要按行政管理渠道办事，不直接干涉下一层次的工作。要做到引导而不强加，帮助而不替代，示范而不说教，批评而不压制，使执行者心悦诚服。

3. 协调

协调就是协同和调节。它是计划实施阶段一项重要管理工作。在院校管理工作中，只有做好各方面的密切协同，才能发挥最大的整体效能，保证计划的实理。院校管理系统是一个纵横交织的动态网络。在管理中，会出现在制订计划时难以预见的各种各样的矛盾和来自外界的各种新情况、新变化。对这些矛盾和新情况、新变化，如不及时处理，就会产生不良后果，影响计划的顺利实施。这就需要进行及时的、经常的协调。院校的协调工作很多，概括起来，可分为内协调与外协调。

（1）外协调。

外协调是指系统与环境的协调。对院校来说，外协调一般包括与上级机关、兄弟院校、研究单位及社会各方面关系的协调。此类协调应按上级的有关规定和单位之间的协调方案实施。

（2）内协调。

内协调是指院校内各部门、各单位之间的协调。内协调又分纵向协调和横向协调。纵向协调指上下级之间的协调，横向协调指同级之间的协调。在纵向协调中，重点要处理好四个关系：一是各级组织、各个层次之间的关系。各级组织、各个层次要树立全校一盘棋的思想，围绕教学工作按照专业分工和职责范围各自发挥本层次的作用，密切配合，形成整体力量。二是各成员之间的关系。要在分工的基础上紧密协作，上下左右步调一致，相互衔接，相互谅解，相互支持，团结一致。三是人与事之间的关系。要因事设人，不能因人设事。四是事与事之间的关系。要根据以教学为中心的原则，正确处理主次关系，按内在联系区分轻重缓急，统筹安排，使事与事之间进度相宜，步伐合拍。在协调以上四个关系时，要始终掌握两条原则：一是从整体目标出发，注意整体效应。坚持原则，按规律办事，以客观事实为依据，不附加任何成分，以加大成员的向心力。二是以计划为依据，对各级管理组织和各个管理环节来说，按期实现计划目标就是最有效的协调。管理者要善于利用计划来协调，要维护计划的权威性和稳定性。计划一旦形成，就具有制约的性质，它不仅制约被管理者的行动，也制约管理者的管理行为。所属各部门和各个成员都要坚决服从，认真执行，不得随意修改或取消。尤其是教学计划，涉及学校全盘工作，更不能朝令夕改。

4. 教育激励

院校各项计划的实现都要靠全校各类人员的努力。人的工作积极性和工作效率是随客观条件的变化而不断变化的。因此，在计划实施阶段，要调动和发挥全体人员执行计划的积极性，必须经常进行教育和激励。

教育是指加强思想政治工作。管理者要认真研究新形势下思想政治工作的特点，遵循人的思想活动变化规律，运用心理学理论和方法，科学地分析各类人员的心理特征，正确地预测人的行为，因人、因事、因地、因时地采取灵活多样的形式把思想政治工作渗透到各项具体工作中去，及时地、有针对性地围绕目标做好思想工作，以提高人们的思想政治觉悟，调动人们的工作积极性。

激励是激发人的内在潜力，开发人的智力、能力，调动执行层和基础层的积极性和创造性的一种手段。管理者要善于根据具体情况，采用多种方法，灵活适宜地掌握“刺激量”，运用表扬或批评，奖励或惩罚等方法激发被管理者的进取心。消除或减少不正确行为，最大限度地调动被管理者积极性。在运用激励手段时，要将其和思想政治工作紧密结合起来，以精神鼓励为主，物质奖励为辅。

上述实施阶段的四项管理措施，都是围绕完成计划、实现目标进行的。它们贯穿于计划实施阶段的全过程，是相互联系、相互配合、不可分割的整体。组织离开了指导，计划就无法落实；忽视了对工作和人员之间的协调，就会产生不必要的矛盾和冲突；要保证组织、指导、协调的有效进行，就必须进行教育和激励。

（三）检查

检查是院校管理过程的中间环节，是管理者为实现计划的、施加影响的一种手段。计划实施一段时间后，通过一定的运作，了解计划的实施情况，并将实施情况与计划相比较，对结果和管理效果进行检验、考查。它既是对下级执行计划情况的监督和考核，也是对管理者管理水平的检验。实行检查，可以及时发现和解决问题，避免损失，可以总结理论经验，及时推广，促进工作。此外，检查还是总结的前提条件，可以为总结经验提供客观依据。因此，管理者要把检查作为实现工作计划，推动工作进展，提高管理效果的一个重要手段，科学有效地运用。

1. 检查的方式和方法

检查的方式和方法是多种多样的，常用的可有以下几种。

（1）日常检查。

在日常工作、学习和生活中，管理者通过参加各类活动来了解、考查情况，是一种简便易行的方法。这种方法，要求管理者细心观察，勤于动脑分析，有一叶知秋的灵敏，这样就能从了解到的各种情况和大量的第一手材料中，掌握一般动态、基本情况和主要倾向。另外，这种方法对于深入实际，密切联系群众，克服官僚主义，倾听群众呼声也有积极的意义。

（2）会议检查。

会议检查是通过召开会议，听取汇报来达到检查目的的一种手段。院校部门多，工作面广，管理者也不可能事必躬亲，因此，运用这种检查方法是必要的。但是，必须讲究实际效果，防止“文山会海”和夸夸其谈的不良倾向。

（3）书面检查。

书面检查是通过对书面材料的审阅进行的。书面材料的形成一般有两种形式：一是自下而上，由单位或个人将工作进展情况、遇到的问题、解决的办法及打算等，写成书面材料上报。二是自上而下发调查提纲、统计报表，下级按要求如实写出材料、提供数据，定期汇总上报。运用这种方法，要提高针对性和有效性，防止文牍主义，防止因向下级要大量材料而影响其正常工作。

（4）定期检查。

定期检查是每隔一定时间的有一定规律的确定性的阶段检查。常用的院校定期检查有两种：一是按年度分为半年检查与年终检查；二是按教学周期分为期中、期末检查。检查方式可根据工作性质确定。例如，对学生学习情况检查，一般采取考试方法；对教师授课情况检查，可采取听课、查阅教案、召开学生座谈会等方法。

（5）抽样检查。

抽样检查是在受检单位中抽出一部分需要检查的人员、工作、资料等进行检查。它是受人力、时间、空间等条件的限制，不可能或不必要对所属单位进行全面检查时采用的一种检查方法，可分为两种形式：其一，有意抽样检查。在对所有检查对象进行初步分析的基础上，有意识地选择一些具有代表性的单位或个人，进行典型检查。例如，查阅优秀教师和新教师的教案，检查改革的学科教学情况等。其二，随机抽样检查。完全排除管理者主观有意地选择，使每一个单位都有被选中作为检查对象的机会。可用抽签方法确定被检查对象；也可以把被检查对象编好序号，然后按固定顺序和间隔确定被检查对象；还可以把检查对象分为几个层次，然后从每个层次中随机抽出若干作为检查对象。检查的方式方法是多种多样的，各种检查方法都有自身的特点。在管理实践中，应根据检查目的和被检查对象的实际情况灵活运用。

2. 检查的要求

（1）要以计划为依据，不以个人意愿更改检查内容和标准。

计划中对于所要完成的任务、遵循的原则和制度、完成任务的步骤和方法，都有明确的规定和要求。检查者必须对计划内容有深刻的理解，以计划为依据来衡量执行情况，决不能以个人的好恶作为衡量的标准。只有严格对照计划进行检查，才有统一的规范，才能使检查真正成为执行计划的推动力量。如果以检查者个人的意见为准，置计划于不顾，将对整个计划的实施带来不利影响。

（2）要经常、及时，不使问题成堆。

管理过程，情况千变万化，各种问题都会不断出现。如不及时进行检查反馈，不仅会使问题耽搁下来，给工作带来损失，而且会使问题越积越多，更趋复杂化。因此，检查必须经常及时，既要经常深入第一线进行随时检查，又要建立定期检查制度，以便及时发现问题，防止问题成堆。

（3）要实事求是，不带任何框框。

检查是为分析和解决问题提供事实依据的。它要求所得的情况必须准确、真实。因此，检查中，必须坚持实事求是的原则，做到以事实为依据，对事不对人，努力查找事实真相；亲自掌握大量第一手材料，全面分析完整的统计数据，用数据说话。

（4）要深入、全面，不能以偏概全。

检查要由表及里，抓住实质性的东西。检查者必须从不同角度进行检查，多种手段交叉运用，防止片面性。同时，要重视全过程的检查，要了解问题的过去，也要看其现在和发展。

（5）要切实解决问题，不能拖而不决。

检查的目的是发现问题，解决问题，推动工作。检查者要把工作结果和产生结果的原因联系起来加以考查，以便得出反映客观事物的本质和规律的正确结论。在此基础上，科学地分析、找出主要问题及其原因，积极采取措施，予以解决。属于计划本身的问题，应调整计划。属于执行者执行中的问题，要具体分析原因，找到问题根源，提出解决问题的指导性意见，因势利导，使问题尽快得到解决。

（四）总结

总结是管理过程的最终环节，是一个管理周期的结束，也准备着一个新的管理周期的开始，有承上启下的作用。总结是通过科学的方法，对已经做过的工作进行评估，肯定成绩、总结经验、找出问题、吸取教训，从而提出今后管理活动应努力的方向和注意的问题，使下一周期的管理活动在现有基础上有新的提高，这就是螺旋式上升的管理模式。总结起着积累经验、提高管理水平、指导今后工作的重要作用，是促进院校管理科学化的重要环节，是提高工作效率的重要方法。

总结的方法，一般是自上而下地提出要求，进行动员，明确指导思想、目的要求、方法步骤，再自下而上地进行总结、分析原因、得出结论。总结通常的步骤是：动员一个人或部门小结——组织交流——全体总结——对存在问题进行处理。总结要突出重点，兼顾全面，防止以偏概全，对存在的问题，要注重分析原因，提出改进措施。对总结的一般要求有以下几点。

1. 总结要有科学性

总结是对计划执行情况的回顾，是对计划实施结果的评估，是对单位、个人执行计划的鉴定。总结必须讲究科学性，防止主观和客观相脱离。第一，总结要有科学依据，评估工作成效要有客观的标准和尺度。这个依据、标准和尺度，就是原定的计划。离开了计划，执行就失去了依据，也失去了衡量的标准。第二，总结要有客观基础。总结之前，必须有认真、全面地检查和回顾，以检查中获得的客观事实为基础，将计划与检查的结果相对照，对检查得来的客观事实材料进行评估分析。第三，总结应突出重点，抓住能反映经验和教训的典型素材进行总结，不要面面俱到，泛泛检查。

2. 总结要有理论性

实践经验只有上升到理论的高度，实现质的飞跃，才能真正成为宝贵的精神财富。总结不是管理活动的结束，而是向更高水平的提升。不应只满足于对工作做出简单的评估性的判断，而应当把总结作为由管理实践上升到管理理论的过程，作为探索院校管理工作规律的过程。因此，在总结过程中应做到以下几点：一是不就事论事，而以事论理，加深对院校管理客观规律的认识。二是正确看待失败和教训，以科学理论为指导，进行认真分析，对问题和教训，要从规律性上找原因，善于将教训转化为经验。三是把实践经验的升华建立在具体事实的基础上，总结切实可行的具体经验，使之具有实际的指导意义。

3. 总结要有激励性

总结过去，是为了展望未来，推动工作。通过总结，要调动人们的积极性，使每个人为创造新的工作成绩树立更大的信心，把总结变成“起跑线”和“加油站”。总结中，管理者对单位和成员的工作成绩，应予以充分的肯定和热情的赞许，对先进人物予以表彰，对先进经验加以推广。对存在的问题，要根据具体情况，帮助分析原因，引导人们从中获得有益的经验。总结要讲究方法，讲究风格。在成绩面前，人们的积极性较易调动，但也易产生傲气和不服气的情况。在问题面前，人们容易产生怨气、泄气或强调客观原因而推卸责任。

二、高校教育管理流程优化的方法

（一）建立网状高校管理流程体系，使教育管理流程更加科学

高校教育管理流程再造理论中要求高校教育管理人员能够构建网状的管理体系。具体来说，管理者需要结合高校自身的教育管理模式，并总结自身教育管理模式中存在的不足，从而建立更加完善的网状管理流程体系。这就要求高校能够从自身的教育管理流程模式进行分析，把原本的行政化管理模式进行弱化，改善一些不合时宜的陈旧管理模式，把阻碍教育管理模式体系发展的规章制度进行修正和补充。同时，需要管理者能够结合当前教育管理模式存在的问题和不足进行及时的调整和创新，并能够结合实际情况制定出科学化的管理体系，有效地处理好管理人员、教师及学生之间的关系。另外，高校还需要采取院校、系分级管理制度，充分实现各级部门的责任，并能够在高校教育管理再造过程中形成更专业、更强大、具有先进教育管理理念的管理员队伍，再配合相对应的管理制度体系，使高校教育管理流程能够更加合理，更加符合社会的发展需求。

（二）优化教学资源，重视人才培养流程的有效管理

高校教育管理过程中，需要结合市场公平竞争和开放化的管理特点，使自

身的资源配置体系更加完善。高校需要从相关的教育观念以及制度等多个方面来进行积极创新，使教育管理模式更加多元化。这就要求高校能够明确自身教育机构的职责，当发现教育管理过程中存在问题时，就要及时结合实际情况对其进行有效的调整和解决。在教育管理流程再造的过程中需要重视专业领域的问题，通过现代信息技术丰富教育资源，以此来构建更加完善的教学管理信息平台，使教学管理模式更加专业，在高校教育管理中选拔人才，重视人才培养的有效管理。还要通过产教融合、校企合作等方式进一步优化人才的培养和管理体系。

（三）体现出以生为本的教学管理理念

高校教育管理流程的再造和优化需要充分重视学生的主体作用。由于高校教育管理也是资源管理中的重要部分，这就需要高校教育管理人员满足对人力资源配置的客观需求，在这个过程中体现出人的重要价值，并有效地发挥出人的潜能，调动人的积极性，确保在高校教育管理过程中教育管理目标能够有效地实现，这就要求管理者能够从自然的角度来对其进行管理。从高校教育管理流程的再造和优化来说，需要重视学生身心成长的客观要求以及学生差异性的特点，将学生放在教学管理过程中的主体部分，重视学生专业培养的同时关注学生的身心健康问题，积极思考在教育管理过程中如何能够构建起以学生为中心的工作思路，实现有效的管理价值。与传统的教育管理模式相比较，流程再造后的教育管理模式能更深刻地体现出以生为本的教学观念，重视学生自主能力的培养，并且尊重学生的个体诉求和差异性能力。在学生的精神管理方面，要求学生具有鲜活的人格，从而能够充分地满足高等院校教育管理流程再造和优化的客观要求。

（四）利用现代信息技术，建设共享数据信息平台

由于教育理念和技术上的问题，传统的教育模式并没有真正以开发学生特长为宗旨，对学生实施个性化教育。因此学校培养的学生难以满足现代社会多样性发展的需要。而当今现代电子信息技术的迅猛发展已使得学校可以运用先进技术，以学生的个性化发展为中心来进行组织结构和教育流程的重新设计，即进行学校的教育流程优化。现代信息技术手段为教育流程再造提供了有力支持，学校应该充分利用流程优化技术和现代信息系统平台进行教育流程再造，建构起教育流程优化的信息技术支撑体系，激发学生的兴趣和爱好，培养学生的个性特征和创新性，有效地提高教育教学质量。

新媒体时代，在线教育需求增长迅速，高校纷纷投入大量的教学资源建设在线教育项目，建设共享数据信息平台，提高高校教育管理水平，以适应新时期的教学工作需求。因此，高校的教育管理流程优化工作，应立足于自身的办学特点和信息化技术改造实际，建设共享数据信息平台，以打造真正的智能化、自动化的教育管理流程体系。首先，高校教育管理流程优化工作应积极引入大数据、云计算、人工智能等信息技术，整合高校的各个信息化系统管理项目，建立教育管理共享数据信息平台，实现信息的共享和交流，为高校教育管理工作提供有力的信息支持。其次，高校教育管理应进一步完善其信息化工作系统，根据自身教育管理工作岗位的实际需要，根据新媒体时代的新需求，进行教育管理服务功能的完善，设计出更符合自身办学需要的教育管理信息系统，提高教育管理服务质量。最后，高校教育管理流程优化，应注重逐步推进校园网络建设，注重校园信息化基础设施的完善，为流程优化工作奠定信息基础。

第二章　现代高校教育管理的内容

第一节　现代高校学生管理

一、高校学生管理概述

（一）高校学生管理的含义

纵观学者对“高校学生管理”这一概念的界定，本书认为大体可以将学界中对“高校学生管理”这一概念的各种解释分为两类：狭义的高校学生管理和广义的高校学生管理。狭义的高校学生管理，特指高等学校对学生的事务管理和日常管理。广义的高校学生管理，是指高等学校对学生从入学到毕业期间这一在校阶段的，包括学习、生活和行为规范等在内的方方面面的管理。

广义的高校学生管理的概念在当下发展阶段，更符合高等学校对学生管理的发展趋势。在新时代的背景下，普通高校学生管理的内容日益扩大，不仅涉及对学生日常行为的管理，更牵涉对学生在学习和生活上等各个方面的有效管理。其中任何一个方面的疏漏都有可能影响高校进行学生管理过程中的水平和质量，影响学生更好、更优地成长、成才，从而导致学生以后的人生道路崎岖不平。所以，采用广义的高校学生管理的概念在新时代更有利于学生的身心健康和全面发展。

高等院校是教书育人的主阵地，是学生学习的关键性阶段，对于学生思想观念和人生规划等具有重要的影响，只有坚持以学生为本的管理理念，才可以协调好各方面的关系，更好地促进学生的全面协调发展。在高校学生管理过程中，要坚持学生的主体地位，在充分尊重学生的基础上更好地尊重和服务学生，让学生在强烈的信任感和好奇心的基础上更好地学习和发展。要能够了解学生的想法，掌握学生的个性，了解学生的情感，尊重学生的想法，不断发现学生身上的潜力与“闪光点”，按照学生个性因材施教，培养出具有创新精神的新时代大学生。学生管理工作的开展还要充分发挥学生的主观能动性，努力促进学生实现自我管理和相互学习，最大限度地发挥学生自我管理的积极性。当前很多高校的学生管理都是通过制度对学生行为进行规范和约束，没有很好地从学生的角度出发，因此很容易造成学生的逆反心理。而一般只有当学生的一些利益受到侵害时，学生才会进行申诉。然而，这一现象与当今时代的发展趋势是背道而驰的，现在我们希望学生能成为高校的主人，希望他们在高校能享有学生的基本权利，希望学生能够得到高校管理工作者们的理解和尊重。以生为本就是要求高校学生管理工作者真正做到尊重每一个学生，不要因为学生的个性差异而区别对待，能够关注每一名学生在学习、生活中所遇到的困难，关注学生的心理，尊重学生思想理念的差异，认真对待每一名学生提出的建议，从根本上解决每一名学生无论是生活上还是心理上的实际困难。这些都需要我们能够建立和完善目前的高校学生管理体系，更新学生管理理念，创造一个良好的校园氛围，提供一个学生自我管理和自我教育的平台。但是，我们要注意，尊重学生并不是任由学生自我发展，对于学生在校期间的违规违纪行为，我们要及时纠正；对学生的错误言谈举止进行批评、教育。对于学生，我们要在思想和学习上关心他们，让他们能够通过思想引导和专业教育，加深对学习的兴趣，自我规划，树立学习目标；从生活上关心他们，让大学生享受到国家对于大学生的各项优惠政策，学校也要创造良好的环境，让大学生感受到学校大家庭的温暖。良好的校园文化氛围是学生成长、成才的必备条件。高校学生管理工作者应根据学生自身发展的需要，时刻关心他们的成长，多鼓励学生参加活动，为学生成才提供各种平台。这样学生就能不断地在思想上提升自己，在学习中充实自己，在生活中完善自己，为自己的目标实现、自我提升和全面发展奠定扎实的基础。

作为高等院校，要坚持从学生中来到学生中去的管理理念和思想，并将这种理念和思想落实到教育管理的每一个细节中，使得学生管理是真正服务于学生，而高校在学生成长学习的过程中则充当好服务的角色。同时我们必须认识到，管理不仅仅是服务，管理也在培育人才。这就对高校学生管理者提出了新的要求，要求他们要尊重个体差异，激发学生的创造力，为学生构建良好的校园文化平台，创建良好的学习氛围，从学生的实际生活、学习需求出发，关心学生生活、学习的各个方面，并将所有的管理措施落实到实处，切实服务学生，为学生办实事，在生活和学习方面提供更多的帮助。高校学生管理工作应坚持以学生为本，从管理艺术的角度出发逐步建立起公平公正的管理环境，让学生与学校管理者之间建立相互平等的良好关系，既要做好日常的行为管理工作，又要处理好与学生之间的关系，注意管理的方式方法，减少矛盾发生。只有从学生的主体出发，才能够真正地为学生着想，更好地去帮助和引导学生，鼓励和促进学生更好地发展。学生的健康成长和发展离不开管理者的正确引导和鼓励，有时候多一点理解关心胜过多一点训斥说教，方法有时候比实际管理行动更重要。高校要加强学生的全方位管理，加强素质教育，构建学生自我展示的舞台，发挥学生民主，能让学生自觉自愿地参与学校规定的各项工作中，激发学生的创造力，提高学生的积极性，赋予学生强大的责任感，促使学生在德智体美劳全方位发展，成为国家和社会所需要的高素质的全面人才。所有这些工作目标都是高校学生管理工作内涵的具体体现。

（二）高校学生管理的内容

高校学生管理工作的主要内容并不是简单地对学生的生活进行管理，而是一个比较复杂的体系，可以说是一门综合学科。高校在对学生进行管理的时候，不仅仅要利用相应的专业知识，还需要专业素养，要通过沟通感情、心理激励等方法来进行，因此，学生的管理工作不是说简简单单地进行管理，而是要对学生进行指导和教育。总的来说，其主要内容包括教师的教学、行政工作、学生的就业、学生的日常学习生活、奖惩制度以及业务生活的管理等，这是一个综合并且广泛的范围。高校的学生管理是一个系统而繁杂的工作，包括学生在学校学习以及生活的方方面面，不仅仅包括学生学习和生活上的管理，还包括对学生的思想道德教育等。

（三）高校学生管理工作的特点

高校学生管理工作要与学生特点相适应，由于每个学生的成长环境和背景都有所不同，其思想观念有很大差异，价值观取向趋于多元化。他们有着较强的理想价值信念，有时会在理想与现实之间徘徊犹豫，难以抉择，容易走向偏激和极端。有着比较正确的是非观，但有少数学生言行不一，自律性不强，需要对其加大规范和管制力度。他们更关注与切身利益相关的事物和信息。部分学生对于与自身利益无关的事情缺乏热情。另外，他们还有着实用主义倾向。大学生自我意识和独立意识较强，个人主义倾向突出，但还存在一定的依赖性。他们的思想趋于成熟，非常渴望走入成人社会。强烈想摆脱家庭，但是有的时候会出现苦恼和迷茫。他们有着较强的适应新事物的能力，情绪变化很大，心理承受能力较差。极度渴望被尊重、被理解。高校学生管理工作要想取得成效，就要适应大学生的特点，满足学生的合理需求。根据他们的特点有针对性地开展工作，以便更好地完成高校学生管理工作的教育管理目标。使高校学生管理工作具有专业性、关联性和实践性，以便更好地适应大学生的综合特征，提高高校学生管理工作质量。

1.高校学生管理工作具有专业性

管理、服务、教育三位一体地完成学生管理工作，并以此来阐释教学、管理、学生之间的关系。维护良好的校园秩序需要专业的管理方式。因此，高校学生管理工作的专业性显而易见。高校学生管理的专业性必须体现在实际工作中掌握时代脉搏、把握学生动态、紧握管理环节。以全新的视角和模式开展高校学生管理工作，出现问题及时解决，跟踪调查。

当然，要想使高校学生管理工作成为高校学生教育管理的主渠道，只在思想上重视远远不够，还要打破传统、更新理念，全面适应学生群体及环境特征。让高校学生管理工作具有更多的科学管理手段及方法，推进高校学生管理工作全面走向专业化，成为教育传播的主体阵营。

2.高校学生管理工作具有关联性

高校学生管理工作不是高等教育范畴中的独立个体，而是与高校各项工作紧密相连的重要组成部分。它是高校教育成果的有力保障，在高等教育的各个环节中起到支撑作用。各高校都不可能实现单纯的教育教学。同样，高校也不能实现单纯的管理。要使高校学生管理工作成为高校教育教学的推动者和维护者，使学生在接受管理的同时得到良好的教育，获得良好的教学指导。

3.高校学生管理工作具有实践性

高校学生管理工作的宗旨是在实际工作中解决具体的学生问题，高等教育的最终目的是培养出高素质、高质量的对社会有贡献的人才。为适应时代的快速发展，学生管理工作的内容、形式、手段也在不断革新。新型的管理模式不能只是高谈阔论，还应在实际工作当中运用并总结经验，不合理的模式一定要得到改变，先进的、科学的管理方法则要坚持运用并加以改革，以更好、更快地适应不断变化的学生群体和社会环境。

二、不同理论下的高校学生管理

（一）激励理论指导下的学生管理体系

1. 坚持服务、教育、管理、引导、激励五为一体的工作理念

高校学生管理者同时拥有服务者和管理者双重角色，他们既要对学生进行教育与管理，又要对学生加以引导与鼓励。高校的日常管理工作就是要做到以下几个方面：细致周到的服务，积极有效的教育，规范严格的管理，科学合理的引导和公平公正的激励。服务是先导。以学生为本，以服务为先导，要求管理者要树立服务意识，开展具体工作之前要实事求是地调研，了解学生的心理需求，进而对症下药。例如，针对家庭比较困难的学生，除了可以缓交或者减免学费，协助办理助学贷款，还可以通过助学金、励志奖学金等进行帮扶，优先提供勤工助学岗位，甚至优先推荐实习就业单位等。教育和管理是保障。以学生为本，不能单方面地强调服务而忽略教育和管理的保障作用。管理者要在服务过程中实现教育、管理的目标，在教育、管理的支持下进行服务。要积极有效地教育、严格规范地管理，以教育和管理保障服务的过程，重视引导和激励。以学生为本，还要重视科学合理的引导和公平公正的激励。管理者对学生坚持统一管理，但也要满足学生的个性化需求，要对年龄、民族、资质、成长背景各异的学生进行个别服务，坚持个性化引导。例如，对于品学兼优，自制力强，有创新学习能力的学生，要为他们创造更大的展现自我的舞台，实行开放式管理；对于学习目的明确，缺乏自制力的学生，仍需要实行封闭式管理。

20 世纪 80 年代，学生管理工作实践证实了由企业管理引入到高校思想政治教育领域的激励理论对高校工作有重大借鉴意义，公正公平的激励能够有效地促进高校学生管理的实际成果。例如，制定公正的学生考评制度，侧重学生综合素质的提高，设立各种奖学金与助学金对品学兼优的学生进行鼓励。同时，激励过程要把精神奖励与物质奖励相结合，坚持精神奖励为主，物质奖励为辅的原则。

2. 改进学生管理的方法

改进学生的管理方法可以从下几点入手：

（1）运用网络技术，建立学生管理工作信息系统。

高校学生管理工作复杂而且琐碎，包含了从新生入学到毕业离校的方方面面，如入学教育、学籍与成绩管理、奖惩情况、教学评估、社会实践、毕业设计等。面对这一系列信息量大、项目多、分类细的具体工作，只有运用信息处理手段，才能简化工作程序，实现有秩序、高效率的管理。高校应根据自身需要，建立学生管理工作信息系统，将日常复杂、烦琐的学生日常管理工作纳入网络化管理。这种新型管理手段既可以使管理者及时掌握学生的情况，又可以使学生及时得到反馈信息，为促进师生之间双向沟通创造一个全新的环境，从而提高师生对信息的收集和处理能力。

（2）加强对学生的理解与信任，深化情感管理。

学生工作者要用一颗宽容的心对待学生，要对他们信任和理解，通过情感管理引导他们积极向上。实践工作中，高校可以通过开展各种丰富多彩的校园活动，如演讲、辩论、书法、歌唱等各种比赛，给他们一个自我展现的舞台。通过这样一个机会，让他们认识到，只有努力才会成功，才能体现自身的价值。总之，只要管理者有耐心、有诚心、有真心，坚持情感管理，就一定能形成师生之间的良性互动，高校的学生管理工作就能再上一个新台阶。

（3）宽严适度，激发学生创新潜能。

从高校的现状来看，高校学生管理要积极落实管理举措，既要合理合法，又要合情合适，做到管理和实际相互结合，在加强管理的过程中还要发扬人文主义精神，做到最佳化和最优化。

（4）调整教学内容，适应时代需要。

学生学习的效率和质量在很多时候都源于他们对学习的兴趣和爱好。如果学生对知识文化或者是教学活动、教学内容等失去了兴趣，那么他们参与这些教学管理活动的积极性就会大打折扣，从而影响到学生管理的质量和水平。新时代的教学内容应该和学生的学习实践和生活方式紧密结合，这样才可以更好地让学生融入教学管理活动中来。教学内容也应该适时调整，结合当前的时代背景和学生的实际需求适时改变，如当前手机和网络已经成为学生生活的一部分，那么如何将手机、网络等融入学生管理工作和日常的教学管理活动中，则是高校以及教师都应该考虑的问题。越是贴近学生生活需求的东西越是学生感兴趣和愿意为之付出时间和精力的东西，所以在课程教学活动开始之前，教师应该积极主动和学生进行沟通了解，合理设置教学内容，进而提高他们的学习积极性和学习热情，这样的教学必然是高效科学的。教学活动要建立在充分了解学生的基础上，通过调整教学内容来提高学生的注意力和学习乐趣，进而更好地提升教学质量，这是顺应教学改革新形势的重要表现。

（二）目标管理理论指导下的学生管理策略

1. 坚持过程管理与目标管理的有机统一

过程管理更关注管理的过程，同时需要通过特定的技术手段方法对管理过程以及管理效果进行加强和监测，通过整个过程的全方面监测达到相应的管理目标。所谓目标管理，是以目标为导向，以人为中心，以成果为标准，使组织和个人取得最佳业绩的现代管理方法。

高校学生管理工作过程中，首先做到以过程管理为切入点，强调目标管理，推行分级目标责任制。例如，引入目标评价体系，能够实时地对学生和学生管理工作者进行考核评价；通过职业生涯规划、系统的制度设计来完成目标管理；从班委和学生会干部的培养和选拔过程中，在学生党员的发展工作中，加入学习因素与综合测评的双重方向标准。然而，强调目标管理并非意味着忽略过程管理。恰恰相反，高校的学生管理工作更应该强调过程管理。例如，高校的学生普遍都存在纪律意识淡薄与综合能力较差的缺点，针对这一具体情况，学生管理者应主动采取措施对学生的生活和学习加强监督、管理，可以在班委中设置纪检委员与学习委员来监督、反馈班内学生的德育加减分与各课程学习情况，协助学生管理者与学生本人进行良性的双向沟通。

综上所述，在高校学生管理工作过程中，要坚持过程管理和目标管理的有机结合。一方面要强调目标管理，没有目标的学生管理将是盲目的、不可控的学生管理；另一方面，不能忽略过程管理，缺乏有针对性的过程管理，学生管理的目标也不可能实现。

2. 创新管理模式和明确管理角色

一是明确层级，为学生提供一站式的服务，如学生事务办事大厅。强化服务意识，了解学生需求，提供实实在在的服务。学生工作的创新要紧跟学生发展的需求，把工作分开来做，这样有助于构成新型学生管理模式，也能够系统性地提升学校整体学生管理工作的专业化程度。

二是在管理过程中把教学工作和学生工作结合起来抓，虽然二者属于学校的两个不同的部门，但是不能把两部分分离开来对待。而是要在管理层之间架起合作，只有加强教学管理和学生管理，才有利于兼顾效率，使工作得到改善。事实上，教育主管部门和领导也高度重视这项工作，多次强调教育要坚持“两型”，即教育学生成长，育人为本；办学以人才为本，以教师为主体。所以，传统的管理模式要有两条线来满足高校发展的长远需求，三维构建一个多元化的管理结构，更新管理，探索机制，克服“两张皮”的现象。

另外，还要以学生为主体：明确学生管理价值取向，坚持“以生为本”；满足学生的不同需要，实施个性化管理；明确学生的权利，维护学生的合法权益。以学校为主导：加强法律意识、管理日常工作、建立维权组织，在学生管理工作中正确把握“管”与“导”的关系。以社会团体为辅助：高校青年志愿者组织、高校社团组织、网络组织等价于学校和学生活动领域之间的公共生活空间，具有一定的组织化形式，以公益性和互惠性为原则，通过自愿活动满足其成员的特点需求或增进其利益的“第三域”。

3. 顺应社会，建立健全教育教学目标管理体系

事物在发展的过程中必然会受到外界的质疑，新生事物在发展中必然会受到外部环境的影响。研究性学习是一种以学生实践素养和综合能力培养为主的学习手段和管理方法，所以在实践的过程中很容易受到质疑和片面理解。然而这种对理论的错误认知将直接影响到其实际的开展效果。通过研究性学习可以提高学生对于知识的深入了解能力，进一步扎实学生的基础理论知识，进而更好地进行下一阶段的学习。在研究性学习和专题学习的过程中，学生之间的相互交流沟通也可以产生很多新的思想和观点，进而使得学生更好地实现创新能力的提升。同时，在这个过程中可以融入更多的新的管理理念和思想，为后期的教育教学管理活动开展创造条件。

为了更好地促进高校学生管理工作的开展，高校本身还应该顺应新形势的发展，不断建立健全教育教学目标管理体系。所有的教育教学管理方式方法和手段都是为了实现学生管理的目标，教育教学资源管理、教学课程的设计和安排、教学评价结果、学生管理的质量水平都应该有一个教育教学目标管理体系进行规范和引导。要通过建成管理机构以及完善管理制度，实现教育教学管理的制度化、规范化、系统化和科学化，不断提高学生教育管理工作水平；通过全方位地对教学过程的严格管理，规范学校的教育教学行为，维护学校正常的

教学秩序，努力提升学校的教学质量和全方位提高学生素质，实现高等教育的培养目标；通过对产教融合基地、校企合作实训基地的规范管理，充分发挥其为技能训练服务的优势，促进校企合作教学模式的推广和应用，努力践行应用型人才培养目标，为培养高素质的应用型、综合型人才提供保证和支持。

第二节　现代高校学科建设与管理

一、学科与学科建设

学科起初作为一种知识体系，随着知识生产的日益复杂、规模不断壮大，大学逐渐走向社会的中心，政府对大学的地位和作用的认识不断深入，需要有专门人员进行知识生产、传播及应用，在此过程中逐步形成学科组织、制度，开展有目的、有计划的教学和科研活动。学科建设是在我国高等教育发展过程中生成的词汇，是一个本土性概念。我国高等教育管理体制决定了学科建设不仅是大学办学的中心议题，也是政府加强对高校的资源投入、制度供给和监督评价的重要抓手；从高校内部而言，包含院、系等的基层学科组织是学科建设的直接执行者，主要在学科队伍建设、科研项目、人才培养等方面施加重要影响。从建设内容来看，有学者提出学科建设本质上就是学科生产能力建设，因此，学科建设是一个复杂的系统工程，贯穿于高校教学、科研的全过程，且不单局限于个别要素的投入或硬件设施建设，也要重视体制机制、学科文化等软环境的建设。

学科是大学开展学术项目的最主要组织，其中大学开展的所有活动均需要将学科作为重要基础。学科不只是大学确定内部结构的基础，还是人才培育、科研分析、社会服务等各种项目的主要单位。所以，学科数量和质量上所体现的现实情况，也充分体现出每所学校的特点、水平和能力。大学建设的核心任务便是学科建设，而学科的发展历程则是大学的发展历程。因此学科建设就变成整个学校发展的重点，成为大学发展的重要部分，在学校发展历程中位于关键的战略位置。大学的学科建设包含众多部分，而且是彼此联系、彼此依赖的，不同学科之间存在一定的逻辑关系，其中知识性、组织性以及文化性成为其重要的基础特点，融汇在所有学科建设中。所以，学科建设是学校完成科研活动、人才培育、社会服务主要职能的重点，事关学校三大职能（培养人才、发展科技、服务社会）的完成和知识的产出，是学校建设以及发展的核心，是学校发展的主要任务。

二、学科建设的理论基础

（一）学科协同理论

学科协同理论是基于协同理论的基础，系统在外部驱动和内部系统之间的相互作用下，从无序到有序进行演化，这一演化过程包括实现在空间和时间上的功能有序化，并据之以有序结构的条件与特点，形成协同性效应与规律。协同理论的过程和规律表明，系统内部的各个子系统和组成部分，共同决定了其能否发挥出应有的协同效应，协同性影响着自组织的整体性功能。研究高校的一流学科建设同样可以借鉴协同理论。建设一流学科需要内外部力量的共同努力，政府为一流学科建设提供合法化身份，主要发挥制度保障和资金支持的作用。反之，一流学科为区域社会发展提供智力支持，同时在与其他学校、企业、政府和科研机构的交流合作中，提高人才培养质量，产出高质量成果。从学科系统内部而言，学科是一个复杂的组织系统，其发展离不开人、财、物的支持，高校一流学科建设面临的问题就是如何在有限的资源条件下，有序处理人才培养、科学研究、社会服务等学科要素的关系，最终达到提高学科发展水平的目的。

（二）学科规训理论

学科规训理论是国外学者基于学科规训制度的生成历史而提出的学科理论。该理论认为，学科是由专门知识、制度规范以及组织机构共同组成的完整体系。有人把学科比作一个细胞，其中知识是细胞核，而学科制度和机构便是包裹在细胞核外面的细胞质和细胞膜，这三部分组成了一个完整的细胞，缺一不可。学科是知识的专门分类，一方面是遵循学科内部知识生产逻辑的结果，另一方面是制度、权利和社会等外部力量的干预。有学者指出，一流学科的建设路径是实现学科“自组织”与“他组织”力量协调、适应、平衡、共存的过程①。因此，高校一流学科建设要遵循学科的知识生产逻辑，依照学科内涵式发展规律，同时合理运用外部组织力量，双管齐下，生成具有自身特色的一流学科。

① 闫涛，曹明福，刘玉靖.面向一流的学科知识与组织系统模型构建及运行机制研究[J].研究生教育研究，2021（1）：78-84.

三、高校一流学科建设

一流学科是一个内涵丰富、层级多样、实践性强的政策话语。国内关于学科建设的研究较早，但是关于一流学科建设的研究直至2014年才有了较大进展。根据学科影响力覆盖的区域范围不同，一流学科有国际一流、国内一流和省内一流三个层次上的区别。国际一流学科的研究以全球大危机和需求为研究导向，致力于问题解决方案的探索，尽力为全球发展做出贡献；国内一流学科基于国家整体发展以及面临的重大科学问题，一方面进行学术研究，另一方面为政府和各个行业的发展提供建议或意见；而省内一流学科，面向省以及省内区域性的各种问题和需要，通过加大学科投入、加快学科建设来支持推进地方经济文化大发展大繁荣[①]。

（一）一流学科建设的基本内容

一流学科建设主要涉及学科方向建设、一流学科队伍建设、一流学科平台建设三个方面。当然，充足的经费是支撑以上三个方面顺利发展的重要保障。学科方向建设是一流学科建设的基础；学科队伍建设是一流学科建设的关键；学科平台建设是一流学科建设的依托；学科经费是一流学科建设的保障。四方面关系密切，相互促进、协调配合，共同促进一流学科建设。

1. 学科方向建设

国内外一流学科建设的成功案例证明凝练学科方向的重要性，这是一流学科发展的关键所在。如若学科方向不凝练，不仅会造成资源浪费，也不能凸显学科建设的优势和特色，更不可能使其有突破性进展，甚至学科建设因不可能达到预期效果而付之东流。因此，学科建设发展的第一步要明确学科方向，围绕学科方向建立基层学科组织，组建学科队伍，建设适应学科发展需要的特色学科平台，统筹学科建设的各个方面。学科方向建设首先要厘清学科方向的内涵。学科研究方向既不是某个学者的个人研究志趣或具体研究课题，也不是教育教学改革的指向，而是支撑学科建设发展、面向学科前沿、汇聚学科优势特色的研究领域，是学科队伍利用学科平台进行科学研究和教育教学活动的桥梁，具有相对稳定性和发展连续性。学科方向确定以后，要做好其整合与凝练，主要有以下两种方式：一是在个人研究方向的基础上，自愿选择，然后经

---

① 肖小虹，梁超超．地缘相近省份一流学科建设经验及对贵州高校的启示[J]．科教导刊（上旬刊），2018（11）：1．

过讨论、质疑、修正和补充形成学科组织的研究方向，最后经组织认可达成共识确定为学科方向；二是面向经济社会的战略任务，选择合适的整合方式实现战略任务与学科逻辑的完美整合，从而形成学科方向。此外，实现学科方向的稳定与延续尤为重要，通常可以借助研究项目支撑学科方向的延续，也可以加大对储备性课题、主攻性课题、服务性课题的统筹兼顾，实现学科发展潜力的汇聚、重大科研成果的挖掘、后续资源的永续积累，最终促使各要素在相互促进中共同推进学科方向的稳定和延续。学科的成立自有它的合理性与必然性，但是一流学科方向不追求“大而全”，要聚集优势特色，突出学科方向的精细。

2. 一流学科队伍建设

一流学科队伍是高等学校创建一流大学、建设一流学科的重要资源，是高等学校实现其功能的核心力量，是学科可持续发展的依托力量，是科技创新的主干力量，是建设一流大学一流学科的基本力量，也是影响高校能否进入“双一流”建设名单的关键性因素。学科队伍由学科带头人、学术带头人等研究人员构成。学科队伍建设正是围绕以上人员展开工作的，具体包括对学科带头人的遴选、培养与管理，组建学科管理梯队，以及搭建学科创新团队。地方综合性高校应把握好学科队伍这个关键主体，通过加强一流学科队伍建设来提高学科竞争力，进而促进一流学科建设。

（1）高水平学科带头人。

学科带头人处在学科队伍金字塔塔尖，负责顶层设计和管理，以其远见卓识为学科建设发展制订规划，并参与其中，为学科建设指明前进道路以及重点发展方向。学科带头人包含学科负责人和学术带头人，两者既有区别又有联系。一般来说，一个学科设置一个学科负责人，但可以安排多个学术带头人，学术带头人积累一定的经验，学术能力和综合素养得到一定的提升后，就可能承担起学科负责人的角色，学科带头人统筹管理一个学科，又是某一个研究方向的学术带头人①。在学科建设的过程中，学科负责人一方面作为钻研学术科研的学者，另一方面又是负责管理、计划、协调的领导者和组织者，即“领导型学者”。国内外的成功经验充分证明，学科建设的水平高低与本学科带头人的学术水平高低存在相关关系，一流学科建设需要有一流的学科带头人带队指导。一流学科面向国际科学难题和人类社会急需解决的问题，这要求学科带头人不仅有解决问题的视角和思维，也要求其能够运用科研理论和实践经验发现

① 谢桂华．高等学校学科建设论[M]．北京：高等教育出版社，2011.

问题、解决问题，突破学科建设瓶颈，促进一流学科发展。

（2）一流的学科梯队。

学科梯队是围绕学科研究方向逐渐发展起来的，其雏形伴随研究方向的形成出现，后随学科方向的延续拓展不断壮大。高水平的学科梯队是一流学科建设的重要支撑力量，一流学科建设既需要学科负责人的贡献，也需要一支高水平、互补融合、凝聚力强的学术梯队。学科负责人、学术带头人、学术骨干和一般研究人员构成了学术梯队，他们承担着不同的责任，发挥着不同的作用，是既相互独立又相互统一的群体。学科梯队作为一个有机整体，需要不断改进并完善其结构，以充分调动各部分的积极性，使其学科研究的优势得以最大程度的发挥。当然，整体优势的发挥需要梯队每个成员积极地参与，需要实现各部分、各环节、各成员的合作与配合。学科梯队的发展强大能够促进并加快学科建设迈向卓越，要实现学科建设迈向一流水平，既要重视梯队成员个体作用的发挥，也要做到因时因需调整梯队结构，使学科梯队在相对平衡和稳定的环境中汇聚更大力量、发挥最大最优功能。

3. 一流学科平台建设

一流学科平台建设是筑巢引凤的工程，将为一流学科会聚更多的高水平人才。学校根据办学需要，结合自身的综合实力，建设若干个多学科共同参与的高水平创新引智基地。学科平台能充分发挥学校重点实验室、科技中心、大学创新创业基地在科技创新中的作用，提高学科基础设施的有效使用率，提高学科平台的投资收益，促进高校平台资源的共用共享，使高校科研条件不断完善并迈向更高的水平。学科平台具有创新主体的多元性、集聚要素的关联性、基础条件的规模性、创新资源的优质性等特征。因此，在一流学科平台建设中，要充分把握其基本特征，使其发挥最大优势，为学科建设提供更广阔、更坚实的科研条件。一流学科平台能够为一流学科提供强有力的平台支撑，从而促进一流学科建设；一流学科建设因其较高的国际声誉和学科影响力，将争取到更多优秀的学科资源，从而打造与之匹配的学科平台。一流学科平台与一流学科建设相互促进、彼此作用。地方综合性大学在一流学科建设过程中，要明确两者间的关系，要开辟渠道，争取多元化的学科建设资源，以此打造更高水平的学科平台。

（二）一流学科建设的主要模式

高校学科建设模式是一个复合型概念，其内涵的界定众说纷纭。一种从学科布局角度定义，将学科建设模式与学科结构布局联系起来；另一种是从方法论角度出发，将学科建设模式定义为高校实施学科建设过程中形成的发展路径和方法选择。本书参照方法论的定义，将高校学科建设模式归纳为以下三种：学科带头人引领型、特色优势学科拓展型、学科交叉融合型。这三种模式并非完全孤立，在一流学科建设中常常交互共生、共同作用，某一模式占主导地位，其他模式为它提供支持。

1. 学科带头人引领型

学科带头人相当于教学科研的引领者，既是科学家，也是社会活动家和教育家。他们具备战略眼光，能够指明学科发展的方向，确定每一步发展的目标，并能够充分调配学科建设一切可能的资源条件，实现每一阶段的目标，推动学科的持续进步。采取该模式的院校实力较强，或者在某些领域水平较高，多见于单科性较强的院校。另外，在办学历史比较悠久的地方院校，其某些优势学科也会存在这种情况。

2. 特色优势学科拓展型

高等学校办学资源的有限性和学科发展的无限性决定了任何一所大学都不可能占领所有的学科领域高峰，很难实现同一学科所有方向都达到顶尖水平，一般只能在某几个领域或某几个学科方向上暂时处于领先地位。所以，高校的学科建设都必须确立发展重点，形成自己的特色，抓住优势特色学科方向，以优带弱、以优带强，进而实现学科整体实力的提升。特色优势学科拓展型建设模式常见于已经顺利实现学科布局由单科性向多科性转变的高校，这些学校学科门类相对齐全，各个学科齐头并进较难实现，只能选取一些优势突出、特色明显的学科作为骨干和支撑，将有限的办学资源投入这些选定的优势学科，汇聚各方力量实现其发展，进而带动其他相关学科整体实力的提升。地方综合性大学学科门类较齐全，各个学科的学科基础和学科上升空间存在差异，加之地方高校办学资源有限，在一流学科建设过程中，其较为明智的做法是坚持以特色优势学科模式为主导。在该模式的引导下，地方综合性大学更有可能抓住“双一流”建设的历史机遇，实现学校在一流学科建设方面的快速发展和整体办学影响力的较大提升。

3. 学科交叉融合型

综合型大学或者多科型大学，其学科门类相对比较齐全，学科整体实力比较强大。基于此，以上大学在学科建设过程中常常遵循学科交叉融合模式发挥学科综合优势，推进学科交叉融合和集群发展。地方综合性大学，整体办学实力与学校声誉不如部属高校，学科建设过程中更要从学校发展、学科现状出发，选择一种或者多种模式，为一流学科建设提供最大可能。

（三）高校一流学科建设优化策略

地方高校作为我国高等教育体系的主体，是实现高等教育大国向高等教育强国转变的重要力量，因此切实提高地方高校办学质量是必然要求。如何推动地方高校走特色化、地方化和应用化道路，促进人才培养与地方发展相适应，将成为今后地方高校发展需要不断思考解决的问题。下文就以地方高校一流学科建设为例，详细论述高校在建设一流学科时需要优化的具体策略。

1. 政府层面

一流学科建设项目是国家推进高等教育高质量发展的系统工程，除了中央宏观政策的引导，还需要各省、市、自治区主动作为，为地方高校的一流学科建设提供良好的制度环境和资金支持，引导一流学科布局和结构与区域经济社会发展相适应，为地区发展培养急需的专业人才。

（1）发展区域经济，完善城市基础功能。教育是需要长期投资的事业，地方高校的办学经费收入来源主要依靠地方政府，在相当长的时间内这一状况仍将持续。要加大地方高校的经费投入，最根本的是要提高地区经济发展水平。教育与经济的关系是相互促进、相互制约的，教育作为社会再生产的一个重要环节，它是劳动力再生产的重要手段，为经济发展和技术进步输送了大量的高级专门人才，提高劳动力素质和生产效率，与此同时教育所需的成本需要财力的支持，经济发展为教育提供了有力的物质保障。另一方面，经济发展决定教育的规模、速度和结构，经济发展落后，则没有充足的资金和设施支持教育发展，生源数量和质量也会受到限制。

因此，地方政府尤其是中西部地区，应全力以赴发展经济，要变被动为主动，转变过去“等靠要”的落后观念，主动对接国家经济发展战略，抓住经济发展机遇，切实推动经济高质量发展；完善城市配套设施，加强城市文明建设，为区域高等教育发展提供有力的物质保障和良好的引才环境。

（2）引导社会参与，拓展经费筹集渠道。地方各级政府要充分认识高等教育事业对区域经济增长和社会发展的重要性，如果没有充裕的资金支持，地方高校的学科建设难以取得长足进步和突破，对区域科技创新能力和高素质劳动力产生较大影响，因此地方政府应提高高校经费占地方财政支出比重，尽力扩大对地方高校的支持力度。但是，地方政府作为地方高校主要的资金来源，其经费投入多少与当地经济发展程度存在显著正相关关系，对于经济发展水平相对较低的地区来说，地方政府的财政压力较大；其次，为了提高区域高校办学水平，地方政府在重点扶持的基础上，还要注重政策的公平性，照顾到大多数学校的利益，重视教育公平，需要花费更多的人力、财力、物力。因此，地方政府应建立多元化的资金投入机制，积极争取社会资本的支持，建立高等教育成本分担与补偿机制，并健全和落实相应的金融税收优惠等各类激励政策，鼓励社会力量参与地方高校一流学科建设。

（3）建立共享机制，促进校际资源互通。从我国实践情况来看，校际合作在经济发达省份、部属高校和部分高水平大学间发生较为频繁，这些地区和高校本身教育资源丰富，发展理念相对超前，通过科研合作、课程互选、学分互认、师资互聘等多样化的形式加强校际合作。除此之外，其他高校也应成立高校联盟，利用现代信息技术丰富开放形式，扩大校际合作规模，在学术讲座、图书馆、实验室平台、大学生竞赛项目等加强校际联系，大大提高教育资源的利用效率，实现优质资源区域共享。

2. 学校层面

目前，建设一流学科成为地方高校建设国内一流大学的主要抓手。作为区域重要的人才库和知识库，地方高校要承担起社会责任，以服务区域发展为办学定位，根据自身特色，有的放矢、因地制宜地开展一流学科建设工作。

（1）明确学科定位，对接区域发展特色。

一直以来，学术逻辑与社会逻辑作为学科建设的两种价值取向，它们彼此之间既相互促进，也相互博弈、对立乃至冲突，但两者并不是一个简单的非此即彼的二律背反的关系，而是紧密相连、辩证统一的。那么，作为区域知识创新、知识传承和知识应用的重要机构，地方高校应当承担自己的责任和使命，转变单一学术逻辑为主导的建设思维，注重社会逻辑的引领作用，针对不同学科的属性特征采取不同的发展策略。

地方高校可以借鉴前人的学科分类思想，充分认识学科价值属性，明确学科定位，利用学科知识服务社会，并在服务社会的过程中促进知识创新，如针对基础性学科应以知识创新为主线，强调对知识本身的兴趣和探索，鼓励原始创新，扎根理论知识，以支撑本校应用学科的发展；在人文艺术学科领域，应积极传承和挖掘地方优秀文化基因，抓住新文科建设发展机遇，丰富地方文化内涵，发挥优秀文化的社会价值，打造地方文化名片，丰富人民精神文化生活，为地方高校校园文化建设提供素材；在应用性较强的学科领域，地方高校要积极对接区域经济发展战略和产业结构，立足区域发展现状，以问题为导向，坚持自主创新，加强横向研究合作，目前一些企业的科研能力已经走在高校的前列，加强产学研合作是必然趋势，力争突破关键技术难题，促进区域产业转型升级，解决区域社会发展矛盾问题。另外，为更好地履行社会服务职能，地方高校应成立相关的社会服务职能部门和科研转化专业服务团队，加快研究成果转化，提高学科对地方发展的贡献能力，这也有助于拓宽学校资金来源渠道，形成多元的学科资助体系。

（2）立足一流学科，发挥辐射带动作用。

我国政府和高校在学科建设上一贯秉持扶优的原则，一流学科数量占比较少。若地方高校一味强调少数几个优势学科的重要地位，政策和资源投入持续向优势学科倾斜，在短时间内提高了少数优势学科的评价绩效，但大范围的资源累积势必会进一步强化绩效指标做法的合法性，从而弱化了“目标学科”的学术创新能力，抑或规避了具有较大风险且离重大理论原创较近的学术探索；另一方面，仅关注“目标学科”势必将进一步使高校的学科生态结构恶化，导致“目标学科”缺乏其他高水平学科的支撑而增长乏力，且挤占其他处于相对劣势的学科生存空间，破坏学科生态系统。一流学科不应该孤芳自赏，而要发挥其引领作用，反哺其他学科共同发展，促进各学科和谐共生。

地方高校应本着同等尊重的原则，树立可持续发展的学科理念，立足本校优势学科，发挥辐射带动作用，挖掘特色学科，形成相互支撑、良性互动的学科发展模式。地方高校应培养合作意识和共享精神。过去各院系、学科的科学研究、课程教学、实验室等呈现出各自为政的局面，造成学校资源闲置浪费，因此要打破学科组织壁垒，加强学科间、院系间的沟通交流，搭建校内交流平台，完善相关制度保障交流畅通和常态化，分享优势学科建设经验，促进资源共享和科研合作，提高学校资源利用率。另外，各学科的交流可以推动学科间的交叉融合，为单个学科的发展注入新的活力，纵观世界大学的学科发展史发现，学科发展经历了“高度综合—高度分化—高度分化基础上的高度综合”三大阶段。例如，2021 年 1 月我国新设置的“交叉学科”门类，成为我国第 14 个学科门类，对我国学科发展提出了新的时代要求，不同学科交叉融合有利于拓宽研究领域、丰富研究方法、产生交叉学科，形成专业化的学科群，促进学科知识生产和创新。

（3）注重师资培育，增强本校内生动力。

高层次人才并不是一朝一夕就成长起来的，需要花费一定时间、财力来培养，这是一个投资周期长，收益见效滞后的工程，因此各高校选择高效、直接的引进办法，重视“输血移植”挖人才，忽视自身造血功能，对本校的高层次人才培育工作重视不足。当然，面对一流学科建设的迫切要求，地方高校仍要加强人才引进工作，积极利用国家和区域相关人才政策，继续完善本校高层次人才引进和管理制度。但是，避免盲目引进造成人才的无序流动，根据学校学科发展实际情况有针对性地引进急需紧缺人才。引进人才不仅要考察人才的真实专业水平，还要重视职业道德修养的考评，提高人才引进的质量，以免资源浪费。另外，与人才引进这一短期行为相比，本校师资培育则应成为长期性的常规工作，高校应立足长远，重视存量管理，对引进人才和现有师资一视同仁，建立和完善本校优秀师资的选拔、资助、交流、激励、保障的体制机制，给予本校教师、科研人员和管理人员对外学习交流的机会，鼓励优秀人才特别是青年人继续深造、访学，到企事业单位进行实践锻炼，提升学科专业素养，加强社会服务意识培养，形成多层次、多元化的人才成长机制。

（4）加强国际交流，提高国际合作水平。

高校间的国际交流与合作是各国文化交流的重要渠道，而拥有较高的学术声誉、学科发展水平较高、资金雄厚的大学总是更容易获得国际交流的机会和优质国际生源，高等教育国际化成为高校实现内涵式发展、提高学术影响力的重要途径。

目前，我国积极打造“全方位、多层次、宽领域”的教育对外开放格局，深化与世界各国的教育国际交流，大部分地方高校的学科建设方案中也提出要立足区位优势，以国家战略为背景，加深与“一带一路”沿线国家的交流与合作。在此基础上，地方高校应树立国际化发展理念，创造性地开展多种形式的国际交流与合作，学习和借鉴国外高校先进的学科管理经验；立足区域发展和沿线国家发展需要，培养紧缺的国际化专业人才，加强实质性的国际科研合作，提高留学生培养质量，加强留学生的认同感和归属感，打造留学品牌；寻求与国外高水平大学和科研机构的联合培养与合作，出台相应激励政策来鼓励教师、学生、科研人员、管理人员出国交流、访学，增加在读学生国际交流经验，提高师资国际化水平。

（5）重视学科文化，打造开放包容学科环境。

作为高校的基本组织单元的学科，离不开学科文化这个成长环境，而学科文化稳定性的特征决定了积淀深厚、优秀的学科文化是高校保持和提升核心竞争力的最基本、最持久的优势。当前许多高校存在学科文化缺失现象，如有学者指出目前我国部分学科知识分子们被捆绑在行政权利和切身利益中，功利主义蔓延，出现学术形象的退化甚至学术道德危机；不同学科地位出现等级划分，收益高、热门的学科受到追捧和支持，而难以实现较大收益的人文类学科则受到冷落等；高校行政的科层制文化一定程度上阻碍了学术自由，各部门缺乏合作意识，管理人员在管理理念和专业化程度上有所欠缺。

无论是部属、地方高校，抑或研究型、应用型、职业型高校，都应该有自己的一流学科。一流学科不应局限在学科评价排名上，地方高校应该把“一流”内化为办学理念和精神品质，将“一流”视为一种质量诉求，一种信誉和承诺，一种持续追求卓越的办学理念。“双一流”建设的重点应当是通过树立卓越的办学理念来释放学术活力，持续改进学术生产力和生产关系。地方高校要重视学科文化建设。第一，要增强师生的学科自信，强化学科群体意识，加强学科研究范式、学科价值和学术规范的教育，引导师生专注于学术研究，产出高质量研究成果，增强对所属学科的认同感、责任感、归属感；第二，要消除对某些学科的偏见，给予各学科平等对话的机会，打破学科规训制度的藩篱，加强学科间的交叉融合，取长补短，形成鼓励创新、开放包容的学科氛围；第三，无规矩不成方圆，在制度文化层面，要完善职称评审制度、科研激励机制、教学质量保障体系等，保障相关群体的切身利益，凝聚力量共同推动一流学科建设；第四，在组织管理层面，行政部门应明确为建设一流学科的服务理念，创新组织管理机制，促进各部门加强沟通合作，简化不必要的审批程序，积极与其他高校进行交流，定期进行相关管理人员培训和交流学习、实地考察，借鉴先进管理经验，提升人员专业素养，为本校一流学科建设提供优质服务。

（6）重视科教融合，促进学科、专业、课程一体化建设。

学科是知识的专门分类；专业则是社会学范畴中的社会分工，由若干门课程构成；课程则是教育学意义上的学生的学习内容，它来源于学科知识，选择其“最有价值的知识”组成教师的教学内容，三者具有内在逻辑联系，是各高校履行人才培养、科学研究、社会服务职能的主要载体。但在地方高校办学实践中，人才培养和科学研究常常被放在对立面，但二者其实并不冲突，不少高校也进行了科研和教学有机融合模式的积极探索。科教融合强调科研与教学的相互配合，突出学科与专业的一体化建设，以一流的科研支撑高素质创新人才的培养，符合科技创新与人才发展一体化的本质规律，是世界科教体系改革的重要方向。

因此，地方高校应转变观念，平衡人才培养和科学研究的关系，推动学科—专业—课程一体化建设。一流的学科需要一流的课程，一流的课程同样需要一流的学科支撑，要自觉将学科建设的创新成果转化为课程，将学科前沿知识、跨学科建设成果、学科建设最新成果等及时融入课程，加强科教融合，将科研成果融入课堂和教材，丰富和更新教学内容，使学生掌握研究前沿知识；把科学研究作为人才培养的重要方式，让学生成为教师科研工作的合作伙伴，将研究项目作为第二课堂，在研究中促进学生自觉学习专业知识，掌握研究方法，实现探究式学习，培养学生的创新意识和科研能力，提高人才专业素养和扎实学识；通过学科建设改革传统的专业教育，摒弃过时的、不适应现代社会发展的专业培养，推出“面向职场”的专业教育，加强实用型课程建设，提供多元化和个性化的课程，加强创新创业教育，培养学生的批判思维、创造能力、组织协调能力和实践能力，关注社会需要的人才必备素质。

四、行业特色高校学科建设

（一）行业特色高校学科建设定位的目的

20 世纪 70 年代早期，美国著名营销专家艾·里斯（Al Ries）与杰克·特劳特（Jack Trout）最早提出了定位理论。里斯和特劳特认为，“定位是你对未来的潜在顾客的心智所下的功夫，也就是把产品定位在你未来潜在顾客的心中”。可以看出，定位其实是对现有产品进行的实验和改造，以求取得优势地位。随着定位研究的深入，在高等教育发展的过程中也将定位理论应用过来。对高校进行定位，以求使高校在发展过程中明确前进方向，更好地提供高质量、高水平的教育。对高校进行定位要考虑各种要素，包括对其所处现状梳理和认识以及对以后发展目标和战略的思考。学科建设作为学校建设中的重中之重，是一所高校的核心竞争力的体现，能够直接地反映出一所学校的科研和教学能力。因此，需要对高校的学科建设进行定位，优化学科布局，这对我国行业特色高校发展和一流学科的建设具有积极的作用。

（二）学科建设定位的内容体系

有关行业高水平高校学科建设定位内涵的探讨，最根本的问题应该是其内容体系的建立。定位内容体系的构建可以明确学科建设的内容、目标和基础之间的关系，并确定各个要素在学科建设定位体系中应处的位置。

学科建设作为高校之中最为重要的基础建设，包含高校工作的很多方面，主要有现状定位和发展定位两个层次。现状定位包括学科内容、学科组织、学科布局和学科队伍等已有的现状和条件的客观分析。发展定位，指依据现状对学科方向、发展规模等方面进行科学的定位。

（三）行业特色高校学科建设的科学定位

1.充分认知学科建设现状

当前的行业特色高校在“双一流”建设背景下对高校自身学科建设现状进行科学的定位，能够更有层次、有重点地建设一流学科与一流高校，以获得行业特色高校学科建设整体的发展目标定位。

在对学科建设现状定位的过程中需要从高校目前学科建设过程中的方方面面入手，包括学科建设内容、学科建设布局、学科建设队伍和学科建设组织等。在充分分析学科建设现状后，以自身的实际情况为基础再进行整体发展目标定位。

2.找准学科建设发展方向

在进行学科整体发展目标定位时还应当确定学科建设的服务对象，即确定学科需要面对的行业和地域。国家发展“双一流”战略，建设一流学科的一个重要目的就是希望学科建设能够创新驱动发展，形成高质量内涵型发展，解决国家与社会发展的关键问题。

首先，行业特色高校发展至今，一直具有与行业的天然联系，承担着为行业发展提供人才保障、技术支持和其他服务的任务，所以行业特色高校在学科建设定位的过程中不仅要保持学科的自我增值，更重要的是需要将学科建设与服务社会功能相统一，充分利用学校本身的资源优势，在定位中及时了解行业的发展动态和现状，使学科建设的发展方向不脱离社会发展和国家经济建设。

其次，行业特色高校学科建设发展方向定位的过程中还需要充分考虑地域优势，这也是行业特色高校在进行学校发展规划中要考虑的问题。高校的地理位置不同，其所处区域经济结构和发展水平必然不同，因此依据区域经济的不同特点进行学科建设定位更有利于获得地方政府的青睐。

3. 确定学科建设的规模层次

行业特色高校学科建设的层次应该与学校的整体办学层次相协调。行业特色高校因其特殊的历史传统，办学的基础与条件参差不齐，因此在学科建设规模的问题上不能一味“趋同”，简单地朝着综合性高校发展，追求学科“多而全”，盲目地追求多学科共同发展或者重复建设同类型学科。应当科学分析其现有的学科资源以及当下社会的资源，在学科建设中突出重点，确定学科建设的规模和层次。行业特色高校学科建设的层次还应当与其确定的学科发展方向相契合。高校应充分认知其优势和特色，在形成优势学科体系的同时加强与优势学科其他相关学科之间的交流，发展前沿和新兴学科，推动基础学科和应用学科的互相增长，优化学科结构，巩固和推动学科群建设。

（四）行业特色高校学科建设的基本策略

对经过高等教育体制改革的行业特色高校来讲，在“双一流”战略的指导下，继续发扬优势特色学科，完善学科群建设，培养高质量的人才，在国家创新体系中占据一席之地，是行业特色高校亟待解决的问题。因此，学科建设作为高校建设的重点工作，提出行业特色高校学科建设的基本策略，才能让行业特色高校学科建设持续快速健康发展。

1. 科学定位行业特色高校的学科建设

当前我国高等教育面对新的模式和现状，在“双一流”建设的要求下，如何认识建设好学科是一个关键问题，而作为一所高校核心竞争力的体现，学科建设能反映出学校的综合能力。所以找准学科建设的定位尤为重要，科学定位学科建设需要层级推进，并且有条理地进行，在考虑自身所处现状的同时对今后的发展目标和战略进行思考。对于行业特色高校在学科建设过程中进行科学定位有利于找准自身的发展方向，为行业特色高校“双一流”的建设提供正确的思路。在学科建设定位的过程中要综合分析学校所处的环境与现状，首先对学科建设中学科内容、学科组织、学科布局和学科队伍等已有的现状和条件进行客观分析，找准行业特色高校的学科建设现状。然后对其进行发展定位，明确外部环境的机遇和挑战，最后对学科建设的方向和规模层次进行定位。

2. 发挥学科建设优势，多学科共同建设

行业特色高校的核心竞争力在于其优势特色学科，继续保持和发展行业特色高校的优势学科对其建设一流高校、一流学科至关重要。也正是因此，行业特色高校在发展过程中需要将优势学科的建设放在办学的首要位置，集中校内资源优先建设优势学科，让特色学科处于相关行业的优势地位。

同时，行业特色高校也不应忽视基础学科和其他相关学科的建设。基础学科对于原始创新有着重要意义，可以展现高校对科研项目深入创新的能力，在人才培养和科学研究方面具有巨大的潜力。加强与优势学科相关的其他学科的建设，才能带动相关学科的发展，促进学科的交叉融合，产生技术创新或者科技前沿成果。

因此，行业特色高校学科建设应以优势学科为基础，重视学科发展的内在逻辑，多学科共同协调发展。开展学科群建设，以优势学科为中心，加强支撑学科的建设，拓展相关学科，设置合理的学科发展模式，形成学科之间的优势互补，抓住“双一流”战略的发展机遇，建设符合国家社会需要的高校。

3. 加强与行业联系，促进学科平台建设

高校在学科建设的过程中要重视国家战略、区域发展和行业进步的需求，在现有的学科基础上突破学术前沿，服务社会经济的发展。科研成果是评价学科建设的重要指标之一，也是学科建设的有力支撑和重要拉动力。因此，学科建设过程中需要完善科研条件，促进创新平台的建设，优化学科平台中的科学研究条件，提升教学实验的水平，以保证学科建设的科研基础。

行业特色高校与行业具有天然的联系，高校与行业在划转地方之后也应当继续加强与行业之间的联系，加强学科平台的建设，促进高校学科建设科技成果转化工作，将高新技术向产业化转变。行业特色高校应继续加强与各级协会、科研院所、企业的联系，建设产学研合作管理平台，开展深入的协同创新合作。在学科平台中围绕国家和行业的需求，与行业深入合作，开展系统的基础性研究、应用研究和优势学科研究，为推动国民经济建设提供理论基础和技术储备。

4. 扩展产学研合作，培育优秀科研人才

学科建设质量的好坏体现在两个方面：一是科学研究的成果，二是人才素质的培养。首先，在学科建设中要推动科学研究的进展，单凭学校自身进行学科建设是不够的，行业特色高校与行业具有天然联系，应当抓住机会与行业开展产学研合作，以获得优质信息和资金投入，为行业特色高校学科建设提供外在驱动力。其次，高校与其他科研机构不同，还承担着人才培养的任务。对于行业特色高校来说，培养出适应行业发展、服务区域经济的创新型人才是其学科建设工作的重要内容。

因此，行业特色高校的学科建设中应扩展产学研合作，加强科技成果转化能力建设，推动国家创新体系建设，同时借助产学研合作平台优势，培养高素质的优秀科研人才。

5. 重视师资队伍在学科建设中的作用

师资队伍建设是学科建设的重要组成部分，也是学校功能实现的重要力量，只有培养出一批具有一流水平的师资队伍才有可能建设成一流学科，建设成一流高校。首先，在建设师资队伍的过程中，需要严把选聘、考核、晋升、思想政治素质关，将师德师风作为评价教师素质的第一标准，将理想信念、道德情操和扎实学识等优秀品质贯彻到师资队伍建设的过程中去。其次，学科队伍建设离不开学科带头人的选拔和团队的建设，行业特色高校更应注重行业人才的选拔，培养能够在行业中产生重大影响的学术带头人，深入改革校内的人才引进机制，汇聚国内外优秀的学术师资力量，建设适应行业发展需要的学科队伍。最后，积极支持师资队伍的学术交流活动。鼓励教师走出去参加国内外学术会议，特别是到国外进行广泛学术交流和合作科研，使学术研究和科研工作者紧密跟踪学术前沿，增进学术界对学校学术研究和学科建设的了解。同时，要促进学校内部的学术交流，通过学术沙龙、学术报告、学术辩论等形式，引导校内学者不同观点之间的碰撞、交流与融合，加强不同学科间的交流，活跃校内的学术气氛。

6. 完善高等教育制度，扩大办学自主权

在当前的政策经济形势下，我国的高校办学在方方面面还受其他因素的约束，办学自主权较差。而学科建设这一过程需要各类资源的大力支持，在高校的学科建设过程中，学科的建设行动框架也不能越过行政框架。当前我国的“双一流”建设战略的本质依旧是对国际一流学科追赶和模仿，行政所占的话语权依旧很大，从而导致学科建设对行政力量的过度依赖。

行业特色高校经过高等教育体制改革，学校管理机构由部门管理改为地方管理，管理主体的变化使政府对行业特色高校的学科建设要求也产生了改变。因此，只有继续完善高等教育管理体制，扩大高校办学的自主权，才能提高行业特色高校办学的主动性，在学科建设方面也才能更多地考虑学校自身发展，使学科体系建设更加合理。

第三节　现代高校教师队伍建设与管理

一、高校教师队伍建设与管理的含义

教师是教育教学活动中最重要的资源，建设一支高水平且稳定的师资队伍，对高校的发展是非常重要且必需的。教师队伍建设和管理是一项系统的工程。教师在成长过程中需要不断进行培训和进修，在师资队伍建设和管理过程中，对教师的培养是必不可少的环节。因此，师资队伍建设和管理包括以下三个环节：第一，教师的职前培训，主要是新进教师的入职培训，一般应由师资培养机构承担，主要是确保师资队伍的入口质量；第二，教师的职中培训，主要是教师在职继续学习教育，以确保教师队伍质量的不断提高；第三，对师资的管理和调配，如教师资格的认定、继续教育过程和结果的评价、教育教学的评价等，对教师进行监督、认定、质量评估是为了进一步优化师资队伍。师资队伍建设的目的就是提高师资队伍的质量，因此入职前应确保入职教师具有良好的专业知识和教育教学能力，在入职后采取多种途径、方式进行继续教育，以化解在任职过程中出现的能力不足等问题。

二、高校教师队伍建设与管理的必要性

（一）教师在教学中的主导地位

教师是人类灵魂的工程师，担负着重要的社会职责。学校教育的主导是教师，人类社会长期发展的知识积累和精神财富的世代相传，主要依赖于教师的不懈努力和辛勤耕耘。在学校这个组织机构中应该凸显教师的中心地位，学校各项管理工作都应该服务于教师的教学，服务于学生的培养，这样才能真正落实以教师为主导、以学生为中心。

教师作为教育活动的主体，必须完成学校布置及应有的教学任务，全力培养合格的人才，他们所付出的劳动是非常繁重又辛苦的，经历的教学过程也是艰辛而伟大的，所消耗的脑力劳动是创造性的。他们的劳动对象是学生，他们必须运用特殊的劳动手段，将自己的有用知识、能力、技术、品德、观察力、洞悉力，在与学生的朝夕相处中传授给他们，教会他们需要的学科知识和做人

的道理，把他们培养成符合社会发展需求，可以推动社会进步的生力军。在这一过程中，教师既要遵循一般规律来教育学生，又要针对不同的学生特点因材施教。不论课堂上课堂下，都是教书育人的舞台；不论是校园里校园外，都是春吹桃李的广阔天地。

因此，在整个教育教学活动中教师的作用是主导性和决定性的，是一定不能忽视的。教师是实践活动中的主体，教师是主导。学生在实践活动中是掌握实践的对象，是教师用一定的实践手段来进行活动的客体，师生关系是主体与客体的关系，在施教过程中，教师所传授的教学内容，使用的教学方法、教学方式和教学时间都是由教师考虑和决定的。无论学士、硕士和博士，若没有良好的导师的指导，也是不能成功的。

（二）教师素质在教学中的关键作用

教师是学校教育教学活动的主力军，教师队伍自身的学历水平、教学水平、科研水平，都关系到高校整体的教育教学质量。高校是培养高素质人才的地方，是否能够将实用的、前沿的知识教授给学生也是人才培养是否成功的重要标志。因此，提高教学质量，建设一支高素质、高品质的教学队伍，提高教师队伍的整体素质是高校教育教学改革最重要的任务。高校由于其特殊的教育环境，教学质量已经是现今高校之间竞争的一项主要内容。由于传统观念和各种政策的影响，教师科研意识弱，科研课题数量少，科研能力不强，都是高校教学队伍的短板和不足，在一定程度上影响了人才的培养。

教学是在教育目标的规范下，教师教学与学生学习共同开展的教育活动。教师是教育活动的一项重要的基础元素，是构成教育活动的主角。教学和学习是这一过程的两个方面，教学与学习、讲解与听析、询问与解答、教授与接受、演示与观察、示范与练习、实习和训练是分不开的。教师在教学活动中起主导作用，在很大程度上决定了教学活动的成败。一名优秀的教师善于引导，勤于钻研，能帮助学生成长成才，可以为国家和社会培养出更多更优秀的有志之才。

教育活动是根据一定的社会需要进行的培育人的教学过程。只要有培养人的活动存在，教育活动就不会消亡。世界上任何事物都是作为一种过程而存在的。过程就是事物发展变化的内在动力及其变化的根据。教学活动的过程就是学生认知的过程、身体和心理的发展过程，就是学生由不知到知、由不成熟到成熟的增进过程。整个教育过程，也就是教师凭借特定的手段，将特定的教育内容转化为受教育者的成果的过程。教育过程是以动的形式表现出来，而结果则以静的形态而存在。教育者的教育活动结果，以受教育者的最终形式——毕业文凭和毕业者的服务能力为准，并使他们为社会各部门所需求聘用。高校培养人才的质量关系到社会主义现代化建设的成败。教师发挥的重要作用在此也很明显。

（三）教师是提升高校教学质量的主力军

在教育质量生成要素当中，教师起着关键的作用。要将学生培养成社会需要的合格人才，给学校及教师提出了严峻的考验。教师在知识传授上不仅要了解学生现有的知识储备，而且要能够根据现有水平循序渐进地进行大学的教学。在学生学习方面要对课程进行科学设计，要激发学生自我学习的积极性，否则难以实现理想的培养效果。所以在高校中，教师对教学质量的作用显得尤为重要。

三、高校教师队伍建设与管理的优化实践

（一）提升高校教师队伍建设的路径

1. 落实办学自主权，满足教师专业需求

首先，政府及其相关部门应该保障高校依法行使自主办学和教师自主教学的权利，同时完善管理模式、改进监管机制，切实履行对高校自主办学的管理、评价和监督职能。政府及其相关部门在行使管理职能时要科学、适度，有的放矢；在对高校进行评价时，要因校制宜，依据高校的类别和办学水平以及高校教师的专业背景和职称等因素制定具有针对性和可行性的评价体系；进行监督时要做到稳、准、狠，督促高校整改不合理的地方，全面规范高校的办学行为，并加大引导力度，发挥宏观调控作用。

其次，高校应在遵守国家政策和法律法规的前提下自主制定学校发展规划，设置和调整学科专业，开展教学活动，进行科学研究，并逐步拓展自主权的行使范围，承担更多责任，健全自我约束与管理机制。在教学自主权以及专业设置自主权方面，高校应给予教师足够的空间，激发其教学的积极性、主动性，发挥其个人所长，满足其自身专业发展，以促进高校教师队伍建设。

最后，落实高校办学自主权还要积极寻求社会力量的支持。在当前市场经济体制的背景下，高校和政府、社会以及市场是一个交叉互动、多样联系的整

体。应积极引入社会力量作为协调政府与高校之间关系的润滑剂，对促成各方利益的统一进而推动高等教育的发展具有重要意义。

2. 重视师德师风建设，提升专业素养

（1）淡化学术功利化倾向。

对不同办学层次的学校教师设立不同的科研考核任务，对于重点培养学生专业技能的学校，尤其是高职院校应减轻科研任务。学校奖惩晋升应加强过程的监管，而不是只注重结果的考查，可以选拔一批骨干教师作为学术监管，不仅进行学术审查，还给予指导和帮助，净化学术环境。

（2）加强师德师风考核。

高校应重视对师德师风的考核，将师德表现作为教师考核、聘任（聘用）和评价的首要内容，尤其是要在学生中广泛宣传师德师风的要求，增加学生的法律意识和维权意识，让学生了解正确的道德准则并且监督教师的品行，对于师德失范者，学校必须严肃处理。

（3）增强育人责任感。

高校应通过学校文化建设等途径为广大教师营造潜心求道育人的工作环境，以教师培训和活动等多种形式加强教师职业理想和道德教育，敦促教师严守教育初心，强化教师教书育人的责任感和使命感，弘扬严谨笃学、淡泊名利的治学精神。

3. 平衡教学科研工作，助力专业成长

（1）完善教师结构比例。

教师的年龄结构可以反映一所大学教学和科研的水平及发展潜力，甚至影响师资队伍的连续性和继承性。高校应按学生的需求确定师资力量的分配比例，以满足热门但又力量薄弱的专业师资需求；加大青年教师的引进力度，有助于集中新思想，同时发挥“鲇鱼效应”，提升整个系统的活性，创造足够的发展空间给青年教师，加强对青年教师的培训。例如，加强校史校情教育，增强教师对学校的认同感与归属感；增加教育技术培训，提升高校教师授课能力。教师结构的完善有助于为教师提供足够的时间和精力处理教学和科研事务。

（2）加强团队科研合作。

合作的前提是实力优势互补，杜绝形式上的合作。因此教师应该提高自身能力，具有独立解决问题的能力，为合作解决更大、更系统的问题提供基础；

加强团队内部的学术交流与合作，在合作中利用各方的优势去突破不同的问题，最终实现系统问题具体化、复杂问题简单化；通过“老带新”模式，将经验丰富的教师和青年教师的创新思维结合起来，避免年轻教师孤军奋战，帮助青年教师迅速成长，进而促进高校教师队伍建设的优化。

（3）加大对教学和科研成果的奖励。

在考核上向科研方向倾斜，促使教师偏离实践教学与课程创新，政府、教育部以及院校可以扩大对教师的教学和科研的奖励面，丰富奖励形式，增加奖励额度，以减轻不同职称以及具有行政职务教师的教学倦怠感，维持其教学和科研热情。

4. 完善激励机制，养成教师专业情感

（1）推进高校教师考核评价制度改革。

完善高校教师考评体系，以岗位职责作为评价基础，促进教师德才兼重、内外兼具，克服唯职称、唯学历、唯论文的单极化倾向。高校教师岗位绩效考核应当与学校的发展目标和专业特色结合起来，建立个人自评、学生测评、同事互评和单位考评等多种形式相结合的考核机制，构建由政府、学校、家长及社会多方参与的高校教师评价体系。

（2）推进分配制度改单。

积极倾听教师诉求，探索协议工资制等灵活多样的分配办法，创新人事管理和薪酬分配方式，规范高层次人才合理有序流动，建立高层次人才较为统一的人才评选机制和管理机制，树立“人才是国家的人才”观念，注重研究成果的学术价值和社会效益，最大限度地激发高校教师的工作热情。

（3）营造公开透明的竞争环境。

高校应完善教育系统惩治和预防腐败体系，努力营造风清气正的校园竞争环境，要既能让教师看到自身的缺点和不足，又能让教师发现同事身上的优点，并在竞争中不断地提升个人的能力和素质，达成自身专业发展目标与学校发展目标的统一。

5. 优化经费配置，创新教师专业管理

（1）改进高校教育经费拨款制度。

改革完善高校教育经费拨款制度，优化项目支出与基本支出结构，兼顾高等教育不同类型学校以及不同专业发展改革实际需要，建立科学的指标体系作为拨款的依据。

（2）保证经费的高效管理。

高校要着力完善教育经费基础信息库，提升经费管理信息化水平；探索实行充分体现人才创新价值和特点的经费使用管理办法，明确劳务费开支范围和标准，同时优化经费使用过程中的报销及相关审核手续，节省物力、人力、财力，确保教育经费发挥最大效益。

（3）建立有效的教育经费使用监评系统。

加大学校财务信息公开力度，主动接受社会监督。健全教育经费统计体系，推动建立教育经费统计监测公告制度。坚持公开透明，实施动态监测，开展中期评价和第三方评估，强化社会对高校教育经费使用情况的监督。

6. 强化社会服务，提升教师专业实践

（1）创建高校教师社会服务平台。

高校要搭建社会服务宣传平台，及时发布社会服务供求信息；优化校企合作平台，助推高等学校与行业、企业的密切交流与合作，实现高等学校、社会团体、科研院所三方资源共享共通；完善社会服务交流平台，组织教师对社会服务实践中的热点、难点问题以及趋势等进行探讨，并注意总结推广经验，不断摸索高校教师开展社会服务的新路径、新规律。

（2）创新高校教师社会服务激励机制。

高校应制定一系列激励措施，从制度层面保障社会服务工作有效开展。科学构建社会服务的导向机制，探索“需求导向型”社会服务模式，引导教师正确处理好教学、科研和社会服务的关系，支持教师接受政府相关部门或企业交托的研究课题、科技研发、技术培训等服务工作；制定社会服务相关的扶持政策，出台高校教师社会服务工作考核办法，把社会服务纳入考评体系，综合考量教师开展社会服务的数量和质量，将其结果与个人评优评先挂钩；赋予高校科技成果使用、处置和收益管理自主权，探索完善科研成果、知识产权的归属及利益分配机制，以激发高校教师为社会服务的意识，提升其服务能力和高校社会服务品质。

（二）高校教师队伍管理的优化策略

1. 精准定位学校发展，探索教师分类管理

学校的定位与发展目标是到 2025 年把学校建设成为特色鲜明、优势明显的高水平应用型本科高校。学科专业定位于结合地方经济社会发展需要，以应

用、特色为导向，巩固提升学科专业建设，形成需求驱动、持续优化的学科专业布局。人才培养定位是坚持立德树人，构建以就业需求和素质养成为导向的实践性、创新型、多样化人才培养体系，培养具有社会责任感、创新精神、实践能力和国际视野的高素质应用型人才。从学校发展定位来看，突出应用型、实践性和创新型的特征，但在人才培养服务地方方面还存在较大差距，原因是教师队伍的分类管理体制尚未形成，尤其是应用型、双师型教师队伍建设不足。

根据学校发展定位，加强教师岗位分类管理、合理设置岗位类型。充分考虑学校肩负教学、科研与服务社会的职能，需要教师专业化、职业化和专家化，既要使教师队伍稳定，又要利于教师合理流动，要满足不同教师的需要，以便发挥不同岗位教师的最大潜能。建议把教师队伍划分为教学科研并重型、教学为主型、科研为主型和应用推广型四类。总体划分形成以教学科研并重型教师为核心，其他类型人员为外核的“洋葱型”结构特征。教学科研并重型教师应为教师队伍的主要类型，这是高校人才培养所决定的。教学是人才培养的主渠道，科研是人才培养的保障。该类教师应占教师总数的 60% 左右。教学为主型教师是指教师职业能力较为突出、教学水平优秀的人员。该类教师的特长在于通过丰富而有效的教学方法，有效提升教学质量。地方应用型本科高校的最核心任务是培养服务地方经济社会发展的应用型人才，教学为主型教师是地方应用型本科高校的教学核心力量，比例一般在 30% 左右。科研为主型教师在教学水平上相对略有不足，但在学术研究方面有重要贡献，对学科发展具有促进提升作用。对于地方应用型本科高校而言，研究的重点应具地方特色，致力于地方文化传承，促进地方经济社会发展。但该类教师比例不宜过高，控制在 5% 左右。应用推广型教师往往在操作实践或科技创新方面具有特长。但由于受限于相对薄弱的教学经历，教师职业能力会略有不足。根据专业研究领域特点和成果状况，重点承担技术咨询转化与推广、公共政策支持、艺术创作与推广、文化保护传承等社会服务工作，提升大学在地方经济社会发展中的影响力，比例控制在 5% 左右。

2. 推进共同体构建，营造师生和谐校园

实施教师队伍分类管理后，积极推进师生共同体建设，营造和谐师生关系氛围。教师要坚守仁爱理念，回归到教育的基本诉求，促进师生间的关爱和尊敬，让双方在教育和互动中体会教育的真谛，建构和谐的人际关系。师生还要秉持公正的理念，公平公正、客观地看待师生间的地位、权利、义务和教育实践活动中的个体差异性，做到相互悦纳、相互理解和平等沟通，在积极和谐的氛围中获得成长和发展，学生发自内心尊重、接纳教师。教师在师生互动中获得成就和自我实现体验，从学生视角客观上审视自我，提高自我，实现了师生思想政治教育价值的最大化和德育的延伸发展。师生在相互影响过程中，更容易明确自身权利和义务，有利于促使双方建构共同的愿景和价值观，进一步推动师生共同体的建构，形成教育联动的合力。

3. 强化师德师风建设，筑牢教师理想信念

在教师队伍分类管理中，完善师德师风制度建设，筑牢教师理想信念。第一，出台适合学校的师德师风建设实施细则，制定细化的教师职业行为负面清单，将师德师风建设贯穿教师管理全过程，将师德师风建设落实、落细、落小。第二，激发教师主观意识，使教师有坚定的政治素养、高尚品德和遵守公德，秉承良好的师德师风，争做“四有”（有理想信念、有道德情操、有扎实学识、有仁爱之心）好教师。树立师德理想、师德观念和师德价值等在内的师德意识和师道情感，锤炼师道意志，将师德观念转化为师德行为，有扎实的职业素养、精湛的业务知识、娴熟的教学技能和创新精神。在教育实践过程中以高尚师德师风引领学生，自觉加强师德师风修养，将教书育人和自我修养结合起来，践行师德师风具体规范和基本要求，强化责任担当，厚植教育情怀，真正做到为党育人、为国育才。第三，坚持高位引领与底线要求结合、严管与厚爱并重，强化师德考核结果的运用，严格实施违规惩处，明确师德“一票否决制”。

4. 优化发展保障机制，夯实教师能力素养

进一步完善和优化教师队伍管理的保障机制，尤其是制度保障、队伍保障、物质保障等都是高校教师队伍分类管理的迫切需要。第一，充分考虑法律、经济、行政、文化多种因素对高校教师分类管理的重要影响，通过制度保障机制确保分类管理思想成为主流意识。完善教师岗位发展保障、专业技术职务评聘办法、业绩考核评价体系和工作监督机制等具体办法措施，使其具有可操作性。第二，加强高校教师队伍管理的管理者队伍建设，组建有文化、有素质、有知识、有技能、有热情的管理队伍，是做好教师队伍分类管理的客观要求。管理者既要有专业知识和技能，也要有高度的职业素养；既要懂理论，也要善于管理实践；既要认识到自己作为管理服务的身份识别，也要认识到自我

管理和自我服务的角色要求。第三，为教师队伍分类管理提供必要的物质保证。加大教师队伍分类管理的队伍建设培训和日常工作经费投入。提供教师分类管理所需的基础设施、基本设备、活动场地等，进行科学部署，保证基本场所条件充足。依托物质环境辅以现代技术手段，提高教师队伍分类管理的效果。

第四节　现代高校校园文化管理

一、高校文化管理概述

（一）高校文化的定义

高校是一种特殊的社会组织。它的特殊性表现在它不是以盈利为目的的，它是培养高端人才的摇篮，它聚集了更浓郁的文化气息，它更适用用文化进行管理。每一所高等学校都有自己独具特色的文化，这种文化使其中的每一个成员在无形和潜在的价值信仰以及行为准则面前产生自觉的行为。所以说，高校文化来源于高校本身的悠久历史文化，来源于不断地实践，来源于不断地继承和创新。本书从这一角度定义高校文化：高校文化是基于高校悠久的历史文化，在长期的育人实践过程中所逐步营造出的为其成员所共同遵循并得到同化的价值观体系、行为准则和共同的思想作风的总和。

（二）高校文化的主要内容

1. 高校物质文化是高校文化的硬件要素

高校物质文化是指由校园所处的外部自然环境、校园内部的规划格局以及校园建筑、雕塑、绿化和文化传播工具等所形成的政治、经济和文化环境。高校物质文化主要包括学校的硬件设施、学校标志、学校建筑、校园环境、网络建设等硬件要素及其各个要素所蕴含的、所表露的对全体师生及学校员工所产生的人格品质熏陶作用的价值取向。

2. 高校行为文化是高校文化的外在表现形式

高校行为文化是在高校文化氛围的熏陶过程中高校师生长期积淀下来的思维方式和社会心理的外在表现形式。大学生从高中三点一线的行为模式中走出来，生活中充满了各种各样的社团、公益文化活动、公益讲座、知识能力的竞赛活动以及节日活动等，处于一个积极主动获取信息和追求梦想的时期。另外，大学生是一群具有丰富的想象力和敏锐的判断力的青年，善于挖掘心理变化带来的行为模式的变化。所以，在大学里形成了特殊的行为文化。

3. 高校制度文化是高校文化的重要组成部分

高校制度文化是高校文化内在机制的体现，具体表现在高校的组织结构、高校的校纪校规、高校的各种仪式、高校的考核办法、激励机制、大学生的综合测评办法等。高校制度文化的严谨程度决定了高校文化管理是否能顺利实施，高校文化管理模式是建立在完善的制度管理的基础上的。

4. 高校精神文化是高校文化的核心

高校精神文化体现了高校文化的整个价值观以及一所高校的办学理念。它表现为高校治学风气，师生的价值追求和道德情操，校徽，校训，校歌，校刊等。高校精神文化的核心是高校价值观，体现在人才观、就业观、教育观、学习观、发展观、管理观、教师观和办学理念上。高校精神文化具有激励大学生，促进人才素质提升，增强高校核心竞争力，引领社会文化的重要作用。

（三）文化管理模式的定义

在本书中文化管理与文化管理模式并无本质的区别，简单地说，文化管理与文化管理模式都是指用文化进行管理的一种管理方式或者方法。关于文化管理的概念，我国学术界目前还没有统一的定义。但有三种代表性的观点：第一种观点认为，文化管理是一种管理学理论，是管理理论发展的一个新阶段。认为管理历史大致可以分为经验管理、科学管理和文化管理三个阶段，文化管理取代科学管理是世界管理的必然趋势。第二种观点认为，文化管理是一种管理思想和思潮，或者是一种管理学派——“文化管理学派”。认为文化管理是“以价值观为核心的文化管理思潮、管理方式”。第三种观点认为文化管理是一种管理模式或方式，即通过组织文化来治理整个组织，组织文化建设成为带动组织发展的管理模式。借鉴前人提出的观点，本书认为：文化管理模式是以人为中心，并以实现人的价值为最终管理目的，以文化竞争力为核心竞争力，把组织文化建设作为管理中心工作，利用文化软要素来进行管理的一种尊重人性的管理模式。

（四）文化管理模式的特点

1. 以人为中心

“以人为中心”是文化管理理论的活灵魂，是文化管理模式的本质。人是管理中最重要的资源，尊重人的价值，调动人的主动性、积极性和创造性，全面开展人力资源，才能更好地实现组织目标、谋求人的全面发展。文化管理将人视为一种文化目的，既是某种特定文化的产物，又是一定文化的创造者，其意义是价值的追求与自我实现，是尊重人、依靠人、激励人、发展人的管理。

2. 利用文化软要素进行管理，强调团队精神和情感管理

在管理理论中，组织文化学派曾提出了“7S”管理模式，指出组织成败的关键因素有 7 个：战略、结构、制度、人员、风格、技能、共有的价值观，其中前 3 项属性属硬性管理，后 4 项属软性管理。其中共有的价值观即组织文化是核心。随着信息技术的发展，随着人们生活水平的提高，人们越来越关注的不再是物质，而是精神。所以文化的作用越来越突出，文化管理模式越来越被很多知名的企业和大学所重视和实施。从某种意义上讲，文化管理模式就是利用文化的软要素来进行管理，以实现组织的最终目标。在一个组织中，在于使人产生强烈的归属感、自豪感，从而形成一种凝聚体，即团体精神。文化管理只有强化这种团体精神，使人们有归属感和主人翁责任感，才能更好地挖掘人的潜能。

3. 组织文化建设是其管理的中心工作

加强组织文化建设有利于推进社会主义精神文明建设，精神文化是组织文化的灵魂；加强组织文化建设有助于提高组织成员的文化修养和思想道德素质，有助于使组织成员的自觉地产生文化行为和文明行为；加强组织文化建设，可以明确组织目标，增强组织成员的责任感；加强组织文化建设，有利于激发和调动组织成员的积极性、主动性和创造性。

4. 文化竞争力是其核心竞争力

教育领域的竞争，尽管不同于经济领域，但存在竞争是不争的事实：生源的竞争，师资的竞争，教育科研经费的竞争和其他物质资源的竞争，学生就业的竞争，社会声誉的竞争，等等。大学的竞争优势并不是表现在先进的设备、优美的校园、悠久的历史、名师大家等要素，而是这些因素综合起来形成的高校文化。

二、高校文化管理模式的特点与功能

（一）高校文化管理模式的特点

1. 以广大师生为中心

以人为中心，是由文化管理的主要矛盾所决定的。它既是文化管理学说必不可少的理论假设，也是文化管理思想的活灵魂。在高校管理工作中坚持以人为中心，意味着高校管理的各项工作都要努力从全体师生出发，尊重人、关心人、满足人、发展人，千方百计地调动广大师生的内在积极性、主动性、创造性。

2. 以文化竞争力为核心竞争力

"优胜劣汰，适者生存"是自然法则，一所高校靠什么参与竞争，如何争取和保持竞争的优势，这是任何管理者都必须在实践中回答的问题。现今，文化竞争力已经成为高校组织的核心竞争力，建设优良的高校文化是获取竞争优势的关键。行文化制胜之道，就是高校文化管理的竞争观。这一原则不仅是那些实行文化管理的高校坚持的竞争原则，而且同样适用于还徘徊在经验管理阶段或者已经步入科学管理的高校。

3. 重视培育共同的价值观

高校文化管理认为人是观念人，人的行为受到观念的巨大影响。人的个体行为受其价值观的左右，而人的群体行为则取决于群体多数成员的共同价值观。共同的价值观是高校文化的核心，因此，实现高校文化管理，关键是培育全体人员的共同价值观。培育共同价值观实际上是管理者发现和挖掘有利于组织发展的价值观念并通过各种形式使之被广大师生接受和内化的过程。在高校管理中，共同的价值观主要作用在于促使广大成员达成目标的一致和行动的一致，培育共同的价值观是高校文化管理模式的基本原则。

4. 创新与发展相结合

人的自由而全面的发展，是人类社会进步的根本动力。作为生产力中最积极、最活跃的因素，人的作用首先在于创新。高校文化管理模式的创新表现在高校文化的继承和创新、高校组织与制度的创新、知识与技术的创新等各方面。无论是高校组织创新还是制度、文化创新，优秀的高校组织几乎就像自然界的物种一样在不断"优胜劣汰"。

5. 全员参与管理

高校文化管理是一个需要全员参与的管理模式，人人都是管理者和被管理者。只有全员参与才能达到文化管理模式的最终目标，实现人的价值，提升广大师生的整体素质。参与分为开始施行时“从上而下”和实行过程中的“从下而上”，只有这样才能营造出高校文化氛围，才能将人的潜能激发出来，进而提高人的综合素质。

（二）高校文化管理模式的功能

高校文化管理模式强调的是理念制胜、文化制胜。它试图通过对高校文化的塑造和推广去影响大学生的内在修养，进而促进大学生综合素质的发展。高校文化管理模式最突出的特点就是以广大师生为中心，一切活动都围绕着这一中心。

高校文化管理模式作用于这一中心的主要功能主要有以下几个。

1. 凝聚功能

高校文化管理模式的凝聚功能是指高校所有成员有共同的奋斗目标、共同的价值观，这是一种强大的向心力。拥有优秀的高校文化的高校向人们展示的是一种精神、一种共同的价值观、一种被广大师生接受并认可的理念。高校通过校园的器物建筑、教师的言谈举止、同学间的和谐、高校社团活动的展示等一系列的现象，向人们传达着高校不可复制的核心竞争力。高校的核心竞争力并不是现代化的高科技的引进，也不是大批的优秀教师，更不是崭新的高校建筑，而是这种文化在无形中向人们传达着一种含蓄却有影响力的信念、行为模式或者说是习惯。这无疑使得广大师生精神上产生了一种强大的共鸣，这种精神上的共鸣会起到巨大的凝聚作用，全校师生会为了实现内心所追求的价值观朝着一个共同目标努力奋斗。

2. 激励功能

激励功能是指通过高校文化管理模式的实施，能激发高校成员的潜能和鼓励高校成员为了共同的管理目标而努力。高校文化管理模式的实施，最大限度地使高校师生受到了精神上的尊重和被重视，这对于受过高等教育、自尊心极强或者说追求精神价值的广大师生来说，本身就起到了极大的激励作用。在文化管理模式的实施过程中，大学生以主人翁的姿态去监督别人和自己，这体现出了对大学生充分信任和尊重，是一种任何物质激励都给不了的激励，是对大学生的肯定和认可，是一种内在的激励。

3. 规范功能

规范功能是指通过高校文化管理模式的实施和应用，形成的一种风气和制度文化来影响人们的思想，起到自觉规范人们行为的作用。对于大学生的思想和行为，高校文化管理模式主要采取的是激励和教育的管理手段，而不是批评或惩罚。批评、惩罚会使大学生一时不去重复自己的错误行为，但是并不能从根本上、从思想上意识到错在哪里，以后应该如何去做。而激励和教育则不同，这样的管理手段向大学生传达的是一种关怀、是一种信任，会引导大学生反思，积极主动地向着正确的方向前进，拒绝错误的行为模式或习惯。形成的这种文化对大学生有着较强的约束力，这种约束力是出于自愿并不是来自强迫，使大学生形成的良好行为习惯，起到规范大学生行为的作用。

4. 优化功能

（1）优化管理目标。

高校文化管理模式的管理目标是为社会培养高素质人才，这样直白式的管理目标，简单、明确、有力地提出了高校的每位成员都应为之而努力的方向。

（2）优化管理过程。

高校文化管理模式使高校的每一位成员都肩负起责任感和使命感，使得每位成员都进行自我管理、内在控制，从而使得很多管理程序、管理层次和管理人员成为无用的步骤和闲置的资源。从这种意义上说，高校文化管理模式优化了管理过程，提高了管理的效率。

5. 持续功能

高校文化管理模式是一种优良、有持续的管理模式，它的实施能给高校带来良性的循环过程，即通过对高校文化的塑造和宣传而实施的高校文化管理模式可以对大学生产生正面的影响力，大学生综合素质随之提高；随着大学生综合素质的逐步提升，会形成更强大的文化磁场，发挥更巨大的精神约束力、凝聚力等，进而有利于高校文化管理模式的实施和优化。

三、高校文化管理模式的应用策略

（一）构建和加强多元化的管理主体

1. 切实加强教师的管理主体地位，提高教师的积极性

高校应该切实加强广大教师的管理主体地位，真正提高广大教师的积极性、主动性和创造性。

（1）提高教师在高校文化管理实践中的参与程度。

教师从事的是教书育人的工作，教书是指在课堂上进行知识的传授，育人就是把正确的思维方法、为人处世之道和治学态度传授给学生。学生和教师的关系，与学生与高校行政人员的关系相比有着绝对的优势，而且大多数的学生对高校教师有着一种尊敬之情、感激之情。在高校文化管理工作中，提高教师的参与程度，无疑会起到事半功倍的效果。

（2）给予教师充分的自由空间，使其努力钻研业务、创新教学方法。

现在高校制定的很多规章制度主要都是对教师的行为进行规范、约束，在教学过程中对教师进行监控、对出现的问题进行处罚，对教学效果进行简单的评价等，教师在整个教学过程中处于受控制状态，缺少话语权。而教师的劳动是创造性和示范性的复杂的脑力劳动，劳动的主体和客体都是人，是用心灵塑造心灵，用人格塑造人格，唯有真正地从内心深处激发教师的教学热情，教学质量才可能真正提高。作为高校教师，往往对教学有着自己独到的见解，对如何进行大学生教育有着自己的心得和方法。过多的条条框框、过重的教学任务量会限制教师对大学生的育人功效。只有给予广大教师足够的自由空间，才能使教师更好地钻研业务，创新教学方法，对大学生进行更好的教育。

2. 充分发挥领导者的作用

无论从组织理论上分析还是在组织管理实践中，都体现出领导者扮演着一个重要的角色。基于大学生综合素质提高的高校文化管理模式在高校组织中实施，离不开高校领导者的发起和推动，离不开领导者的控制和监督。

（1）发挥领导者的战略规划作用。

高校领导者对高校文化管理模式的战略规划是文化管理模式在教学管理中落地的第一步。基于本校独特的文化内涵，深入了解文化管理模式的性质和特点，从解决大学生综合素质存在问题的角度出发，用全局和长远的战略眼光，

在保证创新性、差异性和相对稳定性的基础上，处处留心、精心设计，制定出高校文化管理模式的长远发展目标规划。然后，将长远目标逐级细化，把文化管理的目标、理念、内涵有计划地转化为广大师生的共识、思想、行为。

（2）发挥领导者的控制和监督作用。

高校文化管理模式实施进展、实施效果都需要有人进行控制和监督，以对偏差及时进行纠正。在高校文化管理模式的实施初期，只有领导者才能胜任这项工作。因为领导者具有个人魅力和个人影响力，有利于文化管理模式的导入；因为领导者具有行政职能权利，能保证这一模式被广大师生和管理人员接受；因为领导者对实施细则熟悉和了解，能充分发挥领导者的控制和监督作用。

3. 注重大学生自身及群体间的综合素质提升

（1）倡导新型的学生社团文化，开展有效的德育活动。

踏入大学的校门，大学生面临的生活发生了翻天覆地的变化。其中一个重要的原因是大学生自由支配的时间和空间越来越多、越来越大。这时候社团这种自我管理、自我发展、自我教育、自我服务的模式发挥着越来越重要的作用，成为大学生锻炼自己各种能力的平台，也为高校增添了栩栩如生的画面。高校应重视社团组织的规范化，多开展有效的德育活动，有意识地去塑造良好的社团文化，进而用自我管理的方式潜移默化地影响大学生的思想道德素质，锻炼大学生的实践创新素质，使大学生展现积极向上的精神风貌，形成乐观正确的人生态度。

（2）营造活泼、积极的班级文化，建立创新、自律的班级团队。

大部分高校都是以班级为单位进行学生管理工作的。大学班级环境对其中的个体有独特且重要的影响，班级文化的好与坏直接影响到大学生的生活质量和意义。因此，营造有利于大学生综合素质提升的班级文化，建立一支创新、自律的班级团队，是高校文化管理模式的一项重要任务。

（3）创建温馨、和谐、积极的寝室“家文化”。

寝室是大学生学习、生活、休息、放松的场所，寝室对大学生思想道德素质和心理素质的影响是巨大的。加强寝室文化建设是每所高校进行学生管理的重要工作。创建温馨、和谐、积极的寝室“家文化”可以从以下几方面入手：首先，加强物质文化的建设，大学生休息区域设施齐全，环境舒适；其次，高校应多组织文化活动，注重精神文化的培育，为大学生提供更多交流、沟通、提升的机会；最后，高校管理要深入寝室，规范寝室文明和安全问题。

（二）突出高校文化管理理念的育人作用

1. 挖掘高校历史文化底蕴，提炼高校文化管理理念

大学生所处的环境，其实就是高校文化。重视文化氛围的营造以取得高校文化管理的预期成效，是由高校文化所特有的功能、力量、作用所决定的。高校文化管理理念可以在调动广大师生的积极性、主动性、创造性的过程中，充分发挥高校文化的激励、规范、整合、导向和辐射等作用。提炼高校文化管理理念应深入挖掘高校的优秀历史文化，并结合新时代赋予高校的使命和责任，以及考虑国家和社会对大学生提出的更高要求，提炼出一所高校的文化管理理念。

2. 加强高校精神文化建设，切实做到"以人为本"

高校精神文化是高校文化管理模式的核心。高校精神文化表现为一种共同的价值观念、行为准则和道德规范。要求管理者对高校的优秀历史文化和高校的特色、核心竞争力进行整合和培育，在继承中创新，不断地进行发扬光大，以提高高校的文化竞争力。高校精神文化的培育是一个漫长的"以人为本"的过程，没有这一过程，不会有精神文化的味道，自然也不会起到育人的作用。所以，对高校精神文化的培育是一项艰巨而又重要的任务。

3. 加快高校物质文化建设，真正践行"以文化人"

高校物质文化体现着人学理想和人文精神，反映着一种特殊的文化氛围，校园里的一草一木都是富有情感的。营造良好的物质文化氛围，是高校实行文化管理模式的前提与基础。努力建设优良的校园文化，积极推进文化管理，是中国高校进行管理模式创新，实现跨越式发展的制胜法宝。

4. 开展高校规范文化建设，自觉植入"以规矩人"

高校文化管理模式绝不是完全靠自觉，"无规矩不成方圆"，必要的规章制度和行为规范是不可缺少的。在制定规章制度和行为规范的过程中，要发挥师生的管理主体地位，不应一味地下发文化，强制执行，而是在这一过程中植入"以规矩人"的文化理念，形成人人认可和遵守的制度文化和行为文化，而不是生硬的制度和规范。

（三）突出高校文化管理手段，以激励、教育为主

高校文化管理手段不同于其他管理模式的管理手段之处在于，高校文化管理手段处处围绕着“以人为本”、彰显出“以文化人”“以规矩人”的文化理念，从人的心理需求出发，进行激励，进行教育，进行有效沟通，用更有效的管理手段达到提高大学生综合素质的最终目标。高校要实现这一目标，就需要完善高校激励机制，并更加注重内在激励。激励是高校文化管理的主要手段，激励分为外在激励和内在激励，两者是相互促进、相得益彰的。高校文化管理模式的主要激励方式是内在激励，包括目标激励、兴趣激励、情感激励、参与激励、荣誉激励等多种形式。根据马斯洛的需求层次理论，人到一定阶段，物质的、外在的激励就不会产生正面的效果，再加上教师和大学生都是接受高等教育的人，更加看重精神方面或者内在的肯定和认可。所以内在激励不仅能满足高校师生的高层次精神需求的手段，而且是树立共同愿景和塑造群体价值观的有效手段。管理的核心是对人的管理，对人的管理的核心就是对人的激励。文化管理模式要想切实有效地落到实处，必须充分认识到大学教师具有更强的自尊心，他们更加注重个人声誉，更加渴望实现自身社会价值，因此，应运用教育心理学和管理心理学等激励理论，完善高校激励机制，调动其主体自觉性，逐渐实现自我管理的境界。

（四）明确高校文化管理功效和目标，制订合理的高校人才培养方案

1. 重新定位高校人才培养目标，优化高校人才培养计划

高校人才培养目标的确定应该是与时俱进的，应根据社会的需求、国家的要求以及大学生的诉求来确定高校人才培养目标。新形势下，人才培养目标绝不能简单以学习成绩来衡量，而是对大学生的思想道德素质、心理素质、文化素质、创新实践素质等综合素质进行综合的评判。这就要求高校在定位目标时高瞻远瞩、与时俱进，在制订高校人才培养方案时考虑全面、突出特色。

2. 加强高校课程设置的改革和创新

（1）融入优秀传统文化课程。

中国传统文化，如儒家文化等，对中国人的思想道德、价值观等的形成有着重要的影响。虽然现在我们的思想应该和世界接轨，应该接受国际化的文化，但是我们不能丢弃我们最原始的东西——中国文化，也只有中国文化才能在中国人心中渗透、深化，转化为思想和外化行为。所以大学阶段中国传统文

化课程的学习是不可缺少的一部分。

（2）加强就业指导课程的落实。

大学阶段的就业指导课程对大学生的职业规划和未来职业道路异常重要，要切实做到就业指导课程的落实。教师在课堂上对专业特点、社会需求和职业规划的讲解，是大学生正确了解社会和以后职业的重要渠道。现在高校有相关的就业指导课，但是对其重视程度不够，准备程度不够，所以加强就业指导课程的落实刻不容缓。

第三章　现代高校教育管理的信息化

第一节　高校教育管理信息化概述

一、高校教育管理信息化的含义

高校教育管理信息化是高校在教育管理中普遍运用现代信息技术，如计算机、网络通信及多媒体等，对各级各类教育事务进行管理，从而达到提高教学质量、提升教育管理水平的目的。高校教育管理信息化是管理信息化思想在高等教育领域的衍生品，不仅是指各类信息技术与教育的融合应用，更是现代化管理思想在教育领域的深度渗透。要想准确理解高校教学管理信息化的含义，我们需要明确以下几项内容：

（一）信息化管理是高校实现管理现代化的过程

信息化管理多应用于企业管理之中，是指对企业信息实施过程进行管理。企业信息化管理是以信息化带动工业化，实现企业管理现代化的过程。增强企业的核心竞争力、实现企业价值的最大化是企业实施信息化管理的最终目的。为达到经营目标，企业将现代信息技术与先进管理理念相融合，借助管理工具和管理手段，转变企业的生产方式、经营方式和组织方式，改造和优化业务流程，整合企业内外资源，有效利用企业人力、物力和财力，提高企业效率和效益，增强企业的竞争力，以适量投入获取最佳效益。在企业信息化管理中，运营是关键，业务流程的优化或重组是核心，信息化是手段。

借用企业信息化管理的定义，人们可以认为高校管理信息化是实现高校管理现代化的过程。不同于企业信息化管理，高校管理信息化的根本目的在于帮助高校进行人才培养。实施高校教育管理信息化的过程是将现代信息技术融合到高校教育管理中，利用信息技术整合高校内外资源，转变、优化高校管理机制与管理流程，促进高校科学决策、规范管理和提高科学管理效能，以推进高校改革发展，提高高校教育教学质量和办学水平，增强高校竞争力。

（二）信息化管理是信息技术与学校教育管理的融合与创新

企业信息化管理的关键是信息集成，其核心要素是数据平台的建设和数据的深度挖掘，通过信息管理系统把企业的设计、采购、生产、制造、财务、营销、经营、管理等各个环节集成起来，共享信息和资源，同时利用现代的技术手段寻找潜在客户，有效地支撑企业的决策系统，达到降低库存、提高生产效能和质量、快速应变的目的，增强企业的市场竞争力。因此，数据的抓取与挖掘是高校实现教育管理信息化的基础，通过建设服务教学、科研、行政、后勤的管理信息系统，将高校招生就业、教学科研、行政保障、财务资产、社会服务等各个环节集成起来，形成系统的联动与数据的共享，为高校实施精细化管理和科学决策提供数据基础，提高高校科学管理效能，以达到提高教育教学质量和办学水平的目的。

高校实施信息化管理的过程，一方面是对传统管理模式、管理体制机制的改变，包括管理的重组与变革，业务流程的重新设计与优化；另一方面是需要运用信息技术对业务流和信息流进行有效控制和管理，实现每个部门、每个岗位、每个工作节点的数字化、规范化和标准化。然而，信息化管理并不是信息技术与管理的简单结合。在高校实施信息化管理过程中，往往也会出现信息系统的应用与现行的管理制度、组织行为发生激烈冲突的情况，特别是当真正的创新需要发生在管理层面，甚至治理结构层面时，信息系统往往无法提供更多的帮助，这时需要通过信息化带动组织的管理创新，站在高校战略发展的高度，重新审视校园文化、办学理念、管理制度、组织结构等，将信息技术融入高校新的管理模式和方法中。

（三）信息化管理是动态的管理过程

信息化管理是一个动态发展、循序渐进的过程。管理信息系统的建设必须紧紧围绕组织的发展战略，满足组织发展和业务应用的需求。高校办学本身是一个动态发展的过程，不同的阶段有不同的重点，随着高校教育改革进程的不断推进，对信息化管理的要求也有所不同，因此高校信息化也必然是一个动态的管理过程。高校的信息化系统软硬件建设必须满足高校的动态发展需要，适应业务的灵活变化，形成一个从规划、实施、应用到评价的良性循环。

二、高校教育管理信息化的主要特征

（一）系统性

高校教育管理信息化是一项复杂的系统工程，包含教学科研管理的信息化、学生教育管理信息化、基础设施管理信息化、行政管理信息化，牵涉到政府部门、高校、教师、学生、社会机构（软硬件提供商、电信部门）等主体，这是高校教育管理信息化系统性特征的主要体现。因此，高校要充分协调好与相关主体的关系，建立持久和谐的合作，使信息化资源能够得到更合理的配置，服务于教育管理，使教学科研管理效率得以快速提升，使教育管理信息化系统能够有效支撑教育治理体系和治理能力的现代化。

（二）目标性

高校教育管理信息化作为教育现代化的重要组成部分，具有实践性和目标性。首先，国家层面的主要目标为通过教育管理公共服务平台，准确全面地掌握高校动态数据，辅助教育决策，提高教育监管能力，提升教育管理水平。其次，学校层面的主要目标为充分利用信息化基础设施与信息资源，节约工作时间，提升学校行政、教学、科研等职能的管理效能，实现信息技术与教育教学的深度融合，达到提高教学质量、增进办学效益，改善教学条件，提升学校的管理效能，促进教育发展的目的。

（三）协同性

高校教育管理信息化系统是一个非线性的反馈系统，该系统内资金投入量、基础设施及信息资源建设、信息化人才储备量、教师及学生信息素养、科研及教学管理效率、教育评估体系、利益相关者重视度、政策规划完善水平、教师及学生数量等各要素之间具有反馈作用，同时高校教育管理信息化系统又受到外部主体的经济水平、教育水平、信息化发展水平等外部环境的反馈作用影响，既有促进管理信息化发展的正反馈作用，又有阻碍其发展的负反馈作用，因此，高校协调好系统内外各要素的平衡发展是教育管理信息化建设的关键所在。

（四）可塑性

高校教育管理信息化构成元素的复杂性和系统性决定了其不稳定性，其中包括人的因素、物的因素，以及政策导向和社会经济条件发展等因素的影响，高校教育信息化资源往往具有很强的可塑性，如教师学生资源的发展性，教师教学能力、学生学习能力、师生的信息素养水平都可以通过多种途径得到不同程度的提高。在信息化时代，高校教育管理的可塑性特征越发凸显。

三、高校教育管理信息化的内容

（一）加强教育管理信息化顶层设计

顶层设计，即自上而下的设计，是从全局的角度出发，抓住重大问题，统筹考虑各层次、各要素，集中有效资源，快速高效解决问题的方式。其核心就是使各层次、各要素围绕核心理念彼此衔接、运转。因此，高校要想科学合理地进行管理信息化顶层设计，就要依据数字治理理论，从整体性出发建立可行的信息化管理机制，有效规避各类风险，保障高校管理信息化的有序健康发展。

（二）完善管理信息化体制机制

1. 统一建设的标准

教育管理信息化是一项系统工程，其建设规划是做好管理信息化工作的先决条件，也是教育管理信息化建设的依据和指导纲领。而统一的建设标准是完成系统集成与共享数据库建设的基础，也是学校教育管理信息化长远发展的需求。统一的信息标准规范、用户标准规范、运维服务标准规范、信息安全标准规范可以最大限度地实现数据共享、保障系统后期运维、提高服务质量、保障信息安全，能够有效防范教育管理信息化过程中的各种弊端。因此，高校对信息系统建立统一的建设标准是非常有必要的。对于新建的信息系统，高校不论采用何种合作方式建设，都应该遵循信息化部门的要求，只有这样才能保障各系统在硬件管理、软件管理、安全防护管理等方面的稳定运行，保障数据的“一数一源”，消除数据孤岛。

2. 全覆盖、全周期的互动机制

管理信息化各主体间的良性互动关系，可以约束各自的权利、协调各方利益关系、更好地整合管理信息化资源，推进我国高校治理能力现代化。在信息化建设过程中，高校务必以用户需求为导向，注重双向沟通，不断调整建设方案。

学生作为高校教育管理信息化的重要参与者和最终使用者，他们的想法需求直接影响到系统建设效果。因此，高校要拓宽沟通渠道，创新学生参与形式，为学生参与管理信息化建设创造有利条件。在管理信息化项目立项之初，高校可以采用调查问卷的方式收集学生需求，获取学生的想法；在项目施工过程中鼓励更多的学生参与其中，通过实地访谈等方式采集意见；随机选择部分学生，参与管理信息化建设的协调会，并让其负责部分工作；在管理信息化项目测试使用阶段，要大规模邀请学生参与测试，并将反馈意见及时进行修改。

此外，教职工对高校教育管理信息化的建设和发展也发挥着重要作用。因此，在教育管理信息化建设中，高校要注重及时跟进反馈意见的修改、加强与教职工用户的交流沟通，主动跟踪需求变化。

3. 科学、客观的评价考核机制

在教育管理信息化的建设过程中，高校如果采用科学客观的评价机制，就可以准确掌握学校管理信息化建设的情况，为下一步的建设决策提供有力支持，促进学校管理信息化的高质量发展。

（三）整合教育管理信息化资源

1. 建设校级数据标准、数据字典

高校的教学、科研、行政管理等各方面都需要进行数据的采集和处理，高校确立数据字典，可以实现一次采集为全校各系统共同使用，确保各数据的准确性、唯一性，同时统一数据标准可以实现各系统、各处室的统一管理，大幅提升工作效率，节约各类资源，促进系统的数据共享。另外，数据中心可以对数据字典的数据进行深层次、多维度的分析和处理，对一些未知的情况做出科学的预计和判断，使管理方式变被动为主动，进而辅助高校科学决策。

高校要统筹全校教育管理信息系统的集成和数据的交换共享。首先，高校要做好信息系统管理中所需要的硬件资源规划，整合现有资源，构建校级数据中心；其次，在做好硬件资源建设的基础上，高校应统一对各管理信息系统的数据库、数据接口等关键部分的管理，确保数据在各管理信息系统间能够高效有序的流通；最后，高校要明确管理信息化部门的定位和职责，由信息化部门负责全校管理信息系统的建设。定制开发管理信息系统，需由信息化部门统一沟通协调，参照学校数据标准建设，在其通过系统对接和数据同步的测试之后才能上线运行。

2. 梳理现有服务，进行流程再造

高校应对学校现有的管理信息化类服务进行全面梳理，了解全校管理信息化的发展，全面设计管理流程，实现全局的最优。

高校要进行管理理念的再造，统筹全局，科学规划，改变将管理信息化作为手段的思想，以提高用户满意度为导向，真正实现以人为本的教育理念。新公共管理理论认为政府应以顾客或市场为导向，以顾客为主体，以顾客满意度为中心，行政权利和行为均围绕顾客满意度展开，向着“服务行政”转变，提供高效的公共服务，而公民就是享受公共服务的“顾客”。基于此，高校教育管理信息化工作要提高服务意识，以学生需求为中心，加强需求调研，重视学生学习体验。建立基于结果的满意度反馈机制，对服务态度、专业水平、服务质量等多个因素进行评价。

（四）加强管理信息化安全管理

高校网络信息安全涉及技术和管理等多个方面的问题，决定了管理信息化的成败。因此，高校在进行教育管理信息化时，必须加强网络信息安全管理。

首先，高校要对各信息系统和网站实行全周期闭环管理，主要涉及网络安全准入、网络安全评估、日常网络安全检查、年度安全审计等方面，避免因关键环节遗漏造成网络信息安全事件。

其次，构建科学合理的监督防范机制。高校要落实网络信息安全责任，创新网络信息安全监督方式，通过网络安全运维管理平台等形式实现实时、透明、有效监督，避免因管理人员疏忽而出现网络信息安全事件。

最后，加强网络信息安全宣传。高校要采用丰富多样的培训方式提高管理信息化建设中各参与者的网络安全意识和素质，促使决策层、管理人员、广大师生达成“网络安全为人民，网络安全靠人民”的新共识，实现共建共治的新局面，为网络安全管理奠定基础。

随着高校管理信息化的不断深入，高校网站和信息系统也越来越多，网络信息安全威胁也随之而来。为应对当下复杂的形势，高校还应做好有针对性的安全检查，特别是建设时间较早的遗漏网站和系统，及时处理僵尸系统。同时做好各系统容灾备份工作，对数据、应用、业务建立不同的容灾机制，通过远程镜像技术、快照技术、备份一体机等实现有效备份，降低高校发生网络安全事件造成的损失。

通过上述分析不难看出，高校信息安全防护是一项长远的系统工程。病毒、木马的高发性、异变性决定了高校需要不断优化自身网络安全防护机制。高校必须提高各参与者的网络安全意识，努力达成共识，同时通过创新监督方式有效监督安全管理运行，实施全周期闭环管理、分类管理，有针对性地对重点环节、重点系统进行监控，这样才能形成一种共建共治共同防护网络安全的新局面。

（五）加强信息化队伍建设

高校教育管理信息化队伍，肩负着学校教育管理信息化顶层规划、系统建设实施、系统运维管理等众多工作，其理念、做法直接影响着学校管理信息化的建设质量和水平。

1. 明确管理信息化队伍定位

现阶段许多高校信息化部门还承担着低水平的维护工作，部门定位不高，许多政策难以执行，这导致管理信息化人才无法得到可持续的发展，信息化部门的统筹、引领作用无法施展。因此要明确管理部门在全校管理信息化工作中的引导地位，推进 CIO 制度的执行，统筹全校管理信息化工作。

2. 创新用人模式

高校教育管理信息化人员在做好全校管理信息化的规划、组织、实施之外，还需要对高校教育管理信息化的软硬件资源进行运维管理，因此高校需要引入更多的管理信息化人才，加强管理信息化团队建设。与此同时还要积极进行用人模式的创新实践，实行专职与兼职相结合模式，再通过购买服务等形式吸引社会更多地参与到管理中来，真正实现高校管理信息化的多元治理。

3. 完善分类评价考核体系

管理信息化人才评价体系应充分考虑岗位特殊性，建立涵盖服务满意度、工作业绩、专业水平等多维度的考核指标，变定性评价、静态评价为定量评价、动态评价，激活管理信息化队伍内部竞争，更好地提供优质服务，提升管理信息化工作对学校治理的价值。

4. 推进薪酬制度改革

现阶段，我国各地相继出台了人才引进的优惠政策，人才竞争愈发激烈，管理信息化人才作为兼顾管理与技术的复合型人才更是为市场所追捧。因此，高校只有通过薪酬体系的改革和创新人才激励机制，才可能留住高端人才，并吸引更多人才流入。此外，高校还要给予专业人才相应的待遇，以此吸引更多“管理＋技术”的复合型人才。

第二节　高校教育管理信息化建设

一、高校教育管理信息化建设基础

高校教育管理信息化建设具体指，高校部门管理人员通过互联网技术和数据信息的有效配合，将高校日常的教育与管理工作进行数据的对接与应用，用数据引领，对整个信息管理过程进行全面管理和控制，实现各项管理工作信息化数据科学支撑的精准效能。

（一）构建学以致用信息化教学模式

教学对于高校教师而言，就是在教育管理信息化建设中，为了更好地运用大数据时代的功能应对社会需求，不断对传统的教育管理工作进行科学的改进和完善，并在教学实践中提升信息技术的应用效果。例如，在专业课程教学中，为了进一步提升专业课程设置的合理性，教师要对不同专业所联系的行业进行深入的形体调查，利用互联网全面搜集行业发展数据信息，并通过对相关信息的科学整理和分析，进一步明确社会对本专业人才的需求特点、对人才素质的具体要求，通过数据比对分析对专业课程内容进行合理设置，促使所教授的知识与社会需求密切关联；充分利用网络功能及时了解行业发展动态，在相关数据信息的引导下，及时预判未来期间内的行业发展方向，有针对性地进行专业课程教学工作调整。在对高校学生需求性的教育引导下，帮助学生不断完善专业理论知识，为职业技能锻造打下坚实的基础，注重理论联系实际，强化学以致用。比如，教师可以引导学生利用互联网选择目标企业，通过多视角、多范围进行数据信息分析，在对多家优秀企业运营数据信息的搜集整理中完成比对、找出规律，并结合所掌握的专业知识，分析当前目标企业在运营中存在的不足之处，用专业所学针对企业产供销等工作提出学习性改进措施与建议，培养学生的创新意识，促使学生通过实践活动将所学理论与客观实践进行有机结合，在大数据运用学习中不断增强专业实操能力。

（二）科学完善教育资源数据库信息系统

教育资源数据库建设是高校教育管理信息化的重要组成部分。通过对教育资源数据库的智能完善，为整体教育管理信息化建设工作的开展提供强有力的支持。高校教育资源数据库信息系统的建设主要包括两部分内容。

1.确保数据库的知识获取功能

高校可以通过互联网平台与其他科研机构、院校等进行联系，并建立起相应的教学资源共享机制，通过采集、吸纳、共享拓展教育资源获取渠道，并将所获取的教育资源存储到相应的数据库中。在渠道拓展的基础上，对专业课程资源进行广泛征集，并对所搜集到的教育资源进行筛选。根据高校需求，为了确保数据库的有效性，教务管理部门应该鼓励教师积极参与到本校教育资源的开发中，如主动在校园网络平台中上传所制作的教学课件、研究成果等，教务管理部门可以从中筛选出具有新实性的教学素材，收录到学校数据库中，作为学校教育资源数据库的补充。

2.进行数据信息科学分类

在高校教育管理中，为了帮助教师、学生或相关需求者方便快捷地调取数据库资源信息，在教育资源数据库信息系统建设中，技术人员要注重对数据库所采集的资源信息进行科学布局、分类整理，在分类整理中遵循科学便捷的原则。

（三）强化网络教育平台建设

网络教育平台是大数据背景下高校教育管理信息化的重要载体，也是实现传统教育模式改革的重要途径。因此，高校教育工作者应该对网络教育平台建设有足够的重视，全面学习大数据知识，明确大数据知识的意义，确保今后工作的科学高效。在网络教育平台建设中，应该从网络硬件设备的完善开始，重点进行网络教育平台功能的完善，具体体现在两个方面：第一，网络教学功能。网络教育平台建设的主要目的就是为高校课程教学服务，所以，必须凸显其教学功能。利用所建立起来的网络教学平台，安排专业教师定期开展相关课程的讲解，学生只需要借助相应的账号登录平台即可进行专业课程的学习。为满足学生空余闲暇、兴致性研讨，学校还可以开设特色网络课程，如特色案例解析、应用模拟等，充分发挥网络课堂的应用功能。第二，信息交流功能。利用所建立起来的网络教学平台，实现教师与学生的实时在线互动，在互动中完成相关教学课题的探讨。通过信息交流，可以帮助学生将学习困惑及时反馈给专业教师，然后在第一时间得到解答，在信息交流过程中，引导学生针对特定的课题内容各抒己见，并在课题探讨过程中不断提升课程内容的学习效果。另外，高校还应强化网络教育平台的管理工作，如安排专门的技术人员及时对平台进行检查和维护，做好相关软件的升级，修补系统漏洞，确保网络教育平台能够高效稳定地运行，充分发挥网络教育平台的应用作用。

二、高校学生管理信息化的建设

（一）创新管理手段

随着新时代的发展，高校也需做到与时俱进，其管理手段必须不断优化和完善，根据高校自身发展情况，利用与高校管理方式相结合的软件产品，并在学生信息化管理过程中由局域网推行到开放式的网络，将传统的口头纸质文件通知方式转换成利用信息化信息技术方式，以更好地了解到学生情况，促进高校学生管理水平的提升。与此同时，通过创新管理手段，可以使教育管理决策更人性化、透明化、民主化。可以让学生运用信息化管理平台为高校管理出言献策，使高校管理与学生融为一体，以便更好地进行管理。

（二）加强校园安全创新管理

打造校园安全创新管理是高校学生管理信息化的重中之重，为此，高校在学生管理工作过程中，需要从以下几点入手：第一，要及时引进先进的安全防护技术，并借助网络防火墙、入侵检查系统及一些硬件设备使信息的安全等级得到提升。第二，高校在信息管理权限设置上要更加严格，可以根据管理者的管理内容设置各自账号，不同管理者的账号也各不相同，并且每个人的账号都为私人账号，仅限本人使用，切不可出现泄露、借用等现象。第三，要制定明确的高校学生管理信息系统的使用制度，对于由于内部管理人员的疏忽、泄露学生信息的管理等问题，将进行严肃处理，确保学生创新管理系统的安全。

（三）注重信息化创新管理研发队伍的建设

首先，高校要成立专门的信息化创新管理研发部门，将信息化管理队伍进行职业化。专业化地培养、提高他们对信息化创新管理的应用手段，使他们能够以专业的角度思考问题，从而提高整体信息化创新管理研发队伍的水平。其次，高校要注重信息化创新人才的引入，借鉴国内外研发经验，以“取其精华，去其糟粕”的态度，推进高校的信息化创新水平。最后，要制定有效的绩效评定体系，提高他们工作的积极性。

（四）提高信息化创新管理意识

首先，高校在学生信息化创新管理意识上要进一步提高，全面认识信息化管理的重要性。一方面高校管理者要注重以人为本、全面发展的理念，能够根据高校实际情况制订一套适合本校发展的信息化创新建设方案，不断转换学生教育管理工作的思维角度，以高瞻远瞩的目光看待问题，实现高校资源的优化配置，将高校学生信息化管理优势发挥到实处。另一方面，高校管理者要具备合作意识，能够与师生、行政管理者之间做到有效沟通，以便能够更加清楚地了解到信息化发展状况，从而有针对性地解决相关问题。

三、高校教育管理信息系统的建设

（一）教育信息化 2.0 下的教育管理信息系统

教育信息化 2.0 行动计划的内容包含其总体要求、目标任务、实施行动和保障措施。在教育信息化 2.0 的实施、发展过程中，总体要求和目标任务的完成需要借助八大实施行动和五大保障措施的落实和不断深化。但基于当前的教育信息化发展现状以及教育管理信息系统，教育信息化 2.0 实施行动的八大行动细则在实施过程中较难推行，在教育管理信息系统建设和项目管理过程中会遇到诸多问题。

1. 信息系统分析

（1）“互联网 + 教育”大平台的建设。

在教育信息化 2.0 行动计划实施推进过程中，积极推进“互联网 + 教育”显得尤为重要，对于构建网络化、数字化、智能化、个性化、终身化的教育体系，建设人人皆学、处处能学、时时可学的学习型社会，实现更加开放、更加适合、更加人本、更加平等、更加可持续的教育都有着重要意义。而“互联网 + 教育”大平台的建设则能为积极推进“互联网 + 教育”打下坚实的基础，对普及教育数字资源、规范数字校园、覆盖网络学习空间、推进网络扶智工程和智慧教育创新发展起到促进作用。如何建设“互联网 + 教育”大平台，如何更好地实现其目的，值得我们深思和研究。

首先，教育资源对于学校教育、网络教育和每个人的学习都有着至关重要的作用，而教育数字资源的全网覆盖必然依赖平台的建设与发展，所以网络公共学习平台必然是“互联网＋教育”大平台的主体及不可分割的一部分。同时，无论是个人学习获取信息，还是教育管理与教育改革，沟通与交流对于提高其效率、整合教育资源、提高知识创新性等方面都有着相当重要的作用。所以，建设网络公共交流平台对于“互联网＋教育”大平台的建设也是相当重要的一部分。

其次，教育信息、资源的共享互联还有待发展和完善。当前，虽然教育人才信息、教育资产、教育知识资源等网络信息系统和数据库逐渐建立，有的已实现互联共享，但还不够完善，各地的政府教育机构及学校的教育资源大部分还处于局域互联网阶段，主要面对校内师生和政府内部机构管理人员，并未实现与中央对接、对外开放。

再次，“互联网＋教育”大平台建设的规划设计和安全稳定运行与维护对于“互联网＋教育”大平台更好地实现其构建网络化、数字化、智能化、个性化、终身化的可持续教育体系，更好地为学校师生和各界学者服务也有着指导性的意义。在规划设计过程中对各教育阶段、各知识体系、各教育资源种类等进行有针对性的详细划分和结构框架设计，可使人们在查找信息、学习所需知识技能时更加快捷高效、方便智能。个性化的服务体系和整合分类的信息资源，对于改善网络教育体验和“互联网＋教育”大平台的推广普及也有着促进作用。同时，可持续的安全稳定平台建设也是“互联网＋教育”大平台建设与发展的立身之本。对于网络用户来说，平台的个人信息安全和安全稳定运行是其对系统应用的基础要求。随着社会的进步和互联网的发展，人们对网络平台的用户体验和网络安全等要求也越来越重视。

最后，应重视各种信息化技术在“互联网＋教育”大平台的建设与发展完善过程中的应用。伴随互联网的发展和信息化程度越来越高，信息技术的应用逐渐深入现代社会的各行各业，如物联网技术、三维数字化技术（3D 技术）、大数据技术、人工智能技术、云计算等新兴技术逐渐发展成熟，教育信息化必然会迈向现代化教育新阶段，这也是教育信息化发展的必然趋势。

（2）移动教育管理信息系统的开发和推广发展。

随着移动互联网技术的不断应用和发展，在移动设备上的教育学习已经成为人们教育学习过程不可分割的一部分，它在使用上的便捷性、灵活性和教育资源全面性、多样性等特征使人们在手机上获取信息和知识技能成为一种学习生活习惯，让移动远程教育逐渐成为教育信息化发展过程中的一种主要教育方式，也将会是未来教育的发展方向。所以，教育信息化必然应包括教育移动化和移动教育平台的开发和推广发展，而移动教育管理信息系统的开发和推广则理所当然地成为教育管理信息系统建设与完善过程中必不可少的一部分。

移动教育平台的研发和应用对于学校师生和各界学者来说，已经随着现代社会移动设备的普及成为迫切的需求。而且，移动教育管理信息系统的普及，对于提高各校和各地政府教育部门的教务管理、信息共享、沟通交流效率有着相当重要的促进作用。在当今移动设备已经普及的移动互联时代，我国教育相关部门和学校应重视移动教育管理信息系统及其移动互联网教育平台的开发与应用，使人们的教育真正走向移动教育新时代，让远程教育和移动学习更加快速地发展与应用普及，提高我国教育信息化水平，加快教育现代化进程。

（3）教育信息管理功能性系统有待完善。

教育管理信息系统包括教育相关的各类信息系统，其中有很多都已建立并应用。例如，教育信息系统包括学生信息系统、教职工信息管理系统、学校管理信息系统、学籍信息系统、图书馆信息系统、直属高校基建管理信息系统、出国留学生管理信息系统等。还有教育信息功能应用型系统，如教育统计系统、学生资助信息管理系统、教育决策支持服务系统、教育规划与建设系统等各类系统。

教育信息数据作为教育信息化的产物，随着国家教育管理信息系统的陆续上线和部、省两级数据中心的投入使用越来越多地开始集中，大量数据的处理以及安全使用给我们带来了巨大的挑战，系统中的数据集中和统一存放对信息系统的运行与维护保障工作提出了更高的要求，如保证数据的完整性和安全性、保证数据管理分析的可用性等，这都对教育数据管理信息系统提出了较高的要求。而且，随着教育信息数据的不断积累和社会教育发展的迫切需要，教育信息数据应用于教育和其他相关领域的发展也显得尤为重要和突出，政府、学校和社会急需建设采集处理教育信息和信息数据功能应用的各种教育相关的教育管理信息系统来为大众服务。

随着教育信息化的不断深入发展，教育管理信息系统仍有待建设、发展和完善，还应不断完善增加其他教育信息系统和教育功能应用型系统等教育相关系统的建设与发展规划。当前的教育管理信息系统虽然已经逐渐完善，但信息系统在功能应用和系统完善上相对国外尚未健全，许多功能还未开发建设，数据采集和数据处理有待加强，教育信息的应用还未完全普及，教育资源数据库的互联整合还有待完善。

2. 项目管理分析

（1）资金管理。

教育管理信息系统中系统平台、数据库、硬件设施等配套的建设和完善离不开大量的资金和人员的投入，而所需资金则起着决定性的作用，是建设教育信息化队伍的有力保障，对于加快教育管理信息系统的建设和完善以及加快教育现代化有着巨大的促进作用。同时，由于缺乏专业的人员研究当地实际情况，导致教育信息化经费的投入结构不够合理，该问题主要集中在网络、硬件设备等基础设施建设，而对于管理软件的开发更新费用投入相对较少。所以，资金的不断投入与有效管理利用也是教育管理信息系统建设过程中不得不考虑解决的问题。

（2）管理体制。

教育管理信息系统对我国教育信息化建设的发展有着重要意义，随着教育信息化的不断发展和深入，在教育管理信息系统平台的普及应用过程中，逐渐暴露出了很多比较突出的问题。首先，教育管理信息系统的各个种类和功能用途很多，水平参差不齐；教育管理信息系统灵活性差，缺少可扩充性和开放性，缺乏一套完整的网上信息交换规范；教育管理信息化标准不够完整、统一、规范。我国政府和社会各界虽然随着教育信息化的发展逐渐重视教育信息化的标准化发展，如平台与媒体标准引用组谱规范、学习资源封装规范、问题测试互操作规范等一系列促进系统接口一致化、资源封装规范化的标准应用，但标准化体系建设还不健全，各地区、各校应用不到位，导致全国教育信息系统无规范、无标准的“开发热”，使信息孤岛问题严重，资源重复建设且无法交换，系统水平参差不齐，系统功能不够完善，有的系统甚至不便操作，无法使用。

其次，教育信息化组织机构是各地区教育部门和学校信息化工作得以推进和落实的基础保障，然而，目前存在教育信息化管理体制不明确，缺乏统一机构设置，管理职能不健全，各教育行政部门和各学校相互之间教育管理信息系统建设不协调的问题。

目前，省级行政部门的教育管理信息化的发展主要由科技处、信息中心、电教馆三个单位负责，但这三个单位的职能划分不清晰，相对不同地区的责任职能差异较大，有交叉重叠和覆盖不全的现象。而在区县级地方部门，教育信息化的相关工作都只有一个部门负责，导致各地区下级部门在不同上级部门的政策不协调的情况下无法实施工作。而且，由于各地教育信息化管理体制不健全，教育信息化相关部门管理协调能力不足，配合机制不通畅，导致教育信息化建设缺乏统筹规划发展，很难支撑和协调不同业务部门的教育信息化建设需求，建设模式和进度难以协调。此外，还有不少地区的教育行政部门尚未配套建立教育信息化管理机构，更是严重阻碍了教育信息化的发展进程，使教育管理信息系统的建设与完善也受到影响。

教育行政部门和学校的管理信息系统的建设需求有较大差别：教育行政部门主要用于教育政策制定和实施，对各地区教育行政部门和各校进行管理；而学校主要为了校园内的教育和日常运转管理。虽然教育行政部门和学校都有教育相关的系统业务服务，但针对的群体有较大差别。并且，教育行政部门的管理信息系统当前大多是按业务线索分散独立建设，学校一般都是建立整合共享教育信息和教育资源的管理信息系统。这些都对教育信息化及教育管理信息系统建设的管理体制提出了较高的要求。

同时，教育管理信息系统的运行与维护体制不健全，系统平台的运行不够稳定，服务不够完善，软件系统更新较慢，数据的采集、处理、保障、共享机制有待完善。教育管理信息系统的安全稳定运行与更新、系统平台服务、系统数据采集维护等都需要通过中央及各地政府教育部门和学校建立长期有效的运行与维护机制的支撑和保障来完成。例如，许多学校和政府教育部门的系统平台建立较久，但随着学校的扩招和教育的发展改革，当前的系统平台已经远远满足不了学校的信息共享、教育资源共享和校园日常管理，也满足不了政府教育部门管理各地区学校和教育相关机构的和服务大众的需求，而系统的更新与运行维护却迟迟得不到资金和人员的投入来解决。教育信息数据的采集在全国各地区也需要专业人员的搜集、查看、录入，数据库大量数据的管理、处理则需要数据库管理系统来组织、维护和运行管理，随着教育数据的不断增加和积累，对数据库管理系统的运行与维护提出了越来越高的要求。同时，数据资源的整合与共享、标准化的相关更新、移动信息系统服务平台的更新等，都需要一整套的教育管理信息系统运行与维护保障体系来维持运作、支撑保障。

最后，教育管理信息系统的信息化程度还不够高，信息化网络技术应用不够广泛和深入。现今，数字化校园、电子教科书、移动教育与学习等新型教育方式逐渐被广泛应用，大数据挖掘、物联网、云计算已经在许多行业被广泛运用，但教育信息化的发展还没能跟上信息化技术的发展，许多地区和校园还没有积极应用信息化技术武装其教育管理，使其管理和服务效率低下，教育管理方式仍然比较落后。

虽然伴随着我国教育信息化的发展，各个政府教育机构及学校都建立了各自的教育管理信息系统，但各个机构的网站门户和政府教育管理信息系统的建设、管理、规划等参差不齐，没有统一的建设发展规范和标准，管理体制不健全，运行与维护保障体系没有完善，信息化程度不高，导致信息系统的内容信息不健全，服务不够完善，存在诸多问题，影响用户体验和管理人员的使用。

（3）队伍建设和管理。

教育管理信息系统的信息化队伍通常包括信息化工作的建设和运维人员、管理人员、规划决策人员、日常应用及硬件设备设施管理维护人员等，在教育现代化过程中，不断培养和建设一支高水平、高素质、高效率的教育信息化队伍是建设和完善教育管理信息系统的有力保障。所以，教育信息化人才队伍建设是教育信息化建设的第一要务。然而，在实际工作中，伴随教育信息化的发展，教育管理信息系统的建设和完善在信息化队伍建设过程中却面临诸多困境。

第三节　高校教育管理信息化改革路径

一、加强教育管理信息化顶层设计

顶层设计，即自上而下的设计，是从全局的角度出发，抓住重大问题，统筹考虑各层次、各要素，集中有效资源，快速高效解决问题的方式。其核心就是使各层次、各要素围绕核心理念彼此衔接、运转。

目前，大多数高校虽然制定了教育管理信息化的规划，但是受限于各种因素影响，整体性和长远性都有所欠缺，系统数据标准不同难以集成、各部门系统重复建设、系统建设未考虑学校长远发展等问题频发，很难引领学校的管理信息化整体发展。因此要想科学合理地进行教育管理信息化顶层设计，要运用好数字治理理论，从整体性出发衡量人员理念、运行机制、建设标准、发展阶段、实践需要等各个层次、要素，有效规避各类风险，保障高校教育管理信息化的有序健康发展。

（一）制定教育管理信息化发展战略规划

高校要在现有条件和未来条件下实现战略既定目标在于高校教育管理信息化发展战略规划的合理，并且要加强教育管理信息化的顶层设计，制定学校信息化发展战略规划，这样才能在后续教育管理信息化推进的过程中做到胸有成竹。高校教育管理信息化的发展是全校人员共同的目标，这就要求高校领导者在制定信息化战略规划的时候，有合作开放的思维，坚持可持续发展的原则，用战略发展的眼光去计划。目前，大部分高校在智慧校园的建设上投入了很大的热情。建设智慧校园意味着要建立一个“高效、节能、智能”的绿色校园，这也需要在建设初期就要对各方面、各层次、各要素进行精心的设计和规划，如平台搭建、资源分配、利益划分、结构重组、评估体系等，要激发全员参与的积极性和主动性，深入与技术的融合，体现信息时代的人性化，提升高校教育管理效益的同时提高管理的质量。

（二）加强教育管理信息化组织领导

高校教育管理信息化的发展需要有专门的信息化管理机构来领导。各高校需与国家、政府部门紧密协作探索首席信息官（CIO）的运行模式，统筹规划信息化的系统建设，充分调动各二级学院、各部门，并在其中设置信息化岗位，使信息化嵌入高校的每一个组成单元。据调查，首席信息官的人选大部分是高校的副校长或者是信息技术部门主任，也有一部分学校是由教务长或校长来担任。不过，不管是独立存在的首席信息官，还是兼职首席信息官，各高校都要根据自身的实际情况，要发挥他们在战略规划决策中的主导作用，实现学校教育管理信息化水平的显著提高。当然，一个合格的首席信息官不只是有信息化系统规划和改革领导能力，还需要有积极主动的工作态度，做到对各种信息化政策及实施方案、意见等的上传下达。另外，顶层设计不是一成不变的，毕竟社会是一个动态系统，所以作为首席信息官，要有足够的创新意识，要顺应时代的变化和发展，积极地推动工作创新，不管是技术创新还是应用创新。

（三）明确教育管理信息化发展架构

各高校教育管理信息化的发展必须有一个清晰的架构，确保数据采集、管理、使用、维护等各个环节能无缝连接、运行流畅，从而促进学校信息化建设可持续发展。各高校在国家的领导下，可以借鉴发达国家教育管理信息化发展的经验来规划出符合学校自身定位和发展实际的架构。坚持“业务”“问题”为导向，坚持建设与运行维护并重，明确教育管理信息化发展的战略目标，考虑全校人员的利益，提高实施方案的科学性和可操作性，实现建设效果的最大化。

二、完善教育管理信息化体制机制

（一）统一标准、统一规划的建设机制

教育管理信息化是一项系统工程，其建设规划是做好管理信息化工作的先决条件，也是管理信息化建设的依据和指导纲领。而统一的建设标准是完成系统集成与共享数据库建设的基础，也是学校管理信息化长远发展的需求。统一的信息标准规范、用户标准规范、运维服务标准规范、信息安全标准规范可以最大限度地实现数据共享、保障系统后期运维、提高服务质量、保障信息安全，有效防范管理信息化过程中的各种弊端。当前大多数高校已经制定了统一的建设标准，达成了管理信息化职能部门统筹全校管理信息化工作、负责全校管理信息化规划的共识，但是在高校教育管理信息化实际建设过程中，系统数据标准不统一、系统重复建设等问题屡见不鲜。深究其原因，一是管理信息化建设标准的制定晚于系统建设的时间，前期建设的系统受限于业务流程正在使用或合同限制无法进行统一标准的修改；二是学校系统大多采用直接购买的形式，系统数据标准和学校建设标准有较大出入，修改耗费大量时间、人力和物力。但是在系统集成整合的过程中，我们发现同一标准、同一规划的建设机制如果得不到落地，将直接影响数据共享的进程和质量，影响高校高质量内涵式发展，阻碍高校治理能力现代化。

基于上述分析，对信息系统建立统一的建设标准是非常有必要的，对于新建的信息系统，不论采用何种合作方式建设，都应该遵循信息化部门的要求，只有这样才能保障各系统在硬件管理、软件管理、安全防护管理等方面的稳定运行，保障数据的“一数一源”，消除数据孤岛。

（二）全覆盖、全周期的互动机制

教育管理信息化各主体间的良性互动关系，可以约束各自的权利、协调各方的利益关系、更好地整合教育管理信息化资源，推进我国高校治理能力现代化。在信息化建设过程中，务必以用户需求为导向，注重双向沟通，不断调整

建设方案。现阶段高校许多系统交付使用后功能使用率不足三成，究其原因就是与用户互动机制尚未建立，与用户沟通不畅，按照自身业务开展进行管理信息系统建设。所以必须建设贯穿管理信息化系统全周期的多方参与互动机制，广泛吸收用户的意见。学生作为管理信息化的重要参与者和最终使用者，其想法需求直接影响系统建设效果。因此要畅通沟通渠道，创新学生参与形式，为学生用户参与管理信息化建设创造有利条件。在管理信息化项目立项之初采用调查问卷的方式收集学生需求，获取学生的想法和顾虑；在项目施工过程中允许并鼓励更多的学生参与其中，通过实地访谈等方式采集意见；随机选择部分学生参与建设的协调会，并让其负责部分工作；在管理信息化项目测试使用阶段，要大规模邀请学生参与测试，并根据反馈意见及时进行修改。

教职工对于教育管理信息化产品整体满意度较低，主要是反映管理信息化产品对教职工反馈更新不及时、系统操作复杂，缺少产品的使用培训等。因此，在今后的教育管理信息化建设中，要注重及时跟进反馈意见的修改、加强与教职工用户的交流沟通，主动跟踪其需求变化。

（三）科学、客观的评价考核机制

在教育管理信息化的建设过程中，采用科学客观的评价机制，可以准确掌握学校管理信息化建设的情况，为下一步的建设决策提供有力支持，促进学校管理信息化的高质量发展。

现阶段我国还未建立统一的信息化评价指标体系，现有的指标体系导向性、驱动性、动态性不足，往往存在信息化职能部门既是建设者又是裁判员的现象。因此，要通过完善信息化指标体系、引入多元的评价主体等方式构建科学客观的高校教育管理信息化机制。

（四）实时、透明的监督机制

管理信息化监督机制就是各参与者对管理信息化工作和人员行为展开观察、评价及改造的系列过程，强调监督过程的公平透明、实时准确。现阶段我国高校监督普遍存在信息资源不足、工作效率较低及监督成效不理想等问题，因此，要通过大数据等新兴技术改变传统监督方式受时间、空间、人力限制的现状，构建“互联网 + 监督”机制。

大数据监督采用智能化的手段，通过建立互联网监督平台有效控制监督成本、拓宽监督区域、缩短监督环节。这种方式使监督人员和被监督人员联系更加便捷，大大提高了处理问题的效率。

（五）高效及时的运维管理机制

目前，我国教育管理信息化建设已进入深水区，高校的硬件设备、信息系统及数据量不断增加，高校运维管理难度也不断增加。而我国高校在运维管理队伍培训考核、运维管理操作流程与衡量标准等方面还不够完善，不能有效支撑管理信息化运维工作。因此，必须建立高效及时的运维响应机制，提高运维管理的效率和质量，保障师生用户的服务体验。

高校应建立高效的运维管理机制，明确运维的对象和内容，实时监控设备系统的运行状态；根据问题的影响和紧急程度实施分级管理，明确对应的响应时间和应急处理预案；建立运维管理手册，通过标准化、规范化的操作指导有效提高管理水平；加强运维管理队伍建设，通过进修、培训、自学、科研等方式提高专业水平；明确管理责任制，避免工作推诿等问题。

针对学生提出的响应时间较长、维修不及时的问题，学校应加强与学生用户的沟通互动，及时找出问题产生的原因，建立问题解决反馈机制，提高学生的用户体验。针对教师提出的运维人员服务响应及时但问题解决水平低的问题，学校应加强专业的技术培训，同时建立并完善故障库，储备运维管理知识，这样才能缩短解决问题的时间。

三、整合教育管理信息化资源

（一）建设校级数据标准、数据字典

高校的教学、科研、行政管理等各方面都需要进行数据的采集和处理，当前多数高校还未建立起自身的校级数据标准和数据字典，数据字段在相互独立的各部门系统进行重复采集，这种方式直接造成了数据的重复和不准确，进而在数据共享的过程中需消耗大量的人力、物力进行核查。

通过数据字典的确立，实现一次采集为全校各系统共同使用，确保了各数据的准确性、唯一性。同时，统一数据标准可以实现各系统、各处室的统一管理，大幅提升工作效率，节约各类资源，促进系统的数据共享。数据中心可以对数据字典的数据进行深层次、多维度的分析和处理，对一些未知的情况做出科学的预计和判断，使管理方式变被动为主动，进而辅助高校管理者科学地决策。

因此，高校要统筹全校管理信息系统的集成和数据的交换共享。首先，做好信息系统管理中的所需要的硬件资源的规划，整合现有资源，构建校级数据

中心；其次，在做好硬件资源建设的基础上，统一各管理信息系统的数据库、数据接口、中间件等关键环节的管理，确保数据在各管理信息系统间的高效、有序流通；最后，明确管理信息化部门的定位和职责，由信息化部门负责全校管理信息系统的建设。今后订制开发管理信息系统，需由信息化部门统一沟通协调，参照学校数据标准建设，通过系统对接和数据同步的测试之后方可上线运行。

（二）梳理现有服务，进行流程再造

对学校现有管理信息化类服务进行全面梳理，综合全校管理信息化的发展，全面设计管理流程，实现全局的最优。主要从管理理念、服务意识、管理机构设置等方面进行再造。

首先要进行管理理念的再造，统筹全局，科学规划，改变将管理信息化作为手段的思想；以提高用户满意度为导向，真正实现以人为本的教育理念。以用户为主体，以用户满意度为中心，行政权利和行为均围绕用户满意度展开，向着“服务行政”转变，提供高效的公共服务，而公民就是享受公共服务的“用户”。基于此，高校管理信息化工作要提高服务意识，以用户需求为中心，加强需求调研，重视用户体验。建立基于结果的满意度反馈机制，对服务态度、专业水平、服务质量等多个因素进行评价。

四、加强教育管理信息化安全管理

高校网络信息安全涉及技术和管理等多个方面的问题，这些问题决定了管理信息化的成败。相比较网络信息安全技术的不断进步，现阶段网络信息安全管理的问题逐渐凸显，越发被社会所关注。

目前，我国高校网络和信息系统的信息安全上存在的缺陷主要在四个方面：一是管理和安全体系不够完善，高校管理和安全体系没有覆盖管理信息化的全过程周期，制度不够科学、规范。二是管理信息化中多方参与机制没有形成，主动参与度不高，没有形成统一的共识。三是缺少有效的管理监督机制，对管理信息化中安全管理的职责不明确，监督不到位。四是管理信息化中各参与者网络信息安全意识缺乏。

对此，可以参考以下几点改革措施。第一，对各信息系统和网站实行全周期闭环管理，主要涉及网络安全准入、网络安全评估、日常网络安全检查、年度安全审计等方面，避免因关键环节遗漏造成网络信息安全事件。第二，构建科学合理的监督防范机制。落实网络信息安全责任，创新网络信息安全监督方式，通过网络安全运维管理平台等形式实现实时、透明、有效监督，避免因管理人员疏忽导致网络信息安全事件。第三，加强网络信息安全宣传和培训。采用丰富多样的培训方式提高管理信息化建设中各参与者的网络安全意识和素质，促使决策层、管理人员、广大师生达成“网络安全为人民，网络安全靠人民”的共识，实现共建共治的新局面，为网络安全管理奠定基础。

随着高校管理信息化的不断深入，高校网站和信息系统也越来越多，网络信息安全威胁也随之而来。为应对当下复杂的形势，高校还应做好全面有针对性的安全检查，特别是针对建设时间较早的遗漏网站和系统，及时处理僵尸系统。同时，做好各系统容灾备份工作，对数据、应用、业务建立不同的容灾机制，通过远程镜像技术、快照技术、备份一体机等实现有效备份，降低高校发生网络安全事件造成的损失。

通过上述分析不难看出，高校信息安全防护是一项长远的系统工程。病毒、木马的高发性、异变性决定了高校需要不断优化自身网络安全防护机制。高校必须提高各参与者的网络安全意识，努力达成共识，同时通过创新监督方式有效监督安全管理运行，实施全周期闭环管理、分类管理，有针对性地对重点环节、重点系统进行监控，这样才能形成一种共建、共治、共同防护网络安全的新局面。

五、优化组织结构

在追求竞争和效率的今天，管理信息化的应用起到了优化工作流程、提高管理效率、辅助决策等作用，使我们能够在竞争中脱颖而出。教育管理信息化完美契合国家实施“双一流”高校建设的理念，打破终身制，鼓励竞争，注重绩效，这也是新公共管理理念在高等教育中的一次实践。

但我国现有高校管理的组织结构的设置不够科学、规范，直接或间接影响了管理信息化的进程。因此，我们要通过整合信息化部门提高其协调和影响能力，通过扁平化管理打破阻碍教育管理信息化发展的科层制度，建设数字空间的虚拟大学。

（一）整合信息化相关部门

信息化部门是高校教育管理信息化的组织保障，高校创新最根本的问题就是高校组织的创新。在注重管理信息化的高校，学校依据归口管理业务不同设立了数个管理信息化职能部门。例如，信息中心、信息设备处、现代技术教育中心等，分别负责各自的管理信息化工作。但是这类部门大多听命于不同的主管领导，学校教育管理信息化的规划决策、建设管理“多头”问题普遍存在。学校师生员工经常在管理或服务出现问题时无法找到问题的归口责任部门，多个职能处室彼此之间互相推卸责任，管理质量和服务水平无法提高。在对管理信息化缺乏重视的高校，受到传统理念和人员编制的约束，管理信息化职能部门依托于二级学院或处室，组织协调能力极为有限，难以担负推进全校教育管理信息化发展的重担。因此，重视管理信息化的大学应该积极整合重组管理信息化职能部门，发挥其对全校管理信息化工作的引领作用。而管理信息化缺乏重视的高校，更应整合管理信息化部门，提高信息化职能部门的定位和影响力，力争实现教育管理信息化的规范统一管理。

（二）打破科层制，实现扁平化管理

受信息技术高速发展的影响，高校的教育信息化管理正受到严峻挑战，高校改革创新已成为当前最受关注的话题，而高校改革创新的根本就是组织结构的创新。社会上倡导的扁平式组织结构在管理领域正发挥着使其天翻地覆的作用。通过减少层级、授权和分散决策权等方法实现权利的下放，能够有效调动基层管理人员的主观能动性，提高自助服务意识，实现向以服务为导向的灵巧型组织转变。科层制的管理模式，在一定程度上起到了提高高校管理效率、稳定高校管理秩序的作用。但是随着高校事务的不断增多，传统科层制传递层次多、信息失真的问题越发凸显。机构重叠、职能交叉、多头指挥、效率低下等问题严重阻碍了高校学术发展。

多层次垂直管理、职责明确的高校组织结构越发不足以满足不断增长的办学规模，师生对于管理创新的需求不断增加。因此进行组织革新，探索快捷精准、满足更大规模和高质量发展的组织结构，已成为各高校管理改革的着重点。精简组织结构，关注核心任务，确立竞争优势，成为各高校进行组织结构革新的第一构想。组织结构相较传统的组织结构呈现出扁平化、分立化、虚拟化、边界模糊化等发展趋势，组织结构动态性增强。其中最重要一环，是组织结构的扁平化。而教育管理信息化则是扁平化理论的技术前提。管理信息化的传播方式更加注重部门间的横向传播，追求简单高效，这恰恰与扁平化管理以工作流程为中心、注重层次简化和权利下放基层的特点相一致。管理信息化通过促进管理的扁平化，提高了信息流动的效率，增强了教职工的团队协作意识，解决了传统科层制下信息失真的问题，由此为高校决策提供组织基础。

（三）构建现实 + 虚拟的组织结构

构建高校“数字孪生”，在物理空间高校的基础上构建另外一个数字空间的高校，推动物理空间上的高校和数字空间上的高校“理生融合”，实现信息化和教育深度融合发展。构建线上 + 线下服务大厅，根据业务流程组建永久性的项目小组，独立于组织结构之外。例如，学校迎新工作，根据收费、住宿安排、班级安排、一卡通办理等多个业务，将每项业务的管理人员组合成为一个小组，避免因为跨部门办理业务造成相互推诿的现象。

六、加强信息化队伍建设

高校教育管理信息化队伍，肩负着学校管理信息化顶层规划、系统建设实施、系统运维管理等众多工作，其理念、做法直接影响着学校管理信息化的建设质量和水平。然而，当前高校教育管理信息化队伍定位不清、规模不大、职称难评、薪酬倒挂的问题依然存在，严重打击管理信息化队伍的积极性。因此要从理念、编制、人才队伍的选录、发展机制等方面进行改革，解决时代赋予“责任之重”与行业惯性所带来“定位之轻”这一矛盾。

（一）明确教育管理信息化队伍定位

现阶段许多高校信息化部门还承担着低水平的维护工作，部门定位不高，许多政策难以执行。这导致管理信息化人才无法得到可持续的发展，信息化部门的统筹、引领作用无法施展。因此要明确管理部门在全校管理信息化工作中的引导地位，推进 CIO 制度的执行，统筹全校管理信息化工作。

（二）创新用人模式

高校管理信息化人员在做好全校管理信息化的规划、组织、实施之外，还需要对高校管理信息化的软硬件资源进行运维管理，其服务范围广、工作量大，因此要引入更多的管理信息化人才，加强管理信息化团队建设。同时要积极进行用人模式的创新实践，实行专职与兼职相结合模式，再通过购买服务等形式吸引社会各界人士更多地参与到管理中来，真正实现高校管理信息化的多元治理。

（三）完善分类评价考核体系

近年来，国家出台多项高等教育职称改革文件，坚决克服“唯学历、唯资历、唯帽子、唯论文、唯项目”的评价倾向。落实分类评价体系已成高校评价考核体系的关键。管理信息化人才评价体系应充分考虑岗位特殊性，建立涵盖服务满意度、工作业绩、专业水平等多维度的考核指标，变定性评价、静态评价为定量评价、动态评价，更好地激活管理信息化队伍内部竞争，更好地提供优质服务，更好地体现管理信息化工作对学校治理的价值和贡献。

（四）推进薪酬制度改革

现阶段，我国各地相继出台了人才引进的优惠政策，人才竞争越发激烈。管理信息化人才作为兼顾管理与技术的复合型人才更是为市场所追捧，而高校人才选录大多采用“一刀切”式的待遇，与市场差距太大。因此，只有通过薪酬体系的改革和创新人才激励机制，才可能留住高端人才，并吸引更多人才流入。此外，还要给予专业人才相应的待遇倾斜，以此吸引更多的管理 + 技术复合型人才。

第四章　现代高校教育管理的创新路径

第一节　高校教育管理人性化与法制化

一、高校教育管理人性化的内涵

（一）教育人性化的含义

教育要人性化是一种全新的现代教育理念，它主张教育的要素、教育教学过程要遵循人类的本性。教育人性化的目标指向学生的人性化教育。教育人性化本质上要求坚持“以人为本”的价值取向，是遵循人的发展规律、使人成其为人的教育，是综合一个人知、情、意等精神范畴和生理范畴的统一体。教育是一种指向人的特殊实践活动，是一种以培养人为目的的社会活动。没有哪个时代的教育探讨不是以其所在时代的人性假设为逻辑前提的。因此，可以说，人性观先天地决定了教育观。教育人性化是一种尊重人的教育，它注重激发和挖掘受教育者的潜能，让人不断地实现自我超越，进而全面实现自我，是一种迎合时代人性观的教育。当今高校教育人性化有三个层次：最低层次，要求教育做到“三无”，即学校教育中无詈骂、无威胁、无体罚，这是最起码的要求，做不到“三无”的教育是非人性的教育。中间层次，要求做到“三有”，即教师对学生有笑容、有爱心、有亲情，这是教育具有人性魅力的条件，做不到“三有”的教育是缺乏人性、人情的教育。最高层次，要求教师应充分满足学生的合理需求，充分挖掘学生的潜能，充分实现学生的个性发展，缺乏这种理想追求的教育，则是应然性人性（理想人性）完全让位于实践性人性（现实人性）的无人性信仰教育。

教育人性化理念就是要从人的需求出发，尊重人的需要，包括生理、安全、社交、相互尊重、自我潜能发挥等。教育人性化的具体要求是：制定每一种教育制度，做出每一种具体的教育行动，既要符合经济、政治以及文化的要求，更为重要的是要以是否符合人性为尺度来衡量，只有当人性的价值尺度上升为评价教育活动的必备内在依据时，教育的人性化理念随着教育人性化层级的提高而获得升华才能成为可能。

（二）人性化在高校教育管理的作用

1. 高校教育管理的人性化是适应经济社会发展的需要

高校教育管理制度的人性化越来越凸显其重要性。社会主义市场经济的完善是价值和利益多元化的发展过程。人是市场经济的主体，完全的社会人要具备自我意识、自我选择和自我实现的能力，这是人进行独立思考和勇于创新的前提。同时，个性发展、勇于创新是社会主义市场经济对高校高级专门人才的基本要求之一。

2. 高校教育管理的人性化是精神文明建设的必然要求

青年是祖国的未来与希望，只有将青年的价值观培养好，才会形成高尚的社会风气，才能传承中华民族的传统美德。能否在人性化的教育管理上让大学生践行社会主义核心价值观，关系到社会主义事业建设的成败。

3. 高校教育管理的人性化符合高校素质教育的客观要求

素质教育与应试教育有着本质的区别。首先，二者的培养目标和着眼点是不同的，素质教育以培养人、教育人为最终目的，应试教育则更看重教育的选拔性功能。其次，二者在教学内容上有区别，素质教育主张对待不同的学生采用不同的教育方法，应试教育则以升学的标准来衡量教育成败。最后，二者的教育方式有区别，素质教育在课堂教学中以丰富多彩的形式来展现教学内容，应试教育则通常只围绕考试内容进行教学，造成教育方式呆板僵化、学生积极性差。人性化的教育符合素质教育的要求，不够人性化的教育和管理起不到良好的效果。

（三）高校学生人性化管理的必要性

1. 社会结构转变影响

近年来，人们的生活水平和综合素质方面整体出现明显提升，我国开始步入社会主义发展新时期。而在新时期背景下，社会结构发生了巨大变化，人们的物质需求得到满足，消费观念剧烈变化，精神文化需求不断增长。高校学生作为学校和社会群体中的一员，在社会繁荣发展时期，更加重视精神文明带来的享受，这就导致社会经济发生相应变化。为适应这一变化，高校在进行人才培养中，应落实对实用型人才的培养。这就需要对高校传统教学方式和管理策略进行转变，帮助学生更好地认识社会发展形势，转变其价值观念，以此提升管理工作的有效性，加快实现高素质人才培养。对此，在社会结构变化情况下，应改变传统学生管理措施，提升高校学生管理的人性化程度，更好地满足学校发展和学生成长需求。

2. 思想价值观转变

社会发展新时期，受环境、教学方式和信息获取方式等影响，高校学生在思想价值观念方面发生明显变化。现阶段，高校学生以“00 后”为主，学生在成长中接受现代化复杂价值理念影响，学生进入高校学习中开始进行独立生活，不同学生间相互影响以及学校环境对学生的影响导致学生行为方式方面存在明显差异，这与学生思维不断变化相关。由此可知，环境等方面对学生思想价值观念有着较大的影响。为实现对学生的高效培养，降低负面因素对学生的影响，应提升对学生管理的重视程度，认清管理中存在的问题，从时代发展角度出发，帮助学生进行思想价值观念剖析。

3. 教育理念变革

随着课程改进的推进，高校在教育理念、教育模式和教学课程等方面均发生明显变化。高校教育理念转变是满足社会经济新形势下的必然要求，而学生管理工作也成为实现高校人才培养的重要措施，这就需要通过转变教育理念的方式，对管理工作进行改革。在当下社会发展中，学生受互联网等因素影响，思想变化较快，高校应紧跟时代发展步伐，结合时代特征，落实对创新创业等思想的培养，促进学生实现个性化发展，培养学生独立自主、个性鲜明的特征，以此提升学生的综合素质。而在进行学生管理时，传统管理方式难以满足学生培养需求。根据新时期对社会人才需求，应落实对学生的人性化管理，结合学生情况进行针对性培养，从而提升整体教育水平。

二、高校教育管理中人性化建设

（一）对管理工作者思想意识进行转变

高校教育管理者是执行高校管理工作的主要人员，在高校教育和管理中具有重要作用，也是实现高校管理建设的主导力量，而管理者的思想意识则是决定其管理方式和效果的重要影响因素，对实现学生个性化培养具有重要意义。因此，在高校教育管理工作中，应对管理人员的思想意识进行转变，利用新方式解决各种存在的问题。尤其是在全面推广素质教育的背景下，必须对管理人员思想意识进行转变。首先，高校自身应提升对高校管理方式的重视，并明确管理人员思想意识对高校管理的作用以及进行人性化管理的必要性。其次，高校应为高校管理者提供能力提升机会，安排人性化管理知识培训，提升其对管理方式的认知，并引进成功人性化管理经验供管理者学习，同时，让学生与管理者进行交流和相交学习，提升管理者对人性化管理方式的认知和掌握程度，并在研究和应用中不断增强其思想意识，从而为学生提供更好的服务。最后，应提升高校对人性化管理的认知深度。高校实施人性化管理，主要目的是为学生营造良好的学习氛围，并提升其知识水平，改善学生精神面貌。要求管理者听取学生意见，将其作为创新教学方案和管理学生的重要参考，增强管理人性化程度。另外，高校教育管理制度中的民主平等是制度人性化的前提。高校管理制度要适应所在地区的特点，有自己的声音，有自己的定位，摆脱不适应自身的制度束缚。只有在制度上进行基于民主、平等的创新和改革，找到适合该地区或者该校的管理制度，才能缓解高校管理存在的问题。

（二）树立以人为本的课堂教育理念

课堂的真正主体是学生，只有确立学生的主体地位，才能有效地推进高校教育管理制度的建设。有效的课堂教学是建立在平等、民主、尊重的基础上的一种启发式教学。应建立以培养学生自学能力和实践能力为主的新体系，制定以学生为主的人性化管理制度，把培养学生的能力、调动学生的积极性作为教学质量评价的最重要的标准，为学生提供自我表现的机会，使学生能够通过讨论、交流等形式发挥自己的主观能动性。

另外，将激励作为高校人本管理的新途径。管理学认为激励是管理的核心，也是人本管理的核心。心理学家佛隆提出期望理论，认为人总是渴望满足一定的需要和达到一定的目标，这个目标反过来又激发一个人的动机。这个理论说明每个人都会有一种获取成就的期望心理，在高校工作的教职员工也是如此。所以，高校应建立灵活的激励机制，提高教职员工的积极性和创造性，为高校教育管理制度注入活力。在聘任制中坚持公平竞争、择优上岗的原则就是一个很好的激励方式。

教育作为学生管理的重要环节，在实际教学中要落实人性化管理方式，提升整体管理效率。现代化教学中重视对学生个人能力的培养，进行个人能力培养中需要做好对学生自信心与创造力培养。进行人性化管理工作中，应将人格与个性培养作为重点内容，不断为现代社会培养更多创新型人才。具体教学中，应结合当前实际，因材施教，鼓励学生进行不断创新，逐渐实现个性化发展，同时积极鼓励和指导学生自主进行发散创新思维训练，结合实际情况分析多方面问题，以此提升管理水平。

（三）健全人性化管理评价机制

人性化的管理制度，对推动高校管理工作进程会起到良好的促进和指导作用，因此，在实施人性化管理中，应先制定或健全人性化管理评价机制。首先，教师应在已有管理方式基础上，结合实际情况和高校教育人才发展的需求，对管理制度进行调整，杜绝采用生拉硬套的管理办法，要落实人性化管理，利用该管理方式的优势，增强对学生的管理效果。其次，为确定管理效果和管理水平，应制定高校管理者绩效评价机制，将人性化管理内容作为管理工作绩效评价指标。最后，在日常管理中落实人性化管理，以此提高学校管理水平，建立与社会发展相适应的新型管理格局。

（四）加强师生间沟通交流

人性化管理实施中，为满足学生需求，管理人员应通过与学生的沟通，形成良好的互动关系，提升学生对教师的信任与认可，促使学生主动倾诉心声，以此掌握其需求，为进行人性化管理打下良好基础。同时，在管理中，管理人员为提升管理人性化程度，应从学生角度出发，通过换位思考的方式，对学生需求进行明确，在此基础上落实人性化管理。

高校学生管理工作中，涉及管理内容较多，难度较大，并且有较高的要求，将保证学生健康安全和快乐投入大学生活和学习作为重要任务，以学生为中心，通过各种有效措施帮助学生释放激情和创造力，逐渐建立符合新时期特色的人才培养方案，满足学生发展和高校教学要求。现阶段，需要提高对管理人员的重视程度，掌握人性化管理方式，并利用各种有效措施，落实对高校学生的人性化管理，提升高校教育管理整体水平。

三、高校学生管理法制化的意义

在传统专权的管理体制的影响下，教育者往往习惯于自己的主体地位，往往强调对于学生的绝对领导和绝对权威，往往不能容忍反对及质疑的声音。大学生的权责意识、法制观念也随之不断更新和强化，这种传统的、老旧的、不平等的教育、管理方式慢慢不被学生所接受，反对、抗争的声音不绝于耳。因此，高校学生管理工作的法制化改革刻不容缓。

（一）有助于提高高校依法治校的管理水平

社会各界对于“依法而治”都有其独到的见解，在落实上也有各自独特的方式方法，对于教育领域而言，依法治校是重要举措。在学校的管理工作中，人的管理毋庸置疑是最重要的，学生管理是学校工作的第一要务，依法治校就是要求依法管理学生。我国高等教育由于广泛存在机构设置不合理、职责划分不明确、工作效率不积极等问题，管理效能不足、收益不高。学生管理法制化，可以有效杜绝上述不良现象的产生，促进高校的良性发展，提高高校的办学效益。

（二）有助于增强学生的法制意识

社会法制化是市场经济的重要土壤，而自然辩证法揭示了思想对于行为具有先导作用，法制意识是遵守法律的理论先导。在社会主义市场经济中，当代大学生既是主力军，也是生力军，所以高校对于大学生的培养远不能拘泥于科学文化知识，同时有责任和义务提高大学生的法制意识，两者有机结合才是他日大学生在社会立足的根本。实现高校学生管理法制化，当代大学生可以深入社会法制化发展的内部，使他们对法制的感受更加理性化，有助于其成为中国特色社会主义事业的接班人。

（三）有助于平衡高校与学生之间的关系

在传统的教育体系中，学生是教育的客体，大学生，尤其是当代大学生获取资讯更便捷，反而会出现将心智不成熟误作个性独特、将过于自我为中心误作思想前卫等情况。因此，在大学教育中，需要将学生作为主体看待。也就是说，在高校的学生管理工作中，需要做到以学生为中心、以学生为目的、以学生为导向。需要注重保护学生的权利和义务，将关怀和关心学生作为学生工作的主旋律。成立学生自治组织，鼓励学生对于一些简单常规的事务进行自治自理，同时不可过度，对于涉及原则性的，或确属学生不具备自治能力的事务，应明确并由学校依据相关规章制度进行严格管理，并建立健全的沟通、反馈机制，即高校学生管理应权责明确、张弛有度、有节有界，既不可一味放权，做“甩手掌柜”，也不可限制过当，以免打压大学生的主观能动性。

四、高校学生管理法制化的具体实践

要实现高校学生管理工作的法制化，方法得当、举措得力是教育管理者工作的重点。可以把教育部等行政主管部门的文件精神作为理论依据，结合学生管理工作实际，从以下几方面探索学生管理工作的法制化。

（一）健全相关法律法规和管理制度

法律法规体系的完善是一切法制化进程的基本前提，高校学生管理工作的法制化离不开成熟的教育法规基础，这些法律法规既是教育管理工作实施的标尺，也是教育管理工作前进的基石。每所高校都有其学生管理条例、考试管理条例、后勤管理条例、违纪处罚条例等，这些常规制度规范了教育者、教育管理者和学生的行为，它们从属于各级高等教育法规，既体现了法律法规约束功能的共性，又有其涉及对象、实施领域的个性。只有法律法规、实施细则和规章制度相互配合、相互完善、相得益彰，法制才是完善的、成体系的，法规的实施才有明确而具体的标准。

诚然，在我国的教育法律法规体系中，无论是《中华人民共和国高等教育法》等相关法律，还是教育部发布的《普通高等学校学生管理规定》等教育相关部门出台的行政管理规定，都为高校学生管理工作提供了坚实的理论基础和实施依据，但依然不能够完美地覆盖有关教育教学的各方各面，如高校对学生管理的权责界限、学生与高校的纠纷处理方式都属于没有涉及的灰色地带，更有甚者，某些高校内部的规章制度本身便不符合有关法律法规，这显然会阻碍法律法规的统一性和正确性，影响各类法律法规、行政管理规定的有效实施，对于高校的学生管理工作是不利甚至是有害的。因此在实施和执行过程中必须考虑具体情况，制定相应的实施细则、规章制度，以便更有效地执行。

（二）完善高校法制化管理的方式和方法

要实现高校管理的法制化，就必须提供一系列的具象化的法制化管理、反馈和调节机制。例如许多高校的学生管理规章和规定中都增加了学生处理的申诉机制，当大学生感到自己的合法权益被侵害时，可以有具体、明确的方法、途径向学校表达自己的异议和诉求，这就是高校法制化管理的具体体现。学生、学校的权责都有明确的依据去执行，通过合理途径对于涉权问题进行申诉和处理后，学生如果对处理结果存在异议，可以通过正常渠道向上级教育行政主管部门申诉，也可以要求社会第三方介入，如求助仲裁机构申请仲裁，甚至向人民法院起诉等，这些做法对于合理地处理学校及学生之间的权责纠纷和矛盾冲突，体现法制的权威性和公信力有积极的作用，一方面维护了学生的合法权益，另一方面也间接为高校免除了后顾之忧。再者，高校学生对于学校来说不可避免地属于弱势群体，基于这一客观因素，高校有义务为学生提供法律帮助及法律服务，进一步增强其法律手段、提高其维护自身合法权利的能力。

（三）强化教育各界的法制观念和意识

法制的建设不仅仅是司法部门的义务，与社会各界都息息相关。教育各界都对法制有了足够的认识，高校学生管理工作的法制化才能有肥沃的土壤。学生相对于学校来说属于弱势群体，当自己的合法权益受到侵害时，弱者心态会阻碍学生合理维护自己的权益，事实上，学生对于法制的认知也不足以支撑其站起来维护自己的权益。相反，学校拥有学生个体所远不能及的资源、权限和社会影响力等，如果高校管理者法律意识淡薄，极有可能利用这些资源、权限和社会影响力操纵事态的发展、逃避学校应该承担的责任和义务。这种现象对于学生与学校的权责纠纷的处理是十分不利的。因此，教育各界在学生管理工作中都需要强化法制意识，学校、学生管理工作者应树立正确的法制观、正确地使用法治手段、积极地对待法律赋予其的权利和义务，而学生则要摒弃弱者心理，用法律武装自己，既要敢于维权，又要善于维权、合理维权、依法维权。

（四）重视高校法制教育与网络结合

近年来，受网络技术井喷式发展的影响，以微博、抖音等平台为代表的自媒体充斥着人们的生活。它们深刻影响着当代学生的生活和思维方式，也给高校学生管理工作带来了巨大挑战。高校学生心智不成熟、阅历不丰富、判断不客观，在虚拟的网络世界非常容易丧失理性，片面、偏激地了解问题、发表言论，甚至做出伤害自己和他人的行为。这些因素都有可能成为高校甚至社会的“定时炸弹”。不可否认，网络已经成为高校学生管理工作的新挑战，因此，高校学生管理工作中必须顺应时势，将网络空间，尤其是网络自媒体领域的法制教育重视起来。

第二节　高校教育管理的模式与创新

新时代对人才需求的标准不断变化，因而高校作为培养具有社会功能和内在素质的人才基地，必须改变以应试为特征的教育管理模式，进行教育管理模式的改革与创新，培养能适应社会主义市场经济体制和时代发展的人才群体，突出高校在现代化建设进程中的战略地位，体现高校在提高全民素质和建设社会主义现代化强国中的核心价值。面对时代的变化和需求，我国高校教育管理要不断改革创新，并不断完善。

一、高校教育管理模式科学化的探索

高校教育管理是一项系统工程，需要严密而有效的组织、紧张而有序的工作，必须做到忙而不乱、井井有条。高校教育管理包含教学管理、科研管理、财务管理、教师队伍管理、学生管理、后勤管理、基建管理等方方面面的内容。随着经济社会的发展和高校办学的多样化，如何将这一系列的教育管理问题统筹起来，促进高校的建设和发展，是新形势下值得探讨的一个重要问题。

针对当前的新形势，许多高校已对其中普遍存在的问题和原有的弊端，在教育管理改革方面进行了诸多有力的探索，如在管理思路和观念更新方面做出了许多有借鉴意义的探索，在教育管理模式改革的方向和途径上也做了大胆的尝试。

（一）针对科层式管理体制弊端进行的探索与实践

进入 21 世纪后，教育民主化思潮日益深入人心，传统的科层式的管理体制已经越来越不适应高校发展的需要，对科层式高校管理体制的改革势在必行。只有打破高度集中的科层式管理体制，赋予广大教授、学者和教师应有的与学校命运休戚相关的管理权和决策权，才能真正提高管理效能，真正为学生创造一个适合他们发展的环境，高校的教学和科研工作才能得到长足的发展。我国高校的管理体制创新工作才刚刚起步，任重而道远。在新形势下，只有与时俱进、继往开来，不断创新管理体制，高校才能具备可持续发展的能力，管

理体制才能真正对教育教学质量的实质性提升起到保驾护航的作用，才能真正引导、促进高校走向高效率、高效益的办学道路。

高校教育管理改革的方向和目标有以下几方面：

1.简化高校的组织层次，提高运转速度

高校作为培养人才的主力军，一般来说规模都比较大，层次结构比较多，一定程度上影响了高校的运转速度，为此，需要精简高校的组织层次。第一，在组织结构的设置上，保留最低限度的行政管理机构，精简那些不必要的组织机构，以避免机构的重叠与膨胀。第二，在行政人员的配备上，严格控制数量，挑选精干的人员组成学校的管理队伍，剔除那些“在其位不谋其政”的人员，以提高工作效率。第三，在管理工作的操作上，简化管理程序，减少不必要的管理活动，让教职工专注于自己的本职工作，避免受到过多的行政命令的干扰。在这几项改革措施中，简化行政机构是关键，因为行政机构是开展行政管理的组织依托。过多的行政机构易滋生官僚习气、繁文缛节、效率低下等“官场病”，应在客观上强化科层式管理。

2.将管理重心下移，放在院（系）一级

院（系）一级是高校教育管理的基础。将管理的重心放在院（系）一级，尽量避免采取整齐划一的行政措施实行高度集中的垂直控制，较多地注意发挥各基层的主动性，建立起自我调节的机制，加强协调和信息交流，更好地调动广大教学、科研人员的积极性和主动性。因此，高校应该建立“两级管理，重心在院（系）”的管理体制，把管理的重心下放到院（系）一级。

3.将行政权利与学术权利适当分离

针对当前高校学术管理弱化的状况，提高学术权利是加强学术管理的关键。学校在将管理重心下移的同时，应给予院（系）相应的学术权利，这样，才能充分发挥教师群体的主观能动性。教师，尤其是教授，是院（系）教学、科研活动的主导者，只有他们在院（系）组织内发挥主观能动性，有充分的机会去施展才能，才有利于院（系）发展目标的实现。在西方国家的大学中，行政权利和学术权利都是有所分离的。学术事务的管理和非学术事务的管理，分别由两套系统、不同的人员来运作。大学学术活动的内在逻辑决定了教授在大学学术事务中的权利和权威。教授参与学校的管理，无疑能够充分发挥他们的权威作用，提高管理的绩效，同时有利于创设高校学术的自由氛围。更重要的是，学者参与学校的管理事务，提高了学校决策，特别是在学术性政策制定和实施过程中的科学性和可行性。

在高校教育管理的价值取向上，要充分认可学术权利的合法性和合理性，以此确立管理的标准。学术权利价值强调学术导向，注重学科专业自身内在规律性和教师专业人员在学术事务中的地位与作用；行政权利价值强调行政权利在学术事务管理中的作用。在管理上，必须把传统的党政部门对高校自上而下的管理模式转变为协商、合作的管理模式，这样才有可能实现两权的适当分离。

另一方面，只有将学术权利和行政权利适当分离，才能发挥教授参与学校教育管理的作用，有利于提高学校决策的科学性和准确性。学术事务和非学术事务的管理，分别由两套系统、不同的人员来运作，实行学术权利和行政权利分离，是今后我国高校教育管理体制改革的重点。

4. 决策民主化，实现依法治校、依法行政的高校教育管理新模式

高校教育管理体制的创新，必须建立在一个科学、完善的法制化管理平台上，这里所说的“法”，既包括国家的法律、法规，上级主管部门的指令、规定，也包括学校通过法定程序制定的内部规章制度。对于学校自己制定的各种规章制度，尤其是涉及广大教职员工切身利益的规章制度，学校应通过专家咨询、群众参政议政来切实保证规章制度的合理性、代表性、可操作性。

5. 教育教学质量是高校的生命线

高校教育管理体制的创新，必须以提高教育教学质量为目标和出发点，营造师者乐于业、精于业、敬于业，学者好于学、勤于学、善于学的校园环境，否则，高校教育管理体制创新工作就会成为无水之源。

6. 加强管理队伍建设

加强思想教育，切实转变管理观念，从思想上牢固树立服务意识、管理质量意识，通过适当的制度设计和谨慎的革新策略，督促管理人员由被动地改变向主动地适应转变，这是做好高校教育管理体制创新工作的根本办法。管理队伍的整体素质是高校教育管理体制创新工作顺利开展的前提和基础。

7. 保证行政权利和学术权利的互补性

高校应加强职能部门的学术色彩和学术组织的行政色彩，以保证行政权利和学术权利的相互渗透。

在高校教育管理中，没有脱离学术的纯粹行政或党务管理，只有懂学科建设、教学科研的专家、教授执掌管理权利，才能把教授治校的方略落到实处，才有可能实现行政权利和学术权利的相互渗透。为此，应提高高校党政领导班子的学术水平，使管理权利和学术能力相结合。因此，对领导班子和职能部门的负责人应该提出学历、学位、学术水平方面的要求。

8. 落实既有制度，拓展师生参与学校管理的渠道

在高校教育管理工作中，要改进既有制度，通过一系列有效的制度安排，使教代会和工会等组织的作用能够在高校党政领导的决策中得到真正的体现，还要把校务委员会变成学校重大决策的审议与批准机构，重点是有教师参与，并吸收一定比例的学生参加。各方都有机会发表自己的建议或意见，管理者在管理过程中充分尊重每个人的权利，发挥他们的积极性，提升学校的管理水平和办学效益。要拓展教师和学生参与渠道，学校的重大决策应及时通过公示栏、校园网等各种方式公布，同时由职能部门解释与决策相关的问题，并重视教师、学生对决策的反馈意见。

（二）在高校实行目标管理的探索与实践

目标管理最早是应用在企业中的一种行之有效的管理方法，是一种全新的管理手段和方法。学校目标管理是学校教育管理对企业管理思想的引进和应用。20 世纪 80 年代，我国一些学校管理者开始运用目标管理思想来指导管理实践，目标管理这一现代管理思想和管理方法逐渐成为包括我国在内的当今世界各国普遍流行的学校教育管理模式。

高校推行目标管理适应我国高等教育的发展，具体表现在以下几个方面。

1. 目标管理的本质体现高校“以人为本”的管理理念

科学的管理方式是提高工作效率的重要保证。向科学管理要质量、要效益，必须改进管理方法。由于受传统教育观念和思想的束缚，加上近年来高校的办学规模不断扩大，管理难度逐渐增大，一些高校管理者只注重制度的约束力，注重政策的传达，忽视对自身特点的挖掘，所以，在管理上方法简单，重堵轻疏、重罚轻奖、重规矩轻创新、重眼前轻长远等现象还不同程度地存在。要走出这种困境，就必须在管理方式上下功夫，立足本校，探寻一条情理交融的新型的学校教育管理之路。

目标管理是建立在“人性”假设基础上的一种管理理论，非常重视人的管

理，重视人在管理中的作用。高校教职工绝大多数具有较高的文化水平，自身对科学管理理念的认识相对较深，自我管理能力较强，这些都为目标管理在高校的实施提供了很好的基础，实施的过程也更能体现“以人为本”的理念。

2. 目标管理理论的价值判断符合高校实现对院（系）管理的目标追求

在高校推行院（系）目标管理，可以更好地强化各院（系）的管理意识，规范教职工的管理行为，从根本上解决传统管理中“分工难合作、权责难统一、奖惩难把握”的弊端，促使院（系）领导提高管理水平，积极主动地谋求目标实现。

3. 目标管理评估的科学性能为高校教育管理带来一定的成果效应

根据学校整体目标和任务转化分解而成的各院（系）成果目标，既是院（系）工作的努力方向，又是学校指导、检查和考核各院（系）工作的依据。一方面，通过目标分权体制，学校根据分解目标内容在一定范围内给院（系）以办学自主权，使各院（系）充分实施自主管理，发挥潜能，谋求发展；另一方面，通过目标管理，定期检查目标进度，考核目标完成情况，评价院（系）的工作绩效。这种管理方法有利于形成院（系）独特的成果效应，有利于充分调动每个管理者乃至教职工的积极性、主动性和创造性。

4. 目标管理能更好地提高管理效率

管理工作主要有统一思想观念、协调人际关系、开发人力资源三种目标模式。统一思想观念模式建立在教育与被教育的等级差序关系之上；协调人际关系模式强调在尊重人格的基础上的双向交流；开发人力资源模式则以现代信息社会为时代背景和前提假设，以培养和激发创造力，开发利用人才为目标，着力于各方面的共同参与。目标管理通过各种要素的结构优化，加深了对要素的准确把握，从而大大地提高了管理工作的效率。

5. 目标模式的建立，使管理工作的目标具体化、规范化

建立目标管理模式理论，就要指导人们从具体实际出发，确定可行的目标，并围绕这个目标，确立战略部署，选择有效的途径和方式方法，制定评价标准，收集反馈信息，并不断根据具体情况做出调整，从而建立行之有效的目标模式调控系统。

6. 目标管理适应了高校组织结构运行机制的要求

目标管理作为科学管理的有效手段之一，通过目标的制定、任务的分解、

职责的分工、督促检查等流程，能够达到目标的实现。这种强调结果，淡化过程的管理模式，较好地适应了高校的组织结构和运行机制。

二、高校教育管理模式创新的基础

高校作为人才培养的基地、知识创新的摇篮、科技成果产业化的动力之源，其自身是一个复杂的社会子系统，这个子系统的人员构成主要包括教学人员、学生、管理人员、教学辅助人员，所有人员组成了一个密不可分、相辅相成的整体，共同完成高校培养人才的根本任务。教师和学生是学校发展的主体，管理和教辅人员为他们服务，两者缺一不可。因此，管理人员素质和能力的不足，将引起箍桶效应，导致人才培养这个木桶散架。高校教育管理的服务功能体现在科学、合理地配置、优化高校内部各类教学资源，协调并消除影响高校可持续发展的外部制约因素，通过追求管理效率和管理效益的最大化，最终营造出促使人才培养质量不断提高的校园环境。高校作为知识分子集中的地方，其日常管理既具有一般管理工作的共性，又具有其特殊性。因此，在讨论高校教育管理体制创新之前，必须对高校教育管理的特殊性有一个深入了解。高校教育管理的特殊性体现在以下三个方面：第一，实行“柔性管理”，辅以“刚性管理”。由于管理对象的不同，高校管理必须实行“柔性管理”，辅以“刚性管理”。对于高校中知识分子群体的管理，除了满足其物质待遇的要求，更要强调事业留人、人尽其才，给他们提供一个自由施展才华的舞台，通过人事制度、分配制度等各项管理制度，充分调动他们工作的积极性、主动性。第二，必须具备现代管理意识。高校教育管理必须具备现代管理意识，粗线条、简单化的管理无法满足高校发展的需要。决策作为管理的基础和核心工作，在高校教育管理中起着决定性的作用。因此，高校的决策机制要强调全员参与性、民主性，强化广大教职员工对学校各项工作的参与意识、主动意识，同时，尽可能地简化决策程序，增强决策程序的科学性和决策机制的高效性。第三，充分尊重学生发言权。学生作为高等教育的受体，对高校办学质量的好坏拥有直接发言权。高校教育管理工作应落实到学生，以提高人才培养质量为目标，建立对学生需求灵敏、高效的反馈机制，切实提升学生的主体地位，避免管理在上、学生在下的现象，真正实现管理育人。

基于对高校教育管理工作特殊性的认识，高校教育管理体制的创新基础至少应包括三层基本含义。第一，以提高管理质量为着眼点，强调质量意识。管理质量包括管理效率和管理效益两层含义，高校必须通过制度创新，真正实现集约化、知识化、科学化管理，通过有效的奖优罚劣机制，充分调动教职员工工作的积极性、主动性，进而实现人才培养质量实质性的持续提高。第二，以人为本，树立服务意识。强调现代人本管理思想的精髓，针对知识活动的特点，强调尊重人才和服务意识，建立管理部门和广大教职员工之间的对话和交流机制，将尊重知识、尊重人才落实到实际工作中去，最大限度地发挥教职员工的创造力。第三，高校作为“科教兴国”的主力军，科技成果产业化、增强高校知识创新能力也是其管理机制必须实现的重要目标之一。从国内外的发展状况来看，创新的管理体制是实现高校科技成果产业化的加速器，可以起到事半功倍的作用。高校始终是科技产业化的动力之源，肩负着知识创新的重任。管理体制的创新，就是要通过管理体制的协调、引导、激励作用，积极促进高校知识成果向产业化方向转变，实现教学、科研、产业的同步发展，使高校成为高新技术产业化的摇篮。

三、“和谐＋特色”的高校教育管理模式

（一）“和谐＋特色”的高校教育管理模式的内涵

“和谐＋特色”的高校教育管理模式的核心概念和价值体现归结为“和谐统一、特色发展”，其具体内涵为：为适应社会主义市场经济和时代变化的需求，从高校教育培养和高校自身发展角度出发，实施高校创新教育管理模式的变革，使高校的“党政教学”形成和谐的有机统一体系，从而使高校自身和培养对象共同发展的现代教育管理模式。此模式以人才素质教育和培养创新能力为宗旨，以高校自身发展为时代走向，以学教管为和谐经线，为社会提供特色服务和特色人才。

“和谐＋特色”的高校教育管理模式的终极目标体现在相互关联的两个方面的内容。

1. 和谐管理促特色学校

管理在学校工作中居主体地位，它对整个学校的工作起着计划、组织、指挥、控制、决策的重要作用。学校的管理必须遵循以下原则：社会性、方向性、整体性、民主性、科学性、规范性和有效性。同时，高校应根据管理原则和教育规律，建立一整套科学管理制度，促进高校各职能单位和谐共处，增强组织的内聚力；促进学校与社会、学生的和谐发展，增强学校的外张力。和

谐管理是社会性特色办学、特色学校的必然前提，和谐管理的过程是学校领导层、教师、学生、社会四维共同活动、相互作用的能动过程，其管理成果体现在学校的社会形象和学生的教育效果上。

2.和谐管理促特色人才

“和谐+特色”的高校教育管理模式要求学校的一切教育、教学、管理活动必须着眼于学生素质（政治思想素质、劳动技能素质、业务素质、审美素质等）的全面提高，必须将“素质”和“创新教育管理”和谐地联系起来，以素质为教育目的，以特色人才为培养目标，全面提高高等教育质量。如今，我们应将“和谐+特色”的高校教育管理模式作为高等素质教育改革的主旋律，并以和谐管理体制、德育首位、课程结构、教育格式、教育资源配置保证主旋律的实现。和谐教学要充分体现教师的主导性和学生的主体性，建立和谐的师生教学关系和师生人际关系，培养学生主动发展意识。和谐教学的教育成果体现在：创设以学生为主体、促进学生自我发展的情境，使学生形成自我意识、自我体现、自我监督、自我评价的能力，增强学生的创造意识、创新意识、创新素质，促使学生成为能适应社会变化和需求的特色人才。

（二）“和谐+特色”的高校教育管理模式的意义

1.优化高素质、创新型人才的成才环境

首先，和谐管理形成的特色学校优化了成才的硬环境，体现在和谐的校内外人际关系、良好的学校形象、优美的校园环境、现代化的教学设备等方面；其次，和谐教学优化了成就特色人才的软环境，具体体现在时代性的教学内容、优化的课程体系、创新的教学方法和学生的主体参与教学等方面。

2.使人的主体精神得到充分的弘扬

“和谐+特色”的高校教育管理模式不仅适应了知识经济和新经济时代的发展需要，而且培养了未来社会所需的人才，使人的主体精神得到充分弘扬，真正成为社会的主人。

（三）“和谐+特色”的高校教育管理模式的构建

“和谐+特色”的高校教育管理模式体系由一个指导、一个服务核心、三大管理模块构成。

1. 一个指导

一个指导是指以校长负责制和党政治思想引导、辅导制为指导。“和谐+特色”的高校教育要坚持社会主义方向，全面贯彻党的教育方针，党组织发挥政治核心和监督保证作用，校长全面负责，保证“和谐+特色”的高校教育管理顺利进行，并实现其终极目标：特色学校和特色人才。

2. 一个服务核心

一个服务核心是指以学生和社会为服务核心。生产力的不断提高促使社会不停地变迁，时代的变迁要求具有时代特征的人才。高校作为造就人才的航母，必须跟上时代的步伐，探索社会现在和未来的发展需求，为社会培养能够创造未来社会的各类人才。因此，“和谐+特色”的高校教育必须坚持德、智、体、美、劳五育并举，促进学生思想道德、科学文化知识、应用技能、身心素质等各方面的和谐发展，培养学生的个性特长和创造性，发挥学生健康向上的个性品质，培养适应社会需求的人才，为提高全民素质不懈努力。

3. 三大模块

三大管理模块是指整合管理模块、教学管理模块和后勤管理模块。

（1）整合管理模块。

整合管理模块是指学校党、政、工领导和各职能部门运用系统论、控制论、信息论等现代管理理论，建立健全学校教育管理体制，建立目标一致、和谐发展的教育集体。在整合管理中要加强各部门的岗位责任制和协调沟通，提高职能部门的工作效率和工作质量，为教学一线的教职工和学生提供通畅、满意、和谐的体制环境。要注重情感管理，建立和谐融洽的组织成员间的人际关系以及学校与社会的和谐关系，形成“内求团结，外求发展”的社会主义市场教育理念，为特色学校和特色人才的高校教育提供价值取向。整合管理中要合理配置教育资源，建立和谐合理的主客体关系，做到人尽其才、物尽其用、财尽其利，使学校教育工作取得整体优化的效果。

（2）教学管理模块。

教学管理模块分为教师的教和学生的学两个子管理模块。教管理模块要求加强对教师的培养和提高教师的自我学习能力，使之成为创造型教师并具有全新的教师观、教学观和学生观。教管理模块要求用创新教学方法和科学的课程结构体系对学生进行施教，充分体现学生的主体地位，激发学生的求知欲和学习兴趣，培养学生的独立探究能力和认知自我能力，从而真正实现素质教育和创新教育，为社会培养特色人才。学管理模块要求在教师、团委及学生会的指导下，充分调动学生的积极性、主动性，培养学生的创新意识和创新能力，使之成为“四会”（会学习、会做事、会生存、会做人）21世纪所需人才。

教学管理模块追求的是亲密融洽的师生关系和民主和谐的教学氛围，创造教与学和谐发展局面。在教学过程中，要形成教师主导与学生主体相结合，思维与情感、科学与艺术融为一体、和谐共振的课堂、课外教学环境，让学生真正具备社会所需的各种素质，从而创建特色教学和培养特色人才，实现“和谐+特色”的高校教育管理模式的内涵。

（3）后勤管理模块。

后勤管理模块是指后勤实行全面社会化管理，为学校、教职工和学生提供优质的后勤服务。后勤要创建完善的餐饮、医疗和学校基础建设等管理体系及规章制度，加强与其他部门和学生的情感沟通和协调，用“快、好、省”的实际服务体现后勤管理价值。

四、“三全育人”理念下的高校教育管理模式

教育高质量发展十分重要，社会对高校教育质量要求越来越高。如何培养更多高素质人才，如何通过教育创新培养国际化应用型人才，应该受到高校的关注。新时代背景下，社会经济不断发展，我国经济体制加速变革。信息化时代的到来，使互联网等技术快速普及，促进了我国与国外多元化思想的交融。当下，高校教育与管理模式也受到不同程度影响，这就对高校教育管理提出了更高的要求。需要将“三全育人”（全员育人、全过程育人、全方位育人）理念融入高校教育管理，以高校学生为主体开展工作，拓展新时代高校管理新思路、新方法。加快高校发展，充分发挥学校教学与管理的引领作用，加强高校教育管理机制的建设，实现创新型、高水平的学生培养。“三全育人”是全面系统的育人模式，这一理念提出后，要求高校坚持从“点、线、面、体”四个维度结合各方资源，建立一体化育人体系。

（一）“三全育人”高校教育管理的重要性

1. 促进教师队伍成长

“三全育人”理念在高校教育管理中具有十分重要的作用，通过全员参与、全面设计、立体推进，表现出育人过程的全面性。因此，“三全育人”对于高

校教育管理工作的高效开展具有一定的意义。其促进教师队伍的成长，使高校教育不断发展。以教师作为学校工作主体，其业务水平、专业素质、创新主动性的发挥，对于高校教学质量产生直接影响，也影响高校在社会中的地位及口碑，对于学生的成长也产生影响。“三全育人”在高校教育管理工作中的贯彻可以增强教师对于学生培养的认识，促进教师队伍的成长，为高校一流教育的创建奠定基础。

2.提高学生培养质量

“三全育人”理念的提出，增加了高校的办学特色，进而提高了学生的培养质量。在这一理念下，高校文化彰显出高校应有的办学理念、价值，也提升了核心竞争力。“三全育人”教育下，高校文化体现出其办学特色及文化品位。这些对于学生成长产生深刻的影响。大力弘扬“三全育人”理念，且不断地将这一理念融入高校文化建设，使得高校在“三全育人”理念下文化建设内涵得以丰富，发挥文化引领作用，增强办学特色，提升学校层次。

（二）“三全育人”高校教育管理模式创新

1.改革传统教育管理模式

“三全育人”体系的构建是一个系统工程，要明确落实培养内容、参与人员及制定周期。培养过程不局限于单一的在校培养，不只注重在校认知能力、依靠教师培养，还需要依靠教师、家庭的共同配合实施。“三全育人”根据高校实际情况规划，摆脱传统的育人模式，落实具体内容和周期，通过精心谋划改革和创新来搭建现代化教育体系。课堂教学是当下教学的主要手段，也是主要阵地。目前高校教育虽以人才培养为主，但其培训过程主要以课堂教学为手段。培养模式的局限对于综合性人才的培养具有局限性，应转变落后的教育模式，建立组织保障系统，明确分工，在教学、研究、后勤等多环节协同合作，推进教学管理工作的完善。改革以课堂教学为主的模式，使学生与教师在教学中可以实现互动，理论结合实践，将理论目标转化为技能，加大技能训练力度。另外，在“三全育人”理念下确定高校管理整体发展方案，推进目标并监督职能部门落实工作。建立健全管理队伍，根据学生不同需求，以不同引导方式管理，从不同角度解决学生的个性化问题，进而为社会储备有用的人才。

2.建设运营管理平台，完善完成学业模式

“三全育人”理念下高校教育要更好地服务于社会发展，构建以市场为导向的模式。“三全育人”理念下高校教育要加大教学改革力度，不断完善课程设计，强化学生实践能力培养，为学生适应社会提供实习机会。“三全育人”理念下高校教育培养不能以毕业为终极使命，需切实培养学生实际技能，为社会输送高质量人才。

“三全育人”理念下高校教育管理模式的重要载体是管理平台，通过这一平台的搭建，增强新时代思想文化教育感染力，使学生的思想受到影响。高校应以专业的团队，与当下管理平台相结合，建立个性化、智能化的教育管理平台，使学生可以方便操作，在平台中畅所欲言。高校可以根据学生意见了解他们的思想变化，优化管理。同时，高校要丰富校园文化活动，吸引学生参与，将平台信息与专业课程结合，定期更换平台信息，培养学生个人品质。对于有特殊需求的学生，可以因材施教，开发网络教育，对其开展管理。高校教育需要对经济社会未来的发展提供更好的服务，因此，“三全育人”理念下，还需要构建以市场为导向的发展模式，加大教学改革力度，不断完善课程设计，强化对学生实践能力的培养，提供实践机会，为社会技术革新输送高质量人才。

3.更新高校教育管理理念，创新学校培养办学模式

深化教育领域改革，强调现代教育体系建设，实现产教融合、校企合作，为社会培养高素质人才。产学结合是未来教育发展的方向，是教育改革探索新办学模式的产物，可以改变教育当前的窘境。创新学校培养的办学模式，校企联合提升学生质量，解决能力培养与需求脱节的问题。

“三全育人”需要通过实践不断地总结，在当下新经济发展时代背景下，高校需要通过各种思想文化教育，立足“三全育人”理念，对学生进行更好的管理，深化教育综合改革，加快现代教育体系建设，改变教育窘境。首先应该解决的是当下高校教育管理理念的问题。“三全育人”理念强调在学生成长的各环节，开展持续不断的全方位管理，那么就要求高校将学生思想教育与日常管理紧密结合，使学生可以不断地获得自身知识水平的提升。践行“三全育人”理念，提升教师、学生综合水平和能力。明确自身的价值，激发教师工作积极性、学术的创造性，使学生在高校学习中树立正确的世界观、人生观、价值观。在“三全育人”理念下，高校应重视育人管理，将教学、管理育人置于同样的位置，尊重学生个性化发展。关注各学习时期学生的不同心理变化，对不同阶段的学生酌情采取不同的管理理念。

“三全育人”理念下，高校应该建立有效的激励机制。完善激励机制，吸

引优质教师、管理人员，激发教师工作、学术创造性。建立科学的教师考评机制，改革考评方式、内容、对象，形成完整的教学考评机制。采用多元化考评方式，基于教师教学业绩、考试通过率、毕业率、获奖情况等综合测评，由专业测评小组打分。同时，需要家长广泛参与互动，学校定期与家长沟通学生表现，及时掌握其成长轨迹。可以通过家校联谊会来增强家长对学生培养情况的了解。“三全育人”理念下，高校需要建立符合需求的联合机制，产学研融合是我国当下高校教育发展的趋势。这种方式对“三全育人”理念下高校教育实施有推动作用。“三全育人”理念下，高校应该根据社会对人才的需求，设置适应社会需求的知识内容，学生学习后实习、考核，这种模式是符合社会发展需求的。“三全育人”理念下，实现校企联合机制，可以培养出更多的合格人才。

“三全育人”理念下的高校教育管理模式，需要高校各机制的配合，才能做好教学与管理工作，进而更好地实践“三全育人”理念。随着社会进步，科技的不断发展，信息技术在不断改变人们的日常生活，对于当下的人才也提出了更高的要求。高校为社会输送人才，作为培养人才的基地，需要与时俱进，对管理模式不断创新，清晰地意识“三全育人”理念对于当下高校教育管理的引导作用，并将其拓展至高校的整体层面，遵循时代规律，适应时代发展，因时而进、因势而新，紧随时代步伐，丰富教学内容，全面落实“三才育人”理念，让每一位教师不断提高自身素养，创新教学过程。以“三全育人”理念为基础，通过对学生全方位的培养，为社会输送更多的合格人才。

第三节　大学生参与高校教育教学管理

大学生是高等教育成本的主要承担主体，必然成为高等教育中最重要、最核心的利益相关者。大学生在享受高等教育收益的同时也有权参与高校教学质量管理，保障自己的权益，对进一步提高高校教学质量，实现高等教育内涵式发展有重要意义。随着大学生主体参与意识的逐渐增强，大学生参与高校管理已成为当今高校管理体制改革的一项重要议题。

一、学生参与管理的内涵

学生参与高校管理可以追溯到中世纪欧洲的行会大学。行会是同一行业者为了保护组织内部成员的利益而组成的。12 世纪初的波隆那大学是学生参与学校管理实践的典型，是具有代表性的学生参与高校管理的大学，这为以后对于学生参与管理高校的研究提供了重要的依据，也对后世学生参与高校管理产生了重要的影响。

20 世纪 50 年代的工作生活质量运动促使 20 世纪 60 年代立法保护人们的工作生活质量，其以参与管理为理论依据。同样，20 世纪六七十年代西欧发生了大规模的青年学生运动，才又把“参与”引进文化教育领域，此后，参与管理在西方高等教育管理中发展起来，主要表现形式是吸收中、低教职员及学生代表参加学校各级权利机构，如校董事会、评议会或校系各种委员会等。但是当时参与管理的大都是教师和学生，还有社会人员等以多元参与的形式通过一定的途径参与高校的管理，而学生参与高校管理的少之又少。

综合之前学者研究的概念，本书认为，学生参与高校管理是学生在高校管理过程中，拥有一定的参与高校管理和决策的权利，并遵循高校的教育目标和发展规律，采用参与形式调节高校管理系统内的各种资源，从而促进高等教育管理最优化，进而提高高等教育的教育质量。

二、学生参与高校教育管理的路径

（一）树立正确的学生参与高校管理的权利观

1. 高校管理者方面

高校管理者要树立“以人为本”的教育理念，高校管理的出发点和根本目的是为了人的发展，而高校最重要的主体组成部分便是学生群体，那么以生为本的理念就更为直接地体现了高校发展的规律与目标。在高等教育管理中，高校要树立这种以生为本的教育管理理念，赋予学生参与管理的权利，为校园管理创造和谐民主的氛围，回归到高校管理是为学生服务的根本上去。在我国，高校管理权利中一般占主导地位的是行政权利，学生权利往往游离在权利的边缘，高校应该改变传统的管理理念，真正实施“以人为本”的教育管理理念，把学生权利引入高校管理，让学生在高校管理中充分发挥自己的才能和创造力，这对高校管理的民主化具有重要意义。为此，高校管理者要解放思想，树立学生权利的新理念。只有高校管理者从根本上接纳学生权利，并将其吸纳到高校管理中，彼此在管理中相互协调，加强沟通与交流，明确学生权利在高校管理中的存在的必要性，学生参与高校管理才能得到基本的保障，也为学生参与高校管理的相关机构和制度建立和制定打下稳固的理念根基。

2.学生方面

高校管理要真正进行参与式的民主化管理，高校管理者转变权利观念是实现民主管理的前提，而学生作为高校的重要组成部分，是高等教育的消费者，因此，学生主体的权利观念的转变更为重要。学生应该从根本上认识到自身是高校管理的重要参与者，是高校管理实践的主体，而不是单纯的被管理者或所谓民主参与中的花瓶。高校管理的决策与学生利益息息相关，学生有权参与高校管理，处理与自身相关的管理领域的问题，如高校的教学评价、课程设置、后勤管理、学生生活等与学生关系密切的管理问题。

由于我国高等教育管理长期处于传统的科层制领导下，行政主体和教学主体在管理中成为学生权利的代理人。这种多层的委托代理关系中，管理者在代理管理事务时不能从学生的角度真正地为学生考虑，导致学生权益受到侵害。学生权益成了高校管理各方利益博弈的牺牲品，学生就该树立权利意识，表达自身在高校管理中的权利诉求，争取和维护自身的合法权益。另外，学生在争取权利的同时，要注重维护高等教育管理的平衡，本着高校和谐民主发展的目的，正确运用学生权利，充分参与高校管理事务，以推进高校管理的民主化和科学化进程。

（二）完善学生参与高校管理的权利组织

学生参与高校管理一般的形式有两种：一是学生作为个体直接参与高校管理；二是学生通过权利组织形式参与高校管理。根据我国高等教育管理的现状，学生个体参与管理的影响微乎其微，大多是以学生组织的形式参与管理。学生权利组织作为学生参与高校管理的权利载体，对于学生参与高校管理有着十分重要的影响。所以我们必须完善学生权利组织，以充分发挥其组织特性，取长避短，趋利避害，使学生参与管理的效能达到最优化。

1.加强现有学生权利组织的建设

在我国高校管理系统中，现有的影响较大的学生权利组织有学生会和学生社团等。学生会是高校主要的学生组织结构之一，是学生自身的群众性质的组织，它是联系学生和高校的桥梁和纽带。在这个组织中，学生自觉接受学生会组织的领导、督促和检查，积极支持学生会的各项工作。学生会是学生意志的代表，对学生负责，受学生监督。学生社团是学生为了实现社团的共同意愿和满足个人的兴趣爱好追求，自愿组成、按照其章程开展活动的群众性学生组织。学生社团是我国校园文化建设的重要载体，是我国高校第二课堂的引领者。但是在管理实践中，由于行政权利的泛化，这两大学生组织不仅是学生权利的组织，更是介入了行政的力量。学生权利在行政权利的领导之下，学生会的性质也悄然发生了改变，开始成为行政机构的附庸品，对行政组织负责，受行政组织监督了。那么在这一变化中，我们要维护学生权利就必须加强学生组织机构建设，减少行政权利对学生组织的控制，使学生组织有独立的权利机构，并拥有一定的自主决策的权利，以充分发挥学生组织独立参与高校管理功能。

另外，学生组织内部要加强对权利的监督。在学生权利的运行过程中，学生权利组织是学生充分发挥才能的一个舞台，可以集思广益为高校管理增添光彩，体现广大学生的根本利益和需求。但也有可能成为部分学生满足个人私欲的平台，失去赋予学生权利参与管理的出发点，为此，要加强学生权利组织内部各系统之间的交流与合作，建立健全学生组织内部权利规避和权利制衡机制，防止学生权利的过度集中，避免学生整体利益受到损害。

2.进行高层次的学生权利机构建设

现有的学生权利机构一般是处于行政管理主体下运行的，学生的权利不能够得到彻底的实现，学生的利益也不能通过现有的学生组织准确自然地表达出来，这就要求高校建立更高层次的学生机构，赋予这些学生机构以平等的权利参与与学生利益息息相关的事务管理。高校内部管理群体要实现多元化，防止行政权利泛化，不仅要引入学术权利，更要关注学生权利的参与。

在我国高校管理领域内，行政权利在高校管理中独占鳌头，学术权利和学生权利处于从属地位，特别是学生权利往往处于虚化状态，即使个别学生在高校改革中有机会进入校务管理委员会，但是缺乏学生组织强有力的权利保障，在高校管理中只能充当“花瓶”的角色，这种后续权利供给不足，就需要建立强有力的组织保障学生的切身权益。高校管理者作为一个整体，行政权利、学术权利和学生权利应该是其重要的组成部分，三方权利机构理应相互制约，相辅相成，进而形成一个运行良好的管理体系。

（三）健全学生参与高校管理权的法制体系

高校学生参与管理必须有完善的法律体系做保障，学生参与管理才能做到有法可依，并依法治校。在我国学生参与高校管理权利的现状本就不容乐观，而且在传统的教育管理理念中，学生权利意志受到行政权利和学术权利的压制，学生权利处于长期被忽视的状态，而法律是最强有力的国家强制性手段，立法保障学生权利对于学生能够真正高效地参与高校管理起到根本的保障作用。

1. 立法赋予学生参与管理的权利

我国学生权利在高等教育领域内长期被忽视，是由于传统教育观念的影响，但是学生权利没有得到合理运用的最根本的因素是缺少国家明确的法律条文的保障。在我国现阶段的高等教育法律条款中，几乎没出体现高校管理中学生权利的问题。甚至在教育法中，学生参与管理的法律规定也比较少见，在《21 世纪的高等教育：展望与行动世界宣言》和《高等教育改革与发展的优先行动框架》中规定的学生权利并没有真正体现在法律之中，只有在一些管理规定和学术论坛上有提及。学生权利没有上升到法律条文的高度，就不具备法律的规范性和普遍性，也就不具备具有普遍约束力的行为规范，在高校管理中学生权利的缺失也就无法诉求于法律的调整与规范，学生权利就处于一种无保障状态。缺乏法律对学生权利的强有力的保障，学生参与高校管理的路途就更为艰辛。有了坚实的法律后盾，学生可以通过各种方式行使自己的合法权利，保障学生的正当权益不受侵害。我国可以参考修订现在的教育法规，明确学生参与管理的权利，规定学生参与高校管理的权利范围，同时限制高校管理的专制方式，保障学生参与管理的权利。

2. 完善执法保障和司法救济制度

学生权利作为高校民主管理的重要组成部分，经过教育基本法的确认，明确了学生拥有参与管理的权利，这只是法律的书面规定，可能成为被高高挂起的一纸空文，所以在管理实践中就必须完善对应的司法救济制度，在高校管理中为学生权利保驾护航。学生权利在基本法中有了明确的规定后，进行进一步的法律规范和引导，保障学生在管理中的权利。当学生权益受到其他利益侵害时，如学生对高校侵犯个人合法权益或学生对高校的处罚方法和结果不满，完善高校的救济制度能够保障学生的合法权益。近年来，不少院校发生学生状告母校的案例，若是高校能够建立健全司法保障制度，如建立校园听证制度，使高校管理透明化，完善学生申诉和救济制度，建立相应的管理委员会，专门处理学生的申诉和实施对学生的司法救济，切实维护学生的切身利益，就不会有此类案例发生，从而保证高校管理决策的民主和法制化。

（四）建立学生参与高校管理的权利保障制度

在高校管理的具体实践中，学生参与管理的政策要落到实处，不仅要进行意识形态的转变、学生权利机构的建设和法律条文的规范，更需要在高校管理中健全学生权利保障制度，即在高校管理的一线打下学生权利坚实的阵地。在经济领域，制度就是用来约束权利泛化，追求利益最优化，所以应该有健全的保障制度来维护利益群体之间的平衡。在高等教育管理领域内也是如此，学生参与高校管理的权利处于弱势地位，更需要建立完善的高校学生权利保障制度来规范学校管理权利的运行，改变当下高校管理权利被行政主体独揽的状况，缓解学生行使权利日益增加的需求与高校行政主体垄断高校管理权利的矛盾。

1.完善高校管理制度

学生权利保障制度属于高校管理制度的一部分，要保障学生权利在高校管理中的地位，高校管理制度的完善就显得颇为重要。高校管理制度在协调行政权利、学术权利和学生权利中起着不可替代的作用，特别是在学生学习生活较为贴近的管理领域，如高校的评教制度，学生参与评教是高校学生参与最为广泛的管理领域，在评教中授权学生参与评教的决策，并对学生评教提出不同的意见和建议，虽然我国学生评教是学生参与管理反映较好的制度，但是由于受到不同因素的影响。特别是行政权利大环境下的约束，学生评教制度需要增强自身的监督才能保证学生意愿能够准确、顺利地传达出去，才能保证学生评教制度设立的初衷，进而提高学校的教学管理水平，以及学校的教育教学质量。除了学生评教制度，学生参与比较广泛的还有学生选课制，选课制也称课程选修制，即允许学生在学校所开设的课程中有一定的选择自己所喜欢的课程自由，包括选择课程类型、任课教师和上课时间，也适当选择适合自己的学习量和学习进程。选课制在我国高校的课程体系中体现为选修制，这是倡导学术自由在我国高校课程设置上的体现，学生除了本专业必须修的专业必修课以外，可以根据自己的兴趣爱好选择适合自己的课程，这样既能保证学生的专业技能的学习和培养，又能扩展学生的知识视野，为以后走上工作岗位打下坚实的知识基础，通过赋予学生充分的权利去配置符合自身的课程体系，也使学生在选择选修课程时，深刻认识自我的内在需求，挖掘自我的内在潜力。

2.健全人才培养制度，提升学生参与管理的能力

在我国，实行民主化管理对于学校来说比较常见，但是一般来说，学校的民主管理程度普遍偏低，学生参与管理就受到能力的限制。当代的大学生大都是满 18 周岁的成年人，接受多年的教育培养才踏入大学的门槛。随着网络社会的发展，学生通过网络拥有的知识更为丰富，加上学校所设置的课程，知识的学习达到前所未有的程度。尤其是我国提倡的素质教育，在知识学习的背景下，能力的培养已成为人才培养的重中之重。大学赋予学生参与管理的权利，吸纳学生进入教学评价、后勤管理、图书馆管理等高校管理领域，使学生深刻认识高校内部管理系统的运作规律。置身其中与站在旁边鼓掌相比自然更为精彩，也更能培养学生的管理能力，提高学生参与管理的效果，规避学生因为能力缺乏而滥用权利的消极影响，进而保障学生在参与管理中权利的良性运行。

三、促进高校学生参与管理的对策

随着教育民主化趋势的推动，我国高校管理的问题已经引起广大人民的关注，学生参与高校管理符合高等教育民主化健康发展的规律，虽然我国已经有许多高校进行了一些管理民主化的改革，但是却出现了种种问题。上文对学生参与高校的现状和问题进行了阐述和分析，追溯其问题的所在乃是学生权利的缺失，所以如何保障学生权利在高校管理系统中的顺利运行，这就需要各层次、各方面加强对学生权利的维护以保障学生权利在高校管理中的合理运行，进而加强学生的民主参与和高校的民主管理。

（一）多元主体路径的构建及运作

主体多元性是治理理论提倡的一个核心理念，这个理念所倡导的是不同主体之间，通过发挥自己自身独有的优势和能力，共同推进组织管理体制的最优发展。

在运用这一理念进行学校治理的过程中，要对学校管理的参与主体进行充分选择，只有选择合理的主体才能够使学校的管理更加完善。在学生参与学校管理过程中，选择的主体主要包括学校的管理者、学生自己、学校的主管部门。在这些管理主体中，作用表现最为明显的是学校的管理者和学校的学生，这两个方面的主体也是接触学校管理最为直接和与学校管理最具切身关系的人群。因此，在学生参与学校管理模式的探索过程中要高度重视对管理主体的选

择，只有选择合适的主体才能够发挥学生参与管理过程的最大效用。学生参与高校管理的多元主体策略的选择主要有下面几种。

1.学校要不断对主导职能进行强化

实际上，在我国现代社会发展环境中，学校扮演着学生的委托代理者的角色，其需主动地担负起更多的责任，并借助自身特有的职能推动学生的全面发展以及学校的发展进程。截至目前，学校的有关管理部门依旧是整个模式内的核心力量，居于主导地位。为此，应不断构建有效机制，促使学校各个管理部门间实现互动、相互配合，并引导学生积极参与进来，调动学校内部的一切力量促使学校的管理问题得到妥善解决。

2.在参与管理时，学生应加强自律

众所周知，学生在专业管理知识方面往往存在一定缺陷，因此一定要提高学生在参与管理过程中的自律性。唯有如此，才能从根本上防止学生参与管理的局面混乱的问题产生。

3.构建并不断完善学生参与责任体系

针对“学校管理部门主导学生参与”下的多元主体模式进行共同管理，理清该模式下二者间的责任关系，明晰职责，大力提升管理效率。应该积极构建健全的问责体系，将其上升到学校规章的层面上，构建起全套横向与纵向的问责制度。通过多元主体问责，可有效地将问责主体由同体延伸至系统外的异体，使体制中最高领导无人问责的问题得以解决。另外，问责主体是多个，而非单个，如此即可在制度层面上确保问责制得到有效的施行。

治理理论重点突出多元参与，也就是说，政府并非公共管理的唯一中心，个人、机构均可采取多样形式参与到管理中。实际上，学校党政部门的领导、行政人员、教师、院系辅导员及学生均属于学生事务的利益相关群体，在学生事务中，他们往往扮演着不一样的角色。具体地说，学校党政领导扮演的是学生的培养目标、学生事务相关政策以及学校发展方向的终极决策者的角色；作为学生和领导的中介，辅导员、学生工作部门行政人员、教师扮演着学生事务的服务者与指导者的角色；而学生扮演着参与政策制定、将学生事务各项政策付诸实践的角色，是学生事务的工作对象。因各个主体扮演的角色、承担的责任都存在差异，故在学生事务治理中三个主体所承担的职责也大有不同。但是，这三者之间具有相互合作、权利依赖的联系。

从学校领导方面来看，决策是其最根本的任务。学校管理者需要广泛收集学生与行政管理者的意见，将学生的诉求作为学校行动的指南，并且充分发挥学生的监督作用，保证学生的发展和改革，从而使得决策的合理性和公正性得到保证。高校的管理者一定要将民主作为管理的核心理念，尽可能地满足学生的诉求，促进现代化高等院校的发展。作为高校管理层，一方面应保证信息透明度，将有关决策的背景、具体实施计划以及目的告知全部教师与学生；另一方面应将管理的权利适当地交给教师与学生，保证他们积极参与其中。

实际落实过程中，高校管理者要将部分权利交给教师和学生以增强其参与管理的主观能动性，使得他们在管理和处理事务中具有主动权和自主权，为决策的合理性和公平性提供保证。比如，将某些自治权利交给学生，让学生具体负责某些活动或者事务；将指导学生的权利交给教师，提高教学质量和效率；等等。一旦出现矛盾或者利益冲突时，管理层要积极采用协调的手段，避免按照自己的主观意愿来达到目的。除此之外，高校管理者需要具有前瞻性。其属于决策人，在制定学校有关政策及规定时，需利用自己独特的视角来引导学生参与学校管理，构建发展的蓝图，为学生参与管理提供方向和未来。

从学生方面来看，学生是学校和学生相关决策的实施人员，是直接承担学生事务的重要人员，是学生事务治理的一大主体。同时，大学生是具备一定认知能力以及知识水准的、年满 18 岁的拥有完全行为能力的公民，完全具备参与和自身发展有关联性的公共事务的责任与能力。所以，学生应精神饱满地、充满激情地加入学生事务以及学校相关事务中去，以理性的态度与学校管理层共同商讨大家都关注的问题，积极勇敢地承担应该肩负的责任。同时，大学生必须转变观念，在思想上逐步形成“自己就是学校相关事务的共同生产者”的意识，要自觉地参与到学校相关事务中，承担学校管理的职责。通过对全球学生参与现状的分析可知，如今高校学生参与主要包括教务、校务参与和学生事务参与。在开展学生奖惩管理工作时，应具备程序性的载体与形式，为学生创造参与的可能，使学生既充分了解评定的手段与标准，又将申诉、质疑的权利赋予学生。目前，国内外的高校学生大部分通过学生评价教师制度参与教务。因各个国家的文化传统的差异以及高校的基本情况的差异，学生参与校务的方式也大不相同。考虑到我国当前的现状以及国情，目前可行性比较高的主要有学生会主席列席相关会议制度、重大校务告知制度、学生参议制度这三种。作为学生参与学校事务的关键媒介，学生会需负责促进学生和学校之间的沟通与交流、使学生合法权益得到维护等工作。学生会的组织功能是否可以全面发挥出来，这主要是由学生参与的有效性直接决定的。所以，对学校而言，加大力度建设学生自治组织具有深远的影响。针对此问题，在后文中将做具体阐释。

从行政人员、辅导员及专业教师来看，他们在传统管理模式中主要扮演着政策的实际控制者与实施者的角色，是行政运作的中心。然而，在以学生为中心的治理模式中却扮演着协助者的角色，对学生需要负责，需要充分满足其合理需求。

行政人员位于学生和学校之间，其要想做好本职工作，就必须尽可能地为学生创造资源、提供服务，积极鼓励学生参与学校及学生事务的管理，力求早日为学校、学生以及领导层建立起平等对话机制及发展空间。一旦学校和学生在利益中出现冲突矛盾，那么教师与行政人员有责任去协调双方关系，并尽可能地维护二者的共同利益。同时，他们往往还需承担辅导学生学习、教授学生治理技能、教育学生的职责。为此，教师与行政人员需尽可能地采用多样手段，让学生对其义务和权利、民主的内涵形成全面认识，尽可能地将学生参与学校管理的技能、知识教授给学生。要认真贯彻落实学校决策的意义、背景、目的、难度的宣传工作，建立学校与学生之间良好的合作关系，提升彼此间的信任度，相互理解。

（二）构建学生组织参与高校治理模式

学生组织是目前学校治理参与过程中的主要组织形式，要想建立完善的学生参与高校管理模式，就需要建立一个机制完善、运行合理的学生组织。在治理理论指导下的学生组织，应该是一个充满自由民主和具有针对性的机构。具体而言，治理理论下建立的学生组织在内部管理和决策方面应充满自由和民主，组织中的所有成员应公平地享有相对一致的权利，对每一件事情的决策过程都应拥有充分的决策表决权。因为只有充满自由和民主的决策环境，才能催生机构最完善决策的形成，也只有充满自由和平等的环境，才能够最大限度地激发组织成员的行动力。其次，学生组织的内部机构还应该具有充分的针对性，每一个部门的形成都需要以实际的管理需求和管理项目为基础。只有在需求基础上制定具有针对性的行动策略，学生组织才能够成为学校管理的中坚力量。另外，一个具有高效率的学生组织还应制定公平合理的入选和准入机制，在吸收学生参加组织的过程中不应存在不公平的制度和要求，只有这样才能够在最大限度上，吸收更多的人参与到学校管理中。

综上所述，为了更好地发挥学生参与学校管理的效率，应该在治理理论指导下建立一个自由民主、相对完善的学生组织。

（三）建立多元协作的高校治理范式

按照治理理论可知，其涉及的主体可以是不同行业、不同层次的行为。因此，民主对于学生参与到学校管理中非常重要。现代化的高校管理中，要积极地调整传统的理念，将以教师为中心的管理模式逐步转变成学生是管理的主体，利用学生自身的优势来提高管理水平，保证学生的利益不被侵害。要想达到上述目标，学校必须扩大宣传力度，将这种理念和观点落实到每个人的心中，积极鼓励学生参与到管理中来；改变教师传统落后的观念，帮助其树立民主化思想；构建科学合理的学生管理制度，把学生看作管理的主体，积极调整其反馈的意见和建议，从而使高校得以健康全面的发展。

同时，还要打造好高校治理的外部环境。近年来，国家为了保证学生能够参与到高校管理中，出台了很多政策法规，但还需要进一步完善，制定出更为全面、具体的法律法规，明确给出可行性的操作意见和标准，为学生参与高校管理政策的顺利实施提供依据和保障，创造有助于这项改革的政策法规环境。

第五章　现代高校教学的相关分析

第一节　高校教学的本质和特征

一、高校教学的本质

关于高校教学的本质问题，我国教育界比较有代表性的观点有以下几点：

（一）高校教学是一种特殊的认识过程

高校教学是在教师引导下学生掌握知识和认识客观世界的过程。学生是有意识的、具有能动性的主体，教材是他们的认识客体。教学过程就是人类认识过程的一种形式，受认识论一般规律的制约。学生在教学过程中掌握的认识活动并不完全等同于人类的一般认识活动，而是有其自身的特点：其一，间接性，即学生主要以掌握人类长期积累起来的科学文化知识为中介，间接地认识现实世界；其二，引导性，即学生的认识需要在教师的引导下进行，不能独立完成；其三，简捷性，即学生的认识走的是一条认识的捷径，是一种文化科学知识的再生产。因此教学过程又是人类认识过程的一种特殊形式。高校教学过程只有既遵循人类认识的一般规律，又充分注意学生认识的特殊性，才能达到科学化，才能使教学卓有成效。

（二）高校教学是以认识过程为基础，促进学生发展的过程

人们在认识客观世界的同时，也在改造着自己的主观世界，但其通常是自发、散漫的，没有确定的任务和目的。教学过程则不同，大学生正处于成长、

发展阶段，他们在教学中不仅有求知的目的，还有接受教育、全面发展的任务。教育活动是以变革主观世界，培养全面发展的人为根本目的的。在高校教学过程中，学生在认识世界的同时，智力、体力、思想品德、审美情趣和个性品质也都获得发展。

二、高校教学的特征

随着科技、经济和文化的发展与进步，社会对高校教学的要求日趋多样化，现代高校教学的价值观也发生了深刻变化。探索高校教学的特征是更新教学理念、认识教学规律与改革教学思路的前提。一般来说，高校教学具有以下特征：

（一）专业性

现代高等院校的性质决定了其教学必然具有专业性，这是因为高校的教学是以专业为教育单位而进行的，是通过学习专业性的间接经验而实现的，是为了培养专业人才而展开的。从课程结构上看，高校既有基础理论课，还有普通公共课程，这些课程最后都要归结到专业课程上。高校教学的专业性主要体现在：一要有较强的专业意识；二要有专业所需的基础知识和专业知识及解决实际问题的方法和策略；三要具备本专业知识的应用实践能力。尽管在不同的国家高等院校专业的口径和业务范围有着差异，但专业性都不同程度地贯穿在高校院校的教学过程中，这是世界各国高校共有的特点。

（二）教学内容具有前沿性和职业倾向性

学术是高校的逻辑起点，对知识的传递、批判和探索是高校永恒的主题。高校的这一特性就要求高校教学内容具有前沿性和职业倾向性。教学内容的前沿性要求高等学校的教学不仅要向学生传授已经有定论的科学知识和专业知识，而且还要向学生介绍最新的科学成就，各种学术流派和学术观点以及各学科需要进一步研究和探索的问题。这样才有助于启发大学生积极思维，走进学科前沿，深入某个学科领域，培养其创新和探索精神。

高校教学内容的职业性主要体现在专业人才的培养上，高等学校培养的专业人才是与社会职业相对应的。高校通过教学使学生成为医生、律师、法官、工程师、经济管理者和教师，等等，在社会中从事各种专门职业。由此可见，高校教学内容的职业性满足了人才培养的需求。高校教学内容的职业性还体现在创新职业上，因为新职业往往随着新的知识的产生而出现，高校依靠自身的知识优势，将新知识迅速转化为新专业，从而形成新职业。

（三）高校学生学习的独立性、自主性

高校的教学过程虽然也是学生在教师指导下学习间接经验的过程，但与中小学学生相比，大学生学习的独立性、自主性逐步增强。在高校里，大学生不像中学生那样以接受学习为主，而是需要自己去探索知识和发现知识。随着学生在大学学习年限的增加，从大一到大四，学习层次逐步提高，学生对教师的依赖大大减少，自我管理、自我选择发展方向的能力不断增强，学习的自觉性、独立性大大提升。教师的主导作用也会随着学生学习年限的增长而不断发生变化，由具体知识的传授逐步转换为方法点拨和思想启迪。

（四）教学与科研的紧密结合性

发展科学是高校的重要职能，这就决定了高校具有教学与科研相结合的特点。一般而言，高校教学与培养学生科研能力紧密相连，科研不仅是高校为社会服务的主要形式，而且也是培养新型人才，提高教师专业发展的重要手段。

事实上，在高校教学中很难将教学与科研分开，例如，教师查找资料是在准备备课，还是在准备科研论文，其目的很难界定。对高校教师来说，他们既是教育者又是研究者，这是高校高深文化、高深学问的性质所决定的。对大学生和研究生而言，学习专业知识和进行学术研究是共同发展的，从大学生的毕业论文到研究生的学位论文，都离不开科学研究。学习与科研相结合是当代高等教育发展的基本趋向。

（五）实践性

高校教学过程不仅要传授知识、技能与技巧，而且还要培养学生应用知识的能力，将抽象的专业理论知识具体化，培养学生从事实践活动的意识、态度和方法。从教学过程完成之后，高校的教学还要引领学生从学习转向实践，这主要体现在高校的实习、实践等环节中，特别是一些理工大学，社会实践活动在教学计划中的占比很高，充分体现了高校的实践性特点。

第二节　现代高校教学改革分析

一、现代高校教学改革的内容

现代高校教学改革主要侧重于高校总体实力的提升，在新理念的指导之下，严格按照教学改革目标的实际要求，将各种理论策略以及政策相结合，积极的突破传统的教学思想以及理念，改变原有的教学手段，教学方法，教学内容以及教学体制，积极推动教育教学水平的提升。具体来看，高校实施教学改革需要从以下几个方面入手。

（一）革新观念

教育观念是教学活动开展的“航标”，决定着教学的目的和方向。教学改革的首要任务就是要革新观念，摒弃落后的教育观念，结合新的社会环境，确立新的教学观念，逐步摆脱传统应试教育的束缚。如果进行教育改革，忽视了对于教学观念的革新，那么将会出现本末倒置的情况，教育改革无法得到真正意义上的施行。

（二）革新教学和学习方式

教育方式是教学观念在实践中的映射，教学观念的改革仅仅是从理论上和思想上进行改革活动，真正发挥改革作用的还是教育方式的改革。教学改革需要有明确的改革目标，一方需要提高教学质量，保证学校的教学任务能够顺利完成，学生通过在校学习，真正实现能力的提升。为此，高校应当以学生作为改革的重点考虑对象，将学生不适应或者不利于学生能力发挥的教学方式和学习方式摒弃，制定具有针对性的学生教学方式，保证学生和老师可以在实际教学活动中教学相长，各自得到提升。另一方面则是提高教学效率，保证在常规的教学时间里，学生能够最大化地对教学知识进行吸收，剔除对于学生发展没有积极影响的教学要素，优化教学资源配置，对于冗余的教学流程要尽量避免。教育改革不是一朝一夕可以实现的，需要一个漫长的过程，需要在不断的实践过程中，逐步确立先进的教学方式和学习方式，保证学生在有限的在校时间里，最大限度地提高自身能力。

（三）推动高等教育体制改革

体制改革是进行教育改革的根本手段，教育方式改革和观念改革所带来的改革效果都是暂时性的，只有从体制层面上，深化教育改革，才能保证教育改革的各项措施能够落实到位。而且，我国的实际国情决定了高校人才的培养都是在体制下完成的，一旦体制出现漏洞，或者与实际改革理念和方法不相符，那么改革势必无法长期、有效的推行。现阶段，体制改革已经成为高校教育改革的重中之重。高校教育体制改革的最终目标，是让高校内部管理机制与市场发展和教育环境相适应，充分发挥高校的教育职能和社会职能。

二、我国高校教学改革取得的成就

（一）统一传授知识与发展智能

从目前来看，我国高校教学改革已经开始关注自身发展模式的革新，以注重学生整体素质的提升为基础，不断地突破传统的教育模式，关注学生现有的发展，保障学生的培养能够符合时代发展的需求，积极地促进学生综合素质的提升。

（二）厘清了专才教育与通才教育的关系

我国高校教育教学的改革突破了传统的教学模式，充分地发挥了通才教育和专才教育模式的作用以及价值，针对现代化专门人才培育的实际需求，保障学生的综合素质能够得到提升，让每一位学生都能够掌握一技之长。

（三）正视了教师主导与学生主体的关系

随着我国高等教育改革的不断落实，教育人员开始积极地发挥学生的主体作用，保障教师能够与学生之间建立良好的信任关系，老师在整个教育教学的过程之中必须要对学生进行主动的引导。其次，高校教师还为学生提供更多的表现机会，更好地发挥了学生的主观能动性。教师开展的教学活动以学生的学习为基础，为学生提供了一定的学习方向。

（四）顺应了时代的发展潮流

自 20 世纪以来，我国的经济水平和文化建设发生着较大的变化，全球化趋势的不断加剧导致整个国际环境变得越来越复杂，我国高等教育在改革的过程之中结合了知识经济、市场经济以及高等教育国际化、大众化发展的实际需求，以个人的发展多样化为核心，不断地促进了教育网络化以及信息化发展，积极突破传统的大学教育思想理念，形成了较为先进的教学观以及学生观，将主题教育、终身教育、创新教育、素质教育相结合，积极推动了国际化人才培养模式的建立。

三、促进我国高校教学改革的策略

（一）树立创新型教学观念

1. 构建创新型人才观

构建创新型人才观，有利于促进高校树立创新型的教学观念，促进高校进一步实施教学改革。人才观是教育观的基本问题之一，对人才培养方向、未来人才衡量的标准以及教育实践、课程设置等内容都具有导向作用。高校是创新型人才成长的重要阵地，为满足社会对创新型人才的需要，高校的教学改革首先应从树立创新型的教学观念入手，构建创新型的人才观，坚持高效内涵式发展，不断提高高校教学质量。具体来看，高校可以从以下几个方面树立创新型人才观。

（1）打破学科界限，树立综合人才观。随着知识经济的到来，我国社会愈来愈呈现综合化、整体化的态势，科学知识与人文素养相融合，现代科学技术的发展呈现出在高度分化基础之上又高度综合的特征。学科门类越分越细，但学科之间的关系也日益紧密，相互之间交叉程度日益加剧。高校过细的专业设置和学科分类下所培养的人才显然不适应现代社会对人才的要求。现代社会的进步依靠多门学科、多种技术的综合应用，新的发现往往产生于交叉学科和边缘学科之间。这是因为人们拥有的信息量越大、文化素养越高，思想便越开阔，逻辑思维和形象思维就结合得越紧密。因此，高校课堂教学应将专才教育与通才教育相结合，打破学科专业之间的界限，突破传统教学的认识局限，树立综合人才观，提高学生的创新能力。

（2）强调以问题为中心，培养怀疑和批判精神。创新始于“问题”，因此，强化问题意识是高校培养创新人才的关键。提出新问题，或者从全新的角度思考老问题，往往产生新的发现与进步。“问题”是主体对外界事物的认知与思考，它有助于帮助个体突破思维定式的禁锢，激发个体的想象力和好奇心，对新出现的情况和新发生的变化及时做出反应。发现与提出问题，就是对已有事物或理论的怀疑和批判，只有这样才能突破已有认识的局限，由已知进入未知。因此，教师应注重激发学生的问题意识，培养学生的怀疑精神和批判精神，激发学生的探索欲望，鼓励学生主动发现问题、探索问题、主动创新。

（3）重视人的非智力因素，造就独立创新人格。智力活动在创新能力发展中具有重要的作用，但是创新能力却不仅仅是一种智力活动，更是一种人格特征，一种稳定积极探索问题的心理倾向，一种追求创新的精神意识，更是一种不断适应社会发展的应变能力。因此，在高校教学过程中，教师应当注重培养学生的注意力、观察力、记忆力等智力因素，注重发展学生的兴趣、动机、情感、意志、性格等非智力因素，促进二者协调发展。

2. 构建创新型教学观

构建创新型教学观是高校教学改革的主要内容之一。随着时代的发展与变化，传统以认知为中心的工具理性教学观逐渐暴露其局限性，教学忽视了人生命活动的生动性、复杂性等特征，以认知的确定性代替，割裂了教学与人实际生活的联系，造成教学机械化、程式化，进而阻碍了创新型人才的发展。因此，提高人才培养质量，必须从发展人的角度建构新型教学观，以人的实际生活为基础对象，注重动态的变化和创造，注重教学过程的生成性，关注个体差异。总之，创新型教学观是以动态的、开放的眼光看待教学。为顺利实现高校教学改革，高校需要从以下几个方面构建创新型的教学观。

（1）从“学会”为中心到以“会学”为中心。传统教学目标是让学生“学会”已有的知识和技能，强调学生对知识和技能的掌握，重视获取知识成果和累积信息。随着科技社会的到来，人才培养的需求发生了变化，因此，高校教学应围绕着“教会学生学习”而展开，强调学生掌握学习的方式方法，自行获取知识和技能，并能自主运用知识和更新知识。要实现“以学会为中心”的理念，高校必须贯彻新的思想观念，改变传统“教师讲、学生听”的教学模式，利用具有探究性质的教学方法，通过“提出问题—解决问题”的基本方式，使学生在学会结论性内容的基础上，提高自身应变能力和实际应用能力，以培养学生的创新精神，提高综合素质。

（2）从以教师为中心到以学生为主体。高校必须将“以教师为中心”转变为“以学生为主体”，这是创新人才培养的首要观念，没有主体地位就谈不上主动性、创造性。它要求以教师为主导，即教师引导、组织课堂教学，教会学生怎样学习，使学生积极主动地获取知识、发现知识。以学生为主体，就是让学生掌握学习的主动性，自觉、独立地学习，创造性地解决问题。以学生为中心的课堂教学，是从教师和学生集体智慧的博弈中去矫正学生对教学内容的错误认识，由此促进学生创造性思维的发展。

3. 构建创新型学习观

高校教学改革以实现学生的全面发展为主要目标，同时构建创新型学习观，对促进学生的全面发展发挥着重要作用。所以高校实施教学改革需要构建创新型学习观。一般认为，学习观是指学生个体对知识、学习经验的认识，也有人把它看成是学生个体对知识和学习的一套认识论信念系统，它涉及对知识性质、学习性质、学习过程与学习条件等维度的直觉认识。学习观是人们对学习活动本质属性的认识和看法，对教师教学方式和学生学习方式的选择具有决定作用，影响着教育教学效果和人才培养质量。创新性学习观作为一种科学的学习观，强调学生学习过程中的主观能动性，强调个体积极主动地建构自身的知识结构，强调学生的创新精神和实践能力，有助于实现个体自学能力、创新能力和整体素质的共同提高。要想构建创新性学习观，高校需要考虑以下几个方面。

（1）接受式学习与自主性学习的统一。创新型人才的学习方式应该是接受式学习与研究性学习紧密结合的方式。作为传统的学习方式，接受式学习在培养创新型人才方面存在固有的弊端，但是在传播人类文化的精华、促使学生短时间内掌握大量知识方面发挥着不容忽视的作用，而且，学生也不可能完全通过自主发现来重新建构所有的知识。因此，我们不能全盘否定和抛弃接受式学习，但也不能将接受式学习作为唯一的学习方式，而是应将接受式学习与研究性学习相结合，研究性学习要求学生能够有效掌握和运用知识，发挥主观能动性，自主学习，合理设定学习目标、选择学习方法、安排学习时间、积极自我评价等，还要求学生能够围绕问题展开探究活动，并做出合理解释，积极与他人交流与合作，从而培养创造性思维和创新能力。实际上，在当今新知识和新技术不断涌现的知识社会中，接受式学习与研究型学习完全独立分开是不存在的，二者相互依存、互为补充，一方面，要继承人类在长期的社会实践过程中形成的知识和经验，另一方面，则要发扬与创新各类知识，使其与时俱进，引领社会发展。这是知识经济时代对创新型学习理念的要求。

（2）创新精神和实践能力的统一。从创新教育的角度来说，创新型人才应当既有创新精神，又具备创新成果转化能力，即实践能力。传统学习观将对知识的记忆作为掌握标准，这种情况下，学生的学习兴趣被泯灭，创新精神很难培养，最终影响学生的创新发展。因此，要建构旨在培养创新精神的学习方式，鼓励学生质疑书本知识，培养学生的怀疑精神和批判意识。另一方面，实践出真知，真正的学问是产生在实践过程中，通过对知识的内化与运用，形成的一种能够灵活运用的个性化智慧。因此，应充分重视实践活动对学生创新意识和创新能力的发展价值，提倡“学以致用”，积极引导学生在实验活动和实践活动过程中养成乐于动手、勤于实践的意识和习惯，达到创新精神和实践能力的双重合一。

（3）学校学习与终身学习的统一。在学校的学习过程对个体的发展有着重要的影响，学校教育所给予的知识成为个体发展的基础，但是在知识爆炸、日新月异的当代社会，仅靠在学校所获得的知识是难以适应时代发展的。因此，在学校学习的基础上，个体应不断地学习，唯有如此，才能生存。学生应当树立终身学习的理念，在接受学校教育的过程中，除获得知识以外，还应学会获得知识的方法和能力，包括学习方法的运用、学习资源的获取等，培养自己能够终身发展的潜能和资本。

（二）设置完善的课堂教学目标

教学目标是教育教学的出发点，也是教育教学的最终归宿，它是教师对学生预期的学习成果。教学目标在整个教学活动中起着“核心”作用，即任何教学活动都围绕教学目标的实现而展开，是整个教育目标体系的终点和关键。为进一步促进高校教学改革，高校可以从以下两个方面设置完善的课堂教学目标。

1. 教育目标的综合化

在教学过程中，理性教学目标是学生对知识、技能的掌握和运用，非理性教学目标则是学习的兴趣、动机、态度和思考力、判断力和表现力，二者相辅相成，缺一不可。

首先，培养创新型人才应当确定理性教学目标。理性教学目标是引导学生掌握、运用学科知识和技能、培养学生创新能力的目标。学科知识是学生健康发展、学校顺利开展教育活动的基础和中介，学科知识以及其内在的逻辑结构是任何教育活动组织和实施的依据。知识为创新提供了原材料，创新是知识的转化与整合。但是知识的性质、质量不同，对学生创新能力的影响也不尽相同，并不是所有的知识都有助于创新，都能成为创新的动力与源泉。教育教学过程中确定的理性教学目标，不仅是让学生掌握基本的学科知识，还应掌握高质量、有助于创新能力培养的知识，比如逻辑上有必然联系的知识、程序性而非事实性的知识、以主题为中心构成的结构性知识，这些目标强调知识之间的联系性，学生面对问题时能够主动结合已有的知识形态，结合问题状况不断深入思考，增强了思维的灵活性，提高了创新的可能性。

其次，突出对学生非理性教学目标的培养。非理性教学目标是相对于理性目标而言的，其反映的是创新人才发展的内在要求，是创新思维不容忽视的素质。从心理学角度讲，非理性因素主要包括意志、灵感、直觉、欲望等。也就是说，教学目标不仅包括理性教学目标，还包括情感、意志、个性等非理性目标。

2. 重视高阶能力的培养

高阶能力，是以高阶思维为核心，解决复杂问题或复杂任务的心理特征，是学习高阶知识、发展高阶思维和实现知识迁移的能力，主要包括创新、决策、问题解决、批判性思维、协作等系列能力，高阶思维是其核心。进一步讲，高阶思维是发生在较高认知水平层次上的心智活动或较高层次的认知能力。在教学目标分类中通常表现为较高认识水平层次的能力，如发现问题、分析问题、评价与创造的能力。高阶学习是指运用高阶思维进行有意义的学习，在高校教学改革中，教师应当结合时代发展要求和学生发展的需要设定教学目标，注重对学生高阶思维能力目标的设定与实现。

（三）实施多元化教学方法

教学方法是指教师和学生为了达到教学目标、完成教学任务而开展教学活动的方式、途径和手段。课堂教学方法的改革是高校课堂教学改革的直接体现。以创新型人才为培养目标的教学方法，应当综合考虑高校培养目标、教学内容的前沿性和不确定性以及大学教学活动的特点等因素，注重对学生自学能力、研究能力、实践能力、合作精神和创新精神等方面的培养。因此，高校教学方法既要反映教学方法的一般要求和本质，又要体现高等教育这一特定阶段或场域的特点。教师进行课堂教学时，要依据每堂课构建的教学内容，选择能够提高学生学习积极性和主动性、活跃学生思维、提升学习和研究品质的教学方法，坚持教学方法的灵活性和多样性，而不拘泥于某种单一的教学方法。

1. 合理使用传统教学方法

对于传统教学方法，如讲授法，高校应合理选择、恰当使用，而非一刀切地摒弃。这是教学内容的需要，有些专业课程的教学内容使用传统教学方法能够更高效地完成教学任务，实现教学目的。高校教学活动通常以课堂教学为主，因此在课堂教学过程中，如何组织和保证教学活动的顺利进行就成为教师必须面对的首要问题，由此也就决定了教师在课堂教学活动中的主要地位和作用。而且对于所授课程的基本原理和规则的说明和解释依然离不开教师的讲授分析、论证及演示。由此可见，传统教学方法依然发挥着保障教学活动的作用。

2. 多元组合新型教学方法

综合采用或组合新型教学方法（如案例教学法、项目式探究、情景教学、机遇问题的学习等方法），既可以帮助学生学习内容知识和技能，也有助于提高发散思维能力、批判思维能力和创新思维能力。

（1）案例教学法。案例教学法是将性质相同的情形作为一组案例，分析同一类现象，并从中提出一个观点，从不同角度理解某个结论普遍意义的教学方式。其关键是通过设置中心明确的案例和讲解掌控得当的方法，变授人以鱼为授人以渔，教师通过帮助学生认知解决共性问题的思路和逻辑，加深对重要观点、原理的理解，并进一步就类似问题提出发散性、创造性的解决方法和方案。案例教学强调教师的引导作用，教师将讨论问题的范畴与概念交给学生，并引导学生进行理论分析，建构解决问题的思路与框架，从而使学生系统地思考问题，真正进入创造性的学习状态。在分析事物或事件时，培养学生发现问题关键的敏锐性与洞察力，即善于从一个不经意或被人忽略的事态中感悟发现主导时间本质或决定事态走势的真正因素，这正是挖掘创新素质的基础，重点是要建立一个有理论指导的分析框架。在此过程中，教师发挥着重要的引导作用，要激发学生讨论和对问题的分析，引导讨论并帮助学生发现不同思考问题、解决问题的路径，而教师学识、实践经验以及语言指向性等对学生有着巨大的影响。通过案例教学可以让学生在复杂形势下练习自己做决策，允许学生去发现一个问题的多种处理方法以及它们的应用情况。案例教学法极大地调动了师生参与的积极性，彼此相互激发、相互影响。

（2）探究式教学法。所谓探究式教学，即从学科领域或现实社会中选择和确定研究主题，在教学中创设一种类似于学术（或科学）研究的情境通过学生自主、独立地发现问题，调查、收集与处理信息，开展交流与合作等探究活动，而获得知识与技能、情感与态度的发展，特别是探索精神的提高和创新能力的发展。探究式教学以师生平等、友好、互动的讨论和交流形式为主。探究过程中，教师旁听、引导研讨、听取学生的想法与意见，解决相关问题。探究的形式可以有多种，比如研讨会，即任课教师根据学科特征和学生情况，为学生提供相关书籍或资料，要求在规定时间内完成相关任务，在课堂上以探讨的形式进行交流。在此过程中，课堂主要以交流讨论或研讨的形式进行，讨论的问题具有一定的难度，并且学生在课下已经对该问题进行过相关资料的收集与思考。在讨论过程中，教师发挥主持人、组织者和引导者的作用，不会简单地肯定或否定学生的意见，而是鼓励和启发学生，必要时给予及时的帮助和指导，整个过程主要由学生自己完成，以充分发挥学生的主体作用，调动学生参与的积极性，促使学生在掌握新知识的基础上获得科学研究的方法，并让学生形成主动学习和思考，提出问题、解决问题的意识与习惯，提高学生自主研究和独立探索的能力。

（四）深化拓展教学内容

教学内容是教学活动中最有实质性的内容，是人才培养的知识载体。就其本质而言，它是为了实现教学目标，依据课程内容和教材内容，结合人才培养目标与课程目标组织编排的学科知识或信息。教师将教学内容创造性地呈现出来，将有助于高校教学改革。

1.拓宽教学内容范围，促进教材活页化

现代科学技术的迅猛发展加剧了知识和技术的高速度增长和更新，如果教学内容仍然停留在十几年前甚至更早期，那么必然会落后与时代发展，不利于创新人才的培养。因此，要实现高校教学改革，就应当更新教学内容，使其体现时代发展特征。教师应融合学科发展的前沿内容，根据时代发展和大纲要求，在尊重教材原有稳定理论知识的前提下，重新分析已有的概念和原理等，合理取舍、组织和加工，赋予其新内涵和新要求。促进教材活页化，需要教师及时收集整理相关的学科前沿知识、最新科技成果、新问题、新发展等，并将其应用到相应的教学内容中，使教学内容追随甚至引领时代发展，体现出时代特色。教材活页化有利于更新学生的知识结构，激发学生学习的积极性和主动性。这也要求教师不仅要吃透教材的内容，更要具备广博的知识和丰富的实践经验，以及对教学对象的了解和对教学艺术的把握，如此才能掌握传授知识和发展能力的要点。

2.淡化学科之间的界限，强调学科综合化

随着科学的不断分化，各科学领域之间相互渗透、交叉和融合，加强跨学科教学成为培养创新型人才所要面临的重要问题。一方面，不论是自然科学、人文科学还是社会科学，都不同程度地出现相互整合的趋势，同时，科学技术往往在交叉点处取得创新与突破，而创新型人才不仅要求具有高深的专业学科知识，更强调知识的广博性，达到举一反三、触类旁通的境界。因此，加强跨学科教育，能够为社会发展、创新型国家的建设提供新型的综合性人才，更有助于学生个体形成终身学习的能力，以适应未来社会的变化与发展。首先，教师应实现本学科范围内教学内容综合化，根据学生的能力和水平统筹考虑和安排课程，改造与重组学科知识内部结构，形成纵横交错、彼此相互联系的知识结构；其次，教师应使教学内容突破本学科的知识范围，打破学科间的界线，加强与其他学科知识间的联系，帮助学生将各学科知识融会贯通。为此，教师不仅要研究和掌握本学科的教学大纲教材，还要研究邻近学科的大纲教材，将相关知识集结成网络融入教学内容中，实现教学内容在更高层次上的综合化，不断提高学生综合、灵活运用知识解决实际问题的能力。

（三）加强校园精神文化环境建设

大学校园精神文化环境能塑造学生的人格和精神品质，深刻地影响着学生的精神生活和健康成长。校园精神文化环境的内涵十分丰富，积极向上的学风、校风，丰富多彩的校园文化生活和优雅的校园环境对于学生陶冶情操起着极其重要的作用。

加强大学校园精神文化环境的建设就要营造适合大学生学习的氛围。大学应具有大学精神和精神追求，这种精神就是一所大学历史积淀的产物，也是其不断创造、追求和传承、发展的结果，是一所大学的灵魂。在具有大学精神的校园中，学生的学习能够得到持续的影响和熏陶，这种对素质和能力的培养比具体的知识更为重要。

只有营造适合大学生学习的氛围，才能激发学生对于学习的兴趣和追求。加强校园精神文化建设，学校还应在文化活动、社会实践、科技活动等方面的工作上加大力度，努力营造崇尚科学、锻炼能力、提高素质、全面成才的积极健康的学习氛围。学校应充分调动学生的积极性，发挥学生的聪明才干，大量举办各种高质量高水平的学术讲座，营造出浓厚的学术氛围，激发学生对新知识的好奇心和求知欲，鼓励学生为追求真理大胆质疑，提高他们的思维水平和创新能力。

第六章　现代高校教学的创新路径

第一节　现代高校教学模式的创新路径

一、慕课教学模式

（一）高校慕课的教学模式概述

慕课即 MOOC，顾名思义，指的是大规模、开放式的在线课程，学生可以在互联网平台上看到丰富的教学资源，选择适合自己的课程进行学习，在学习活动中拥有了自主权，主体地位得以充分彰显。学习对于学生而言不再是一种负担，而成为一种乐趣。具体来说，慕课或私播课 SPOC 按教学运行模式的不同，可以分为混合式教学模式与全自主学习模式。高校采用两种慕课教学模式，更有助于学生找到适合自己的学习模式。不论是混合式教学模式还是全自主学习模式的教学目标，都更侧重提升学生综合能力和学习兴趣。两种模式都鼓励师生和生生间开展协作学习和互动学习。混合式教学模式与全自主学习模式在以下方面存在异同。

1. 两种教学模式的教学活动安排差异

混合式教学模式是线上自主学习和线下授课的结合，学校安排线下专门指导教师与线下集中指导课时。学生除自主在线学习外，按线下指导教师要求完成课程学习各环节，如答疑辅导、随堂测试、线下考试等。线下授课主要采用大班授课的模式，在大班授课的形式下，教师还要组织学生进行小组汇报。全自主学习模式不安排线下专门指导教师，不安排线下指导课，由学生全自主在线学习，完成学习各环节，包括在线测试，并参加线下考试。根据教学需要，适当组织学生分组讨论，学生分组讨论具体由助教负责组织。为方便管理，学生选择全自主学习慕课课程后须加入相应 QQ 群，开课后修课及考试等相关通知一律在 QQ 群里发布。

2. 两种教学模式的日常教学运行管理负责人不同

学校自建课程，由课程负责人及所在学院负责日常教学管理，并根据实际需要决定采用混合式教学模式或全自主学习模式。引进课程，若采用混合式教育模式，则由线下指导教师及所属学院负责管理；若采用全自主学习模式，则委托学校其中一个院系管理，由院系指定一名教师负责。

3. 两种教学模式的课程引进范围差异

混合式教学课程是从课程“985 工程”高校的名师名课，或课程所属高校的该学科领域在全国排前 10%，或有全国教学名师与世界 500 强企业专家参与制作的创新创业领域课程，或国际一流大学的全英文教学课程。但实施全自主学习模式的引进课程，先从 C9（联盟）高校的课程进行试点，学校根据试点效果，再确定是否逐步扩大范围。

4. 两种教学模式工作量计算差异

混合式教学模式课程，教学工作量按学分学时计算。同教师同课程同学期开设多个课堂时，第二及以上课堂教学工作量只计算线下部分课时，即实际集中指导课时。全自主学习模式课程，按每门课程按 8 学时计算。学分学时是指课程学分对应的学时，1 学分对应 16 学时。

5. 两种慕课教学模式都具有实现学分互认的可行性

学分互认是以学习结果的等价性为前提的，只有当学分互认的两门课程在学习时间、学习内容、考核评价等级等方面相等或类似时，学分互认才能发生。传统课程和慕课课程要实现学分互认，慕课的学习效果一定要与传统课程的学习效果具有等价性。校内大部分慕课课程采用的是混合式教学模式，学生需要参加一定的线下课程；少数慕课课程采用的是全自主学习模式，学生需要参与线下考试。所以慕课课程和传统课程在学习时间、学习内容或考核评价上存在一定的相似性，具有进行学分互认的可操作性。

（二）高校慕课教学管理内涵

慕课逐渐融入高校教学，慕课与传统课堂教学结合或传统考核方式结合。因此，高校教学管理模式和方式需要进行一系列的变革。慕课教学管理工作需要进一步优化流程，创新教学管理机制，形成具有慕课课程特色的教学管理模式。

慕课课程教学管理涉及课程提供方、教师、学生、慕课平台等要素管理，涉及课程遴选、课程评审、课程上线等流程管理，包括学生选课管理、学生学习过程管理、教师教学过程管理、教学评价管理、课程建设管理和慕课平台管理等方面。慕课教学管理工作需要在线上和线下同时开展：线上教学管理工作包括慕课平台管理、组织学生线上学习、确保课程的线上答疑环节的顺利进行、通知学生按时参加慕课线上考试等方面；线下教学管理工作包括安排线下辅导课、组织小班讨论课，线下考务管理与成绩管理，为建设慕课的教师团队提供服务和培训支持，培养慕课助教作为慕课教学管理辅助力量等方面。

1.慕课的教学过程及基本特点

（1）慕课的一般教学过程。由于学习者人数众多，学习程度、学习要求和学习目的差异大等原因，能够为学习者提供丰富多样、便捷灵活的教学过程是慕课教学模式的一项重要内容。慕课的教学过程一般包括课前、课中和课后三个环节。

课前：根据学生的个人情况，由比较知名的教师针对本节课的教学重难点提前录制好10分钟左右的短视频，让学生课前自主观看，进行自主学习并思考相关问题。

课中：由教师向学生讲解、答疑并讨论课程，教师的主要任务不是讲知识而是引导学生积极讨论，解答学生疑问，同时设计与课程相关的“通关问题”，学生在回答完毕后才能继续进行学习，教师有针对性地指导学生，激发学生学习兴趣。另外，所有选课的学生被分为多个讨论组，模拟真实的课堂互动，对于不会的问题可以进行集中讨论，学生独立思考后，可在课堂发表个人看法。

课后：有课后巩固测验，包括有期中和期末考试。在课程学习结束时，经过动态的、多样化的课程评价后，部分课程会有相关学校颁发的结课证书。在具体教学过程中，教师和学生分别承担着各自不一样的责任，改变了过去教师“一言堂”，学生被动接受知识的传统教学模式。学生通过在课前自主观看教学视频的方式提前主动思考，提高了自主学习的能力。面对学生的自由提问，教师在课前也要认真备课，课堂准确答疑。课堂上设计的“通关游戏”可以帮助老师及时了解学情，掌握学生的学习情况，同时充分调动学生学习的积极性。

另外，小组讨论和课堂发言的形式都有利于学生学习探究能力的提高。课后的达标测验和多样化动态评价能够及时检验学习效果，方便学生查漏补缺。

（2）慕课的基本特点。从慕课（MOOC）的名字就可以看出它自身的一些基本特点。组成它的四个单词“massive”“open”“online”“course”分别代表了“规模”“开放”“在线”及“课程”。每个字母所表示的含义就是一个区别于传统课程的不同点。

“massive”是指大规模的。慕课的大规模首先体现在参与课程的学习者众多，单看“course”一个慕课平台截至 2018 年末的学员注册量就达到了 3700 万，根据 Class Central 统计，截至 2018 年末，累计慕课注册人数已经超过 1.01 亿。由于慕课面向世界各地，面向所有的年龄段，而且不受传统课堂的人数限制，只要上线就可以随时随地进行课程学习。所以，一门课程可能有上万人学习。其次，大规模还体现在参与合作的高校众多，截至 2018 年末，在全世界范围内参与慕课平台，与其合作的机构和高校的数量超过 900 所。最后，慕课有众多课程种类可供选择，包括人文、社会、医学、经济、政治、艺术、信息技术、教育等众多领域，可以满足学习者的不同需求。随着慕课的不断发展，课程学习者、参与院校以及合作机构也会越来越多，涵盖课程内容也会更加全面。

“open”是指课程的开放性，意思是对于学习者的身份没有限制，只要是对这门课程感兴趣的人都可以自由学习。慕课的开放性遵循了教育公平的原则，它能够保证网络可以平等享有课程学习的权利。不管是从一开始的注册，到根据兴趣爱好进行的课程选择，再到课后的自由讨论和参加相关课程活动，以及到最后动态化的课程评价，慕课都向学习者完全开放并且允许他们自由选择。慕课大多数课程是免费开放的，可以自由下载和传播，这让每个人都有机会学习世界顶尖高校或教授的课程，有利于教育资源的共享，推动全世界公平教育的发展进程。

“online”是指课程在线，具有超时空性，这是区别于传统课堂教育的一个关键。慕课的所有课程都是基于互联网，这就要求学习者必须通过网络进行在线学习。这一课程属性体现了慕课的超时空性，它不像传统课堂教学一样受到地理条件和时间的限制。学习者不必非要在规定的时间坐到教室才能学习，可以完全摆脱这些束缚，自由选择时间和地点进行在线学习。这也给一些由于时间或者空间受限而无法随时学习的人提供了学习的途径。同时，慕课不只是课程在线，课后作业、测试以及课程评价也都是在线完成，无须实地，不受限制。

“course”作为“MOOC”的中心词，指出了慕课的基本性质是一门教学课程，是区别于一般网络在线短视频的。而其他三个词则是对这门课程的修饰，也就是慕课这种课程的一般特点。Course 要表达的课程含义，区别于简单的网络短视频，它不仅是精品课程的设计和开发，不是简单地把重点完全放在课程视频的内容上。它是一个完整而丰富的动态过程，包括课程开发、设计，网络运行、调试，课程资源搜集、整合，课堂运行、结束以及课后评价方式的选择，等等。

2. 高校慕课平台服务

（1）高校慕课平台的服务方式。高校慕课平台作为信息时代的产物，是围绕着教学者、网络和学习者的一种立体化课程服务形态，是统整了线下课堂和线上网络等媒介，为课程的教学和实施带来了师生交流、生生交流以及学习者与世界交流的新方式。

大部分高校慕课平台一般会提供两种服务方式：虚拟课堂服务方式和录像点播服务方式，以满足各类用户的不同需求。虚拟课堂是传统的线上形式，通过远程视频实现教学人员和学习者的互动从而完成学习，录像点播是将课程资料发布至数据库平台，让学习者自行点击获取。

（2）高校慕课平台的服务内容。高校慕课平台服务内容包括以下几点：一是解决用户提出的问题；二是整理并分析用户需求，从而提高用户对高校慕课平台的使用效率；三是结合信息技术，进行平台的有效创新。比如，为管理用户提供信息筛选等管理功能，为课程发布者或教学人员提供平台的资源使用、资源共享等服务。

高校慕课平台服务的内容主要是对平台的使用者、课程和资源的搜集、组织和管理，在此过程中也倾向依赖于平台管理人员的专业能力，将平台的管理充分融合在服务的过程中，满足用户对所需信息的获取、选择、利用的需求，达到服务的目的。高校慕课平台的服务内涵要求清晰地确定以用户而不是管理者为主的主体，集合以人为本的核心思想，本着创新的目标，充分挖掘用户的需要，满足用户的实际需求，实现有效率、有特色的服务。

（3）高校慕课平台的建设与优化。高校慕课平台在高校教育的发展道路上尤为重要，它在为教学人员或课程发布者、学习者提供一系列服务时，也是一个按照一定顺序和步骤逐渐进步完善服务的过程。高校慕课平台在为其用户提供服务的过程中，应当找出问题并解决，更好地为用户提供服务。如何整合高校慕课平台提供的信息、更好地为课程发布者或教学人员和学习者提供更高质量的服务成为各高校慕课平台应该考虑的重要问题。

①信息反馈服务方面。在目前高校慕课平台为用户提供信息反馈服务中，用户常常是由于自身问题或需求得不到解决从而对高校慕课平台产生的反馈表达，很多高校慕课平台提供的常见问题解答很多时候不能满足用户自身的信息需求，这就会给高校慕课平台的服务带来不利。

首先，变被动服务为主动索取。由于用户往往是在有信息需求的时候才会向高校慕课平台进行反馈表达，有时需要经过一段时间才能获得相应的解决方式，高校慕课平台应该把提供用户信息反馈的服务转化为主动索取用户的信息需求，主动索取高校慕课平台用户的信息需求，由平台相关工作人员及时地根据这些信息进行提高和完善平台用户信息需求表达相关服务，提高平台的服务质量。其中高校慕课平台用户应该整理出自身需求相关的信息计划表，时刻记住自己什么时候需要使用什么信息，不断关注在使用高校慕课平台服务过程中自己的信息需求。

其次，利用多种方式挖掘用户潜在信息需求。由于高校慕课平台本身具有的个性化特征，无论是学习者还是教学人员，在登录使用高校慕课平台时都会有一个记录用户基本信息、课程收藏或观看、课程、关注、课程讨论等信息的账号。有些用户不仅会使用高校慕课平台的官方网站，还会在其微信或关联App等客户端上使用，但有些高校慕课平台的微信或关联App等客户端并不提供用户的信息反馈服务，这就存在用户对于自身信息反馈的限制和局限性，而用户表达其自身所需信息也常常会受其他因素干扰，如在查找信息反馈结果时被其他信息所误导，以致无法得到正确的所需信息的解决方式。这样并不利于用户对高校慕课平台的使用，也使用户对高校慕课平台失去兴趣，造成不好的体验。高校慕课平台应该挖掘潜在的用户信息需求，可以通过整合其微信和关联App等客户端保证用户能正常并且及时地表达自身的信息需求并且获取所需信息，可以通过不仅限于高校慕课平台官方网站的数据挖掘技术，通过数据库在线自动推送、反馈的方式给用户提供可能会需要的信息，这样会更加全面地为平台用户提供服务，不仅使用户的劳动量降低，也会提高用户对平台使用的满意度，保证高校慕课平台用户获取准确信息的及时性。

最后，完善信息需求引导表达机制。在高校慕课平台的使用过程中，用户的真实信息需求如果能够明确而充分地表达出来，会极大提高高校慕课平台的信息查准率和利用率。社会中的每个人发出的行为或多或少都受到多方面因素的影响，信息需求的表达也会受到社会外部因素和自身内部因素的影响。高校慕课平台需要通过提供或改进多种方式来引导平台用户表达自己的信息需求，以便充分了解用户在使用高校慕课平台过程中存在的真实信息需求。例如，增加明确且完整的信息反馈和反馈咨询导航，高校慕课平台还可以通过增加在线人工客服等信息反馈服务渠道，对用户所需信息进行及时解决或深度揭示，以易于引导用户获得自己真正需要的信息。

②信息内容服务方面。高校慕课平台潜在的用户数量庞大且逐渐增长。我们可以发现很少一部分高校慕课平台能够意识到高校慕课平台其实是一个很好的能够与用户进行近距离交流的平台，用户与用户之间的交流也能让高校慕课平台获取用户的潜在需求。

首先，增加内容健全用户信息保护。在当今时代，社会的发展以及人们对于信息的需求不断提升，高校慕课平台用户对于其提供信息的需求也会越来越复杂，高校慕课平台仅仅提供课程发布、维护、解答、查询、观看、计划以及获取证书等有关课程的信息内容服务是远远不够的，因此，高校慕课平台要与时俱进，增加自己的内容服务。高校慕课平台可以创造更新颖、更有吸引力的内容，提供更加具有针对性的信息，减少用户在使用高校慕课平台的过程中在信息筛选、利用方面浪费的时间和精力，让用户高效利用所需信息。

根据用户的信息需求变化不断丰富其内容，高校慕课平台应开发创造更新颖具有吸引力的内容服务，特别是对用户信息保护的内容，如给予高校慕课平台课程的发布者提供更专业化的作品著作权内容服务，以及给予高校慕课平台用户有关个人隐私保护的法律咨询、政策指南、具体规定等，加深高校慕课平台课程发布者、教学人员以及课程的学习者在使用高校慕课平台过程中对于自身信息保护的了解。与此同时，还可以多开展线上有关作品著作权保护、隐私保护以及如何解决相关问题的讲座或竞赛活动，用户遇到作品著作权、隐私等问题时就有相对合理、公正的解决参考对策，有了具体的参考政策或法律法规就会减少用户在使用高校慕课平台过程中的随意性。这样一来既可以丰富高校慕课平台用户对于信息保护的知识，也在一定程度上规范了用户自身的行为。

其次，深化内容层次提升服务品质。目前大部分高校慕课平台所提供的信息内容还比较基础性和常规性以及缺乏创新，如没有提供课程资料、开展定题跟踪或学科服务等深层次细节服务，无疑会降低平台用户在使用过程中兴趣以及用户对平台的关注度，影响高校慕课平台为用户提供的服务效果，高校慕课平台可以为教学人员或学习者定期更新和提供素材、在线学习资料等信息资源，让教学人员或学习者可以对资源进行准确定位，这样一来既满足了平台多方用户的需求，也能方便用户获取和利用信息。为了满足教学人员或学习者在专业领域学科上的需求，高校慕课平台可以尝试设置新的接入或获取、定位资源的服务功能模块，另外，平台工作人员可以根据对后台用户数据的分析，识别用户的个性化需求，定期向学习者主动推送相关的参考资料、课程教材资源，向教学人员开设学科参考教学资源课程等，因此，高校慕课平台就可以很好地与学科相关的信息内容服务相融入，可以提高高校慕课平台的服务水平和质量。

再次，规范细节并提高质量。俗话说，细节决定成败，我国高校慕课平台还要在其提供的信息内容服务上下功夫，在细节上做文章，让用户在使用高校慕课平台的过程中不是随大流一哄而上，之后渐渐失去热情。高校慕课平台提供的信息内容应更加规范。高校慕课平台的服务内容可以从专业的角度出发，建设以及完善更高质量服务的高校慕课平台。用户之所以选择使用平台是因为用户可以使用高校慕课平台获取自己需要的知识或者更加方便地获取所需的信息。如果高校慕课平台能够从专业的角度出发，提供让用户可以借鉴参考的信息内容，有助于提高用户在高校慕课平台使用过程中的喜爱度。因此，高校慕课平台可以定期发送专业推送内容，减少广告并配以新形式，推送内容除了课程信息等用户基本需求外还可以包含用户群体的即时信息、娱乐互动、新闻通知等内容，除此之外，高校慕课平台还应规范以及改善用户的课程订购条款内容，降低复杂程度保留细节让课程订购条款的内容通俗易懂，增强用户利用信息和获取信息的满意度和成就感。

最后，趣味性宣传且及时更新。在信息全球化社会，慕课平台成了人们获取利用信息的主要渠道。人们通过各种慕课平台获取相关信息，了解到有这样一个慕课平台，再通过进一步了解相关信息，决定平台所提供的信息内容是否值得去使用体验。因此，这些平台信息内容的及时性和完整性等最终决定了人们是否会继续使用慕课平台。高校慕课平台的最终目的是实现用户对于信息内容的获取和利用，高校慕课平台应该积极完善网站及其官方 App 和微信等客户端的信息普及面以及信息覆盖面。职能、宣传与服务在高校慕课平台中其实是结合起来的，良好的宣传推广也是实现高校慕课平台使用的重要推动力。每天分不同时段或在用户观看使用高校慕课平台密集度较高的时间段，结合各种宣传媒体向公众推介高校慕课平台。高校慕课在对自身平台趣味性宣传的同时要保证其信息内容的及时更新、用户对信息获取和利用的时效性，这样一来还可以提高用户对高校慕课平台的忠实度，打造具有自身独一无二的高校慕课平台。

③信息功能服务方面。高校慕课平台在为用户提供服务时，信息功能服务是其服务的根本。增加互动功能满足学习社交需求、加强安全性建设及个性化用户个人信息使用、学习者分层级管理及平台差异化运营以及完善客户端全方位功能服务，是目前高校慕课平台信息功能服务满足用户信息需求的四大基本任务。

首先，增加互动功能满足学习社交需求。在高校慕课平台的信息功能服务上，为了提高高校慕课平台信息功能服务的沟通和互动能力，首先，要加强教学人员与学习者之间的互动，如学习者点赞、收藏或评论平台推送的内容等反映信息传播效果的数据，可以作为评价平台建设水平的指标。其次，要加强学习者之间的交流互动，让学习气氛更加活跃的同时增加学习者的黏性。在未来，也许除了与教学人员与学习者、学习者与学习者之间的互动，也可以与该行业的专家和工作者进行互动，建立在线学习小组，通过设立专门的互动时间确保学习者能够和教学人员及时沟通，尽可能向学习者提供所需要的学习功能服务。总之，各大高校慕课平台应该通过标准化、专业化的交流互动功能服务来提升服务的品质，满足用户学习社交的需求。

其次，加强安全性建设及个性化用户个人信息使用。加强和完善用户的个人信息安全服务体系对于个人来说是非常重要的，这也是高校慕课平台顺畅发展个性化功能服务的必要条件。安全服务体系可以通过以下方式建立起来：完善采用更加安全的用户认证以及授权登录方式的系统，加密用户的个人信息等数据，保证用户在使用平台过程中的信息安全性；采取相应的措施保护用户的个人信息，让用户确定个人信息的使用范围和公开范围，确保用户个人信息的安全；制定平台相关用户个人信息保护政策，培养平台用户对于自身个人信息安全使用的保护意识，确保个人信息的专用性。这些功能的完善和补充可以在不同程度上保护用户在使用平台的过程中自身的信息安全，也可以增加用户使用高校慕课平台的频率，增加用户对高校慕课平台的信任度，这样更有利于高校慕课平台的顺利发展，提高个性化服务水平。

再次，学习者分层级管理及平台差异化运营。从目前的趋势可以看出，很多慕课平台已经找到了具有自己特色的定位。除了主流的慕课平台之外，一些专门的平台，如多邻国（Duolingo）语言学习平台、Data camp 编程学习平台等也已经具备了完善的业务模式，其功能和服务也做到了“术业有专攻”，这可能是综合的慕课平台所达不到的。还有一些比较小众的慕课平台也具有自身特色，很多慕课平台因为满足了特定群体的需求而得以立足。从发展趋势来看，高校慕课平台与平台之间的差异化将更加明显，在各国诸如 Coursera 这样的平台已经占有了大量学习者、高校、教学人员资源的前提下，新建慕课平台如果要继续走“大而全”的路线会更加困难，但建设一些用户更聚焦、功能更有针对性的“小而美”的高校慕课平台可能会更有竞争力。

所以，高校慕课平台需要找准自己的定位。通过特色服务使用户对平台提供的信息功能服务产生深刻的印象和特别的感受，有助于建立平台的形象和口碑，开发潜在用户资源，提供特色功能服务，聚焦更优势的服务，实现差异化运营。高校慕课平台还可以提供教学人员对学习者的用户分层级管理功能，因为学习者是高校慕课平台里数量最多、构成最复杂的群体，也是高校慕课平台服务的主要对象，对学习者管理也是高校慕课平台发展的重点，教学人员可以对选择其课程的学生进行分层级管理，对他们分别施以不同的管理方式和管理策略，大力提高高校慕课平台的服务效能，这些都可能是吸引高校慕课平台学习者的卖点。

④完善客户端全方位功能服务。建立完善的高校慕课平台官方 App 以及微信等客户端的信息功能服务，是提升高校慕课平台功能服务的重要条件。高校慕课官方 App 和微信等客户端的设立就要凸显其功能服务的统一和独特性，要给用户无论是课程发布者或教学人员还是学习者提供完整又灵活多样的功能页面模板，提供丰富的功能页面专栏，能够实现官网与官方 App、微信等客户端的功能统一整合，注重高校慕课平台用户在使用过程中体验，给用户带去更便捷的服务，实现全方位功能服务。那么就要加以注意在努力完善官方 App、

微信等客户端功能的过程中所出现的问题。第一，界面设计自然简洁，便于用户直观理解；第二，功能整合，与官方网站的功能进行比较和整合，整合官方 App、微信等客户端的课程互评机制功能、人工客服问题解答、课程以及个人信息维护等功能；第三，增加信息功能服务，使其多功能化，建立专业的导航系统，提供更优质、更快速的查看阅览界面。改善高校慕课平台官方网站与其官方 App、微信等客户端的功能分散问题，实现功能的统一，更便于用户的使用。

⑤技术支持服务方面。技术支持一直是推动高校慕课平台创新与进步的主力，高校慕课平台如果想要提高服务质量，促进平台的发展，就需要通过打造专业技术服务团队、加强课程技术控制并保护用户作品著作权、完善课程编辑及发布方式并优化视频和采用人工智能等技术提升学习体验来完善和提升技术支持服务。

打造专业技术服务团队。各个高校慕课平台都应该建立自己的专业技术服务团队，其工作内容不仅要包含用户意见建议的征集、整理和分析，对用户咨询问题的及时回复，以及平台出现问题的及时更新修复，还包括对平台教学人员教学辅助和技术支持。此外，目前还有很多高校慕课平台普遍存在问题修复以及更新速度慢的问题，这也反映了平台缺乏技术技能以及缺乏相关专业技术人员的问题，针对这一问题，高校慕课平台可以自行派人员去参加相关专业知识培训，也可以选择招聘相关熟练技术技能等专业人才。针对高校慕课平台教学支持技术服务，可以先确定负责人负责指导和监督服务团队的整体运作，使源自各个学科领域的团队成员，能够分工明确完成高校慕课平台教学辅助和技术支持服务，提供专业、实时的教学数据分析服务，这样一来不仅给予高校慕课平台对于管理和维护上的技术支持，也可以提升平台工作人员的专业性，同时优化高校慕课平台技术支持服务。

其次，加强课程技术控制并保护用户作品著作权。一般情况下，为了避免高校慕课平台作品创作者的作品在其上传和传播过程中被非法使用，高校慕课平台往往需要采取技术措施，但是在技术措施实施的时候，被限制更多的往往是高校慕课平台课程作品的传播者，高校慕课平台可以先对学习者采取资格认证，加强审核管理，把课程只提供给审核过关或正式登记过的学生，高校慕课平台可以加强这样的识别审核系统。然后加强学习者监管课程资料的使用，学习者对于高校慕课平台提供的课程资料的使用尽可能在课程作品的发布者的监督或指导下完成，可以采用相关的技术保护性措施，利用技术手段限制学习者保存或传播课程资料内容，还可以给课程作品的资料内容冠以“已授权可利用”“未授权不可利用”标识或者加以标识标明可使用和传播的范围，防止他人用非法复制、下载和套录的手法进行利用和传播。

由于高校慕课平台的课程作品大部分是由相关教育机构制作的，虽然也有一部分是教学人员的汇编作品，但是为了维护著作权，高校慕课平台应当采用适当的方式标注原作品的相关信息。虽然加强课程技术控制可以起到保护用户著作权的作用，但是，需要注意的是，高校慕课平台是对所有公众开放的，高校慕课平台还应该履行告知用户注意著作权问题的义务，增强用户对著作权的保护意识，这样更有利于对著作权的保护。

再次，完善课程编辑及发布方式并优化视频。随着高校慕课平台的增多，课程视频也越来越多，课程视频信息的发布、维护以及解答环节也越来越复杂，这给用户的使用带来了不便，高校慕课平台应该适当简化教学人员课程视频上传的步骤，增加可以在课程视频上传之前进行简单编辑的技术，由于高校慕课平台用户群体的庞大性和多样性，为了让学习者可以更高效地进行学习，获取所需信息，课程视频有时也需要提供字幕和字幕的翻译，高校慕课平台可以提供技术让课程视频的制作者添加视频标题、描述、字幕或字幕双语翻译，或者增加和完善上传和制作工具，让课程视频的制作者自主编辑，视频课程上传后升级成为课程视频作品。制作者的制作中心有利于课程视频教学人员对于视频课程信息的维护和解答，能够增强学习者对于课程学习的体验。

目前有很大比例的高校慕课平台的手机客户端和平板电脑系统不兼容的情况或者不支持课程视频后台播放或投屏，这会降低学习者的学习主动性，高校慕课平台应该解决并完善用户手机客户端以及平板电脑系统的兼容使用问题，利用相关技术提供给用户手机客户端后台播放或投屏的使用，增加课程视频播放线路供用户选择，优化高校慕课平台的课程视频使用便捷，将会大大提高用户对于高校慕课平台使用的自觉性和有效性。

⑥采用人工智能等技术提升学习体验。高校慕课平台上的网络课程与传统课程相比，对于学习数据的分析占有很大优势。澳大利亚的教育人工智能专家朱迪凯曾谈到用人工智能技术结合学习数据构建开放学习者模型，学习者通过查看自己的学习数据能够自我感知并自我调节，从而更加主动地学习。

目前各个高校慕课平台都已经合作了不少高校并且累积了大量的学习资源

以及学习数据，但需要高校慕课平台在学习的设计上更加用心，以简洁直观的方式帮助学习者了解自己的学习状态，同时帮助教学人员掌握学习者的学习情况。目前已有一项研究技术对高校慕课平台学堂在线已经运用所积累的学习者的学习数据，根据不同的学习动机给出相应的激励话语，可以帮助平台的学习者提高学习积极性。未来新技术在高校慕课平台中的应用应该更加关注如何更有效地结合人工智能技术利用学习数据帮助学习者进行自我调节，以获得更好的学习效果。人工智能技术也可以进一步和学习路径规划等功能相结合，使高校慕课平台的学习者可以实时做出学习路径的调整，如在学完一门课后立即推荐下一门递进课程等，这也有利于提升学习者的学习积极性和学习效率。

（三）高校慕课发展的建设对策

1. 平台建设方面，从“建设”到“善用”

在面对政策方面的优势，高校要从思想上认识到慕课发展的必要性和紧迫性，将混合式教学的发展、学分制的推进和高校教育质量的改革紧密联系，提升教学质量。可以先选择几门有特色且适合慕课模式的课程，打造精品课程、样板课程，同时根据学生的反馈和教学效果评估完善教学方式，逐渐推进。与此同时，开发设计的课程要符合国情和教育环境，符合本校校情和教学特色，更适合本校学生，对外形成慕课品牌效应，让高校办学更开放，交流层次更深。

在对慕课的宣传方面，可以营造慕课混合式学习文化，首先，转变观念，通过各种校园活动对混合式学习、高校慕课平台进行宣传，让学生和教师了解本校慕课教学，尝试慕课教学，通过会议宣讲、专家报告、研讨会、经验分享会等形式让教师了解开展混合式学习的必要性。其次，增强对慕课的全面认识，发挥院系基层单位的作用，以院系为单位积极开展混合式学习的教研活动。最后，支持慕课的试点工作，可以发挥骨干教师的带头作用，同时给予一定的精神奖励和物质奖励，使全校上下形成一种慕课学习和混合式教学的氛围。

在平台功能方面，可以学习借鉴其他高校慕课平台来丰富平台功能。例如，广州大学慕课平台多为本校教师授课，“随到随学”功能支持按照自主进度学习，学习时间不受开课时间限制，一旦合格可以申请证书，同时设置资源共享课界面，分享本校的视频教学资源；南京大学设有“兴趣学习”选项，即未报名参加慕课学习的同学也可以观看视频，提高了慕课课程的利用率，同时在平台开展了读书会活动；武汉大学的慕课平台引进学校的高端学术讲座，上线教师、学生慕课培训视频；中国科学技术大学在慕课平台引进趣味讲座。以上这些对高校慕课平台的发展具有借鉴意义。

同时，高校要进一步推广慕课联盟的建设。各大高校要构建共建共享合作体，促进省内高校的学术交流。首先，各大高校可以积极通过录制线上视频将本校的名师名课分享给其他高校，这些视频对其他高校教学有着参考价值，同时可为其他高校做混合式教学提供慕课资源。其次，各大高校通过自身混合式教学的实践引领教学改革，通过混合式教学的方式提高教学质量，积累教学经验。最后，各大高校可以发挥协同作用，发挥省内高校优势，建成具有地域特色的学科专业优势。

2.课程建设方面，坚持引建结合

首先，要根据不同的专业区分不同的课程，并非所有的课程都适合慕课这一形式。在实际教学过程中，慕课的学习内容、学习方式受到课程本身的限制，更适合操作性强的课程，同时，不同的专业在进行混合式教学中侧重点不同。网络课程设计要符合实际教学需要，这样才能从本体论知识观转向主体论知识观。

其次，丰富课程内容，既包括引进课程方面，又包括建设本校慕课课程方面。在引进课程方面，目前各大高校慕课平台慕课较少，学生除了愿意学习本专业的课程以外，还期望增加国家精品课程、趣味讲座等。同时，建立校际联盟共享，推进校际课程及其他教学资源的开放共享，增加课程种类。另外，加强英文教学慕课视频的引进，如南京大学慕课平台开设英文慕课教学。目前还有高校在筹划双语教学，通过引用英文慕课作为双语教学的试点，具有很大的借鉴意义。在建设课程方面，要体现地方特色，建设特色校本课程，打造高校自身的慕课品牌。

再次，提高教学质量，主要包括建立课程质量保障体系和教学质量保障体系。课程质量保障体系不仅指保障慕课制作教师的授课质量，还指课程应该具有灵活性，适合高校学生学习的定制化线上教学与适应混合式教学的线下见面课、讨论课的模式。第一，线上教学内容、难易度要更适合高校学生的教学要求；第二，教师教授的内容、教学方式、教学设计要适应混合式教学需求。这些评价标准需要慕课专家、校内辅导教师、助教、学生共同决定，以帮助高校淘汰掉低质量的慕课。另外，还要建立教学保障体系，确定混合式教学线下的规则和标准，教师的授课进度和方式、作业的布置、讨论的设置应该根据学生的诉求适时调整，保证教学效果高于传统课堂。

最后，对知识管理系统存档、分类和持续性管理课程资源，主要是通过对本校慕课视频的录制，对校内教学资源形成整合。首先，各大高校可以对已有的大量课程进行梳理，整理出每个学院教学质量高的课程，然后，对这些课程按照专业进行分类，对这些课程进行存档的同时发布在慕课平台上开展混合式教学。

3. 教学管理方面，推动制度设计与教学实践

首先，各大高校要出台对慕课教学的指导性文件，从宏观、微观的角度健全相关的制度。宏观上，建立地区慕课联盟战略，建设本校特色慕课，完善课程评价机制、课程质量保障机制、人员分工机制、慕课建设培训机制、学分互认机制等。微观上，将慕课的发展纳入学校的整体规划、建立本校慕课长期发展规划，保证人力、财力、物力的支持，将慕课的经费归入学校发展规划的预算中。高校也要利用师生教学过程中的大数据，对慕课的发展情况进行相机决策。

其次，积极开展教师在技术上的培训、在教学设计上的研讨，推进教师教学理念和教学能力的提高。在教学理念上，促进教师从知识的传授者向教学的引导者转变，把学生看作同自己探讨问题的伙伴。在教学能力上，不仅要培养教师的信息化教学能力，也要提高教师的知识储备，使教师在纵向研究知识发展过程的同时，加强新兴应用领域的学习。学校也要建立名师资源的培养、评估、管理体系，充分挖掘师资价值，树立打造品牌课程与优质师资的意识。

再次，在教学管理体系方面，构建适合慕课教学的管理体系。不仅要完善线上课程的教学管理，也要做好线下课程的教学管理。在线上的教学管理上，要做好学习监测工作，防止学生打开界面后做其他的事情，防止学生在练习、测试中作弊，在线下教学中，要完善各个环节考评机制。对学生考评时，要采用多种方式保证考核的客观性，对讨论区水贴的现象进行控制，训练学生有效多次互评，对乱评价的学生采取惩罚措施，整个的混合式教学评价中要采用过程性评价为主的方式，减少线下期末考试所占的比重，帮助学生转变课堂观念。

再次，支持学生跨专业、跨院系、跨校选修慕课，统一慕课的评价制度，建立学分互认制度。其中，有两个重点：第一，有客观反映学生的学习成绩依

据，慕课在线上教学、线下讨论、平时作业、测试中作弊现象严重，可在颁发学生结业证书的同时，统一进行线下考试。第二，建立课程质量认证和分级制度，只有通过质量认证或达到一定级别的课程才能进行学分互认。

最后，在教师激励方面，首先要通过制度创新，建立科学的慕课课程质量评价，然后再建立教师考核、薪酬激励制度，改善高校教师绩效和考核中重科研工作、轻教学工作的现状，调动广大教师的积极性。慕课确实会给教师带来更多的工作负担，部分高校也已经开始对教师工作量的计算做出了改革。例如，兰州大学对完成慕课建设同时投放使用的教师，将其工作量计为原来的三倍；北京大学将慕课的工作量和常规课程的工作量等同，再参考教师实现混合式教学实践的状况计算工作量；金陵科技学院对参与慕课的教师预备立项的慕课课程设为校级教学改革项目，同时给予专项经费作为支持。此外，教学改革立项和评优评先也可以作为激励的方向。教学改革立项认可了教学和教学研究成果的价值，在教学和科研不平衡的时期，可以适时加大对教研活动、教研成果的奖励力度。评优选先可以在教学和科研之间建立同等条件下的有限评选机制。另外，对专门从事混合式教学工作的教师应做好职业规划。

4. 配套设施方面，整合学校资源

慕课建设需要大量的资金，高校在使用专项资金的同时，要树立经济意识，进行开源和节流。在争取政府专项资金的同时，吸引商业、公益组织进行赞助，通过技术进步、流程优化、发挥规模效益降低课程建设和维护的边际成本。高校还可以发挥智库作用，设置在线培训、资质认证等课程，增强融资能力。但是要注意，慕课依然属于准公共物品，在开发、投放中要坚持以公益性为主，防止企业为了盈利创造虚高的使用率和完成率。另外，在网络基础设施上，各大高校在校园网实现校园全覆盖的基础上，进一步提高校园网的安全性和稳定性，保障学生可以运用校园网对慕课视频进行流畅的学习。积极引进雨课堂、智慧教室等智能化辅助工具，使学生作业、试卷的批改更加精准，引用数据分析系统对教学中学生线上线下的大数据进行分析，参照学生作业对教学过程进行把控。

此外，还要建立良好的课程服务。课程服务指慕课工作团队和教师为学生的慕课学习建立良好的后台服务支持，将学生课前遇到的选课问题，课中遇到的技术问题、学习问题，课后的反馈建议形成一个有机整体，帮助学生更好地沉浸慕课学习，获得良好的教学体验。

二、线上线下混合式教学模式

（一）线上线下混合式教学模式概述

1. 线上线下混合式教学的内涵

线上线下混合式教学模式是基于现代教育技术的应用，将线上教学和线下教学的优势有机结合的一种新型教学模式。线上线下混合式教学混合了多种学习环境，采用了多种学习方式，让学生获得了多种学习体验。线上线下混合式教学有其优势，但不是“线上”+“线下”的简单组合，线上线下混合式教学是通过课前自主学习、教师引导、课堂深度讨论、线上线下多师同堂、学习动态评价等方式，利用在线教学平台和网络资源实现高校课堂教学在时间、空间和资源三个维度的拓展。

2. 开展线上线下混合式教学模式的必要性

（1）学生开展个性化学习的需要。传统的教学忽略了学生的个体差异，面对所有学生，教师授课内容都一样，忽略了学生在知识基础、吸收能力和理解力等方面的差异，无法做到因材施教。线上线下混合式教学实现了资源共享，学生可以根据自身情况开展自主学习，通过线上交流互动或反复观看加深理解和吸收，而学有余力的学生可以学习拓展知识，拓宽自己的知识面，这样就满足了学生的个性化需求，提升了学习效果。

（2）学生开展深度学习的需要。随着教育信息化的不断发展，社会对人才的培养又提出了新的要求。线上线下混合式教学模式实现了技术和课程的深层次融合，将云平台、大数据分析等信息技术与理论知识有机结合，发展学生的高阶思维，为实现深度学习提供可能。

（3）学生主体地位确立的需要。传统的课堂教学主要是以教师的“教”为中心，教师单向灌输，教学内容在课堂上一次呈现，教师是主体，学生是客体，学生更多的是被动接受知识。教育信息化背景下，需要转变为以学生的“学”为中心，更加注重学生的参与性和主动性，课程的强理论性和实践性，更易于线上教学和线下教学的混合使用，更能激发学生学习的积极性，充分发挥学生的主体作用。

3. 开展线上线下混合式教学模式的意义

当前正处于信息和数据的新时代，教育领域也引入了新技术，如云计算和大数据等。课堂教学已经不是一成不变的传统模式，而是结合了信息技术，转变为线上线下的混合式教学模式，这是时代发展的潮流和趋势。混合式教学的优点在于其灵活性，学习的空间不再限制于教室，时间也不再局限在规定的时间内，学生可以随时随地学习，除了灵活性较高外，课堂教学成本也大大降低了，这种学习方式深受学生和教师的青睐。但是，线下教学也具有其不可替代性，只有两者合二为一，有机结合，才能够为学生提供高质量的教学，提高教学效果。

线上线下混合式教学是一种线上线下相结合的教学模式，是一种跨越时间和空间的教学模式。将网络化教学和现实教学两者的优点合二为一并融入教学，实现了多元素、多维度的统一协调。线上线下混合式教学是一种侧重复习性的学习课堂，在线下课堂学习的教学内容，学生可以在线上重复学习，教师也可以对学生留言的问题进行答疑解惑，学生在平台上实现了自主学习并完成作业和测验，教师解答和批改作业都可以在网上进行，有效提高了教学质量和效率。

线上学习还可以让学生提前预习所要学习的知识，对于不懂的问题可以提前留言，教师根据问题合理安排和设计课堂教学内容，有效提升了课堂教学效率。在平台上，学生可以组成问答小组，对于提出的问题，可以提前进行小组讨论，这种模式可以有效增强学生的团队合作意识和自主学习能力，不断提升学生的知识和技能水平，促进学生的全面发展。

4.线上线下混合式教学设计的原则

（1）教学目标导向原则。正确的教学目标是开展教学活动的前提和保障。在多平台、多资源、多方式的线上线下混合教学模式下，教学目标的制定显得尤为重要。授课教师要根据课程特点制定科学的教学目标，按照教学目标有步骤、有计划地布置线上线下教学任务，做到重难点突出，层次分明，有序开展和组织教学活动，最终达到理想的教学效果。

（2）学生主体性原则。新的教学理念和新的教学模式下，学生是教学活动的主体，教师是引导者和参与者，教师要从学生的角度出发，优化教学资源，设计教学环节，激发学生的主观能动性。学生的主体性要体现在整个教学活动中：课前，学生对线上教学资源进行选择性学习和探索，形成对新知识的建构；课中，通过教师的讲解和启发，对知识深度理解并吸收，实现知识内化；课后，对知识不断总结归纳加以强化。

（3）过程性评价与终结性评价相结合。线上线下混合式教学是“教”与“学”的高度融合。线上线下混合式教学评价需要测量并反馈教与学的效果。传统的单一评价方式已经无法满足线上线下混合式教学的需要，既注重过程考核又注重终结成果的考核是线上线下混合式教学的需要。过程性评价和终结性评价要做到既相互衔接又不重叠，多角度、多方式地对学生进行全面考核。

（二）线上线下混合式教学模式实践应用

教师在课前可以根据学生在网上提出的问题进行教学前准备，重点讲解课程的难点和学生遇到的共性问题，制作教学视频，上传至平台供学生学习使用。教师可以组织学生开展小组讨论，提高学生参与课堂的积极性。学生作业不再仅限于纸质作业，教师可以在平台上布置作业和批改作业，从而有效提高教学效率。平台能够详细记录每个学生的学习进度、知识掌握情况，教师可以根据实际情况开展有针对性的指导和教学，提升学生的薄弱环节，进而提升教学效率。传统课堂教学中，教师一个人要面对几十个学生，很难顾及全面，做出一对一的指导；线上线下混合式教学模式，可以利用信息技术和大数据技术的优势，全面掌握和评价学生的学习情况，教师可以清晰地了解每个学生具有的优势和存在的不足，更有针对性地做好教学内容设计，有效提升教学效率和质量。对于教师布置的作业，学生可以组成学习讨论小组，共同讨论各自在作业中遇到的难题，小组成员水平要体现出差异性，成绩好的学生带动成绩差的学生，提升学生的学习积极性，教师只需解答小组讨论后仍解决不了的问题，这减轻了教师的教学压力和负担，使其有更多精力和时间投入到课程编排中。

线上教学要求学生在网上完成教师布置的作业，解决了以往线下纸质作业在书写和批改中的弊端，学生的作业完成情况都会详细记录在平台中，教师可以通过平台中的作业完成信息及时掌握学生的作业完成情况，清晰明了，有效减少了核对的时间，提高了批改效率。以往学生在线下完成作业，教师往往需要一周时间才可以给出指导结果，而线上批改完成的作业，教师能够及时将结果反馈给学生，使学生及时了解自身存在的问题，积极探索解决问题的方法，从而改善学生的拖延心理，提高学生的学习积极性，有效提升学习效率。

在网络平台上布置作业能够得到学生的及时反馈，通过开展小组讨论可以有效处理和解决学生在实际知识运用中产生的问题。选派一名成员作为小组长，负责组织和记录讨论情况，各组员轮流做小组长，培养学生的责任心和组织能力。教师不定时抽查各小组的讨论情况，对不足之处进行指导，以提高学生掌握知识的能力。

1.混合式教学活动实践

（1）课前规定线上预习。在课前预习阶段，主要以微课材料和问题讨论为主。教师根据教学计划，将课程设置为多个微单元，提前上传学习视频、图文等资料至网络学习平台，并设置专门的讨论区域留下学生预习过程中的疑惑。

（2）线上课前自主学习。课前教师要分析教学目标，精心设计教学环节，建立资源库（包括知识资源短视频和各种文档材料），以方便学生提前学习相关内容，做好课前准备。视频资源包括两个方面：一是教师提前录制的下次课程内容要点微视频；二是提供其他高校同一课程资源，如中国大学 MOOC 教学资源，方便学生多途径、多方式获取知识，形成知识建构。

建立任务驱动式的课前预习。教师要根据教学目标将本节授课内容分解成几个小任务，学生带着任务查阅资料，观看视频，形成自己的观点和想法，并将自己遇到的问题及时反馈到平台上，与教师和同学进行互动交流。另外，教师要根据线上平台对学生的学习行为的记录、统计和分析，及时了解学生的学习情况，使课堂教学更有针对性。

（3）课后落实线上考评。在线上线下混合式教学模式的课后考评方面，以师生互评的方式对学生学业水平和教师授课水平进行考核。一方面，教师对于学生的学业考核应侧重于考查学生对问题的思辨能力和创新能力，而非单一注重对于知识的掌握程度，以此避免线上教学考核学生态度不端、学习消极的情况。此外，教师还应科学划分课前预习、课中展示和课后考评的分数占比，开展“过程性”考核，使教学成果体现在由过去的记忆知识转变为掌握规律、建立模型、学会应用、能够创新，这是对学生学习能力和教师教学设计能力的双重考验。另一方面，学生应对教师的授课情况进行评价，如实反映教学过程中存在的问题，从而为今后教学质量的提高积累实践经验。

（4）线下课堂教学。对于课中的教学而言，要更为注重线上线下教学的结合。学生在课前预习的基础上进行分组探究式学习，而后在课上以小组为单位展示学习成果，教师则需要根据小组的学习情况针对性地进行补充讲解。建构主义强调学生自己构建知识的过程，线上线下混合式教学应积极为学生创设自主学习情境，引导学生主动进行知识的探索和获取，发挥学生的主体作用。

课堂教学要做到有重点、有难点、有针对性。学生的课前自主学习情况要及时线上反馈，教师针对学生的反馈，准备课堂的教学内容，在课堂教学中突出疑点、重点和难点，帮助学生解答疑惑，完成知识的内化，辅以一定的练习和讨论，引导学生进行探究式学习。

课堂上的教学要能够检验、强化、转化线上知识，并基于线上的学习成果开展一些有深度、有参与性的讨论或案例分析，促进学生对所学知识的理解吸收和运用。

课后实践是对所学知识的巩固和运用，是课堂知识的延续和补充。课后教师要根据授课内容适量布置课后作业，巩固所学知识并检验学生的学习成果。学生作业要及时上传线上平台，教师要及时进行批改，其目的一是对学生的学习情况进行考核评价，二是通过评判作业发现学生在学习中存在的问题以及未消化的知识点，以便下次课前进行集中解答，保证学生所学知识及时消化吸收，不留疑难点。另外，课后实践环节需注重教师和学生之间的互助交流，形成教师、学生、资源之间互动的学习过程，构建学习共同体。

2. 线下线下混合式教学评价

教学评价涉及确定学生是否开展了自主学习、学习了哪些内容、如何进行学习的以及学习成果如何。综合考量上述几个方面，实际上就是考核学生的学习过程和学习成果，所以本书将教学评价分为过程性评价和终结性评价两方面。

过程性评价主要是用来考核学生的学习过程。一是网络教学平台的统计数据，包括学生的学习时长、学习进度、在线测试、作业提交以及参与讨论互动的情况等；二是学生在线下课堂的表现，包括学生的出勤、课堂发言以及解决疑难问题的情况等。过程性评价是对学生学习过程的监测，能激发学生学习的积极性、主动性，其在整体评价中占重要位置。终结性评价主要用来检验学生的学习成果，包括章节测试、期中测试和期末测试，测试采用纸质化试卷的形式，考题以综合性知识为主，考查学生对知识的理解和运用能力。

3. 线上线下混合式教学实践中需注意的问题

（1）教学资源库建设。

①线上教学资源及时更新完善。线上线下混合式教学对线上教学资源有较高的质量要求，线上教学资源并不是视频、课件、时事资料等的简单堆积。一是要保证资源的时效性，随着社会制度的不断完善，专业相关理论也在不断完善，线上教学资源要保证紧跟最新的社会制度，教学案例也要保证其时效性；二是保证教学资源的优质性和针对性，教师要以自己所教授学生的学习特点及

其认知能力为依据，对专业课程的教学内容进行重构，形成树干式结构特点，由主干到枝干，学生不断对知识进行探索和延伸；三是教师要自己制作视频、课件、微课等教学资源，而不是网上资源的简单上传，网上的优质教学资源是参考，但不能生搬，授课教师要结合学生特点和课程特点，参照优秀课程资源形成最适合自己学生的教学资源。

②视频资料简短易懂。线上资源要精练，避免冗长和过于复杂。线上教学资源应该模块化、微型化、情景化且带有一定的趣味性。冗长枯燥的各种教学视频会使很多学生望而却步，慢慢丧失学习的兴趣。简短易懂、内容生动有趣的视频资源会激发学生的学习兴趣，引导学生不断思考。

③建设问题资源库。对学生在学习过程中遇到的技术问题和理论问题形成问题资源库。构建课后讨论平台，每个学生都可以发布问题，也可以回答其他人提出的问题。每隔一段时间，教师根据讨论区的常见问题以及解答过程形成材料文档，建成问题资源库，每个学生可以把自己遇到的问题和最后的解决方案按类别上传到问题资源库中，后面学习遇到同类问题的学生可以自行查找解决方案。随着新问题的不断上传，该资源库不断完善。

（2）教师要加强教育信息化学习。线上线下混合式教学要实现线上线下资源的无缝衔接，实现资源的高度融合，这就需要教师具备较强的信息技术能力。由于部分教师信息技术能力偏弱，在网络教学平台上只会简单操作，使线上教学流于形式。各高校要定期开展信息技术培训，提升教师的信息技术应用能力，使教育技术更好地服务于教学。

（3）线上教学平台的选择。线上教学平台是线上资源的重要载体，线上平台的选择要综合权衡，不可随意。平台建设必须较成熟，一个运行稳定、功能健全的平台是开展线上教学的基本前提：一是便捷性。平台操作界面要清晰明了，学生操作简单；二是性能好。平台要有较好的存储和回放功能，网络流畅。

（4）教学设计要综合考量。线上线下混合式教学使教师和学生投入的时间更长，要考虑学生的实际情况，保证教学质量，不能让线上线下混合式教学流于形式，应从以下几方面设计：一是线上线下混合式教学课程要科学选择。教学团队要综合考虑专业特色和课程特点，分析专业培养目标，评价哪些课程适合线上线下混合式教学，不能搞一刀切，并将线上线下混合式教学课程在各授课学期均衡分布。二是线上线下时间分配要科学。线上分配时间过多会导致学生整天忙于刷视频和在线作业，无法高质量地完成线上学习；而线上时间分配过少会使线上教学流于形式，线上资源无法得到有效使用，资源上传变成摆设。

（三）线上线下混合式教学质量评价

1. 线上线下混合式教学质量评价体系构建的必要性

线上线下混合式教学具有学习场所不固定、教学手段多样化等特征，对学生主动学习要求较高，如果评价方式不当，未能激发学生主动学习动力，则混合式教学便失去意义。

（1）质量评价是反映教学质量的有效途径。教学模式的创新是为了不断提高教学质量，而教学质量的优劣应通过科学的评价体系进行评价，因此，构建出可实施的、能够实现定量评价的质量评价体系是线上线下混合式教学顺利实施的要务之一。

（2）质量评价是线上线下混合式教学实施的保障。线上线下混合式教学对学生主动学习要求较高，而主动学习正是大学生的短板。为保证混合式教学质量，必须激发学生主动学习动力。因此，构建能够激发学生主动学习的质量评价体系势在必行。质量评价可促进学习质量的提高，传统考核模式以终结性考核为主，不能体现出过程性考核的重要性，必须构建同时兼顾过程性考核和终结性考核的评价体系，并依据课程特征合理确定评价指标权重，使学生重视学习过程，从而提高学习质量。

（3）质量评价是对教师工作成果的尊重。线上线下混合式教学与其他教学模式不同，线上教学必须要有在线开放课程平台，而在线开放课程平台的搭建需要耗费教师大量的精力，同时，为保证线下教学的质量，教师也需要细心地设计，通过不同的教学方法、教学方式来调动学生学习状态。故而，加强过程性考核会使学生充分吸收教师传授的知识。线上线下混合式教学在高校的应用越来越多，而要客观评价学习效果，就必须构建科学适用的教学质量评价体系。

2. 线上线下混合式教学质量评价原则

教学质量评价可以约束教师不断进行教学诊断与改进，也可以不断激励学生学习热情。线上线下混合式教学质量评价应遵循以下原则。

（1）差异化原则。学生具备的知识水平不同，接受能力也有较大差别，故标准化的评价方式不适用于爱好不同、天赋不一、层次差别较大的高校学生。为了培养学生的沟通能力、协作能力及专业能力，应对不同层次高校学生开展差异化教学，评价对象亦可分为协作小组与学生个体。

（2）双主体原则。传统教学评价是以教师评价为主，因此对学生进行评价时难免具有片面性，可能导致部分学生为获取高分只做面子工作，也可能导致真正努力学习但不善言辞的学生取得低分。为了准确、客观评价学习情况，并使所有学生能够积极主动参与学习活动，线上线下混合式教学评价应在不同学习环节采用互评、师评等学生与教师双主体的评价方式。

（3）全过程原则。传统的评价方式以期末考试成绩作为主要的评价依据，导致大部分学生不参与学习过程、不重视平时表现，严重缺乏学习动力。线上线下混合式教学不但要引入过程性评价，还要提高其权重占比，突出过程学习的重要性。线上线下混合式教学包括课前、课中、课后三个学习环节，全过程评价也体现在这三个学习环节的量化评价。

（4）透明化原则。评价结果是课程学习的综合体现，是学生学习成就的直观反映，为保证评价结果的公平性，应保证评价过程公开透明，具有信服力。线上线下混合式教学线上学习活动可通过课程网络平台查询踪迹与统计结果，线下学习活动可实现实时量化赋分，定期公布统计结果，接受全体学生监督。

3. 线上线下混合式教学模型的构建

基于线上线下混合式教学质量评价原则，构建线上线下混合式教学模型。该模型包括课前线上学习、课中线下学习、课后线上学习三个环节，每个环节由教师和学生两个主体实施，线上线下混合式教学质量评价体系的构建以过程考核与结果考核并重为原则，充分考虑线上、线下学习活动情况。过程考核在实操过程中，具体量化方法如下：课前，学生应利用学习平台观看 60 个微视频，完成 1 次得 1 分，共 60 分；利用学习平台论坛区进行发帖讨论，每次 1 分，共 40 分，总计 100 分。课中，小组讨论完成理论课程学习，每次 1.2 分，共 30 分；小组完成案例式理论课程学习，每次 2 分，共 14 分；小组到实习工厂完成实操任务每次 2 分，共 32 分；小组到机房利用软件完成质量通病漫游学习任务，每次 2 分，共 16 分；小组到安全体验中心完成 VR（虚拟现实）体验任务，每次 2 分，共 8 分，总计 100 分。课后，学生利用学习平台论坛区进行发帖交流，每次 1 分，共 30 分；完成作业并上传平台，每次 10 分，共 70 分，总计 100 分。

总之，合理的线上线下混合式教学设计和质量评价体系对学习质量具有积极作用，可以培养出具备理论知识够用、实践能力突出的应用技能型人才。一是要依据线上线下混合式教学模型进行线上线下混合式教学设计，尽量采用多种教学手段，改变枯燥乏味的纯理论式教学。二是在线开放课程平台的建设必须能够实现线上线下混合式教学，配套资源应够用，尤其是微视频资源的建设要短小精悍，能够吸引学生注意力。三是质量评价指标要结合具体课程设置，应具有可操作性、可量化性。质量评价指标权重应采用专家调查法、德尔菲法等科学方法确定。四是在教学实施过程中，根据学生学情，应对课程资源、教学手段、教学方法等进行动态调整。

三、基于翻转课堂的教学模式

（一）翻转课堂的内涵

一般来说，翻转课堂（Flipped Classroom）是要求学生在课下（家里）通过教师提前录制好的 10 分钟左右的视频学习新知识，到学校后通过做练习，与同学、教师交流来消化和巩固自己通过视频所学的知识。因此，翻转课堂教学，也称为颠倒课堂教学。本质上，翻转课堂是对传统的学习流程进行了重新建构。传统的教学模式是学生课上听教师讲课，课下自己温习、做作业，而翻转课堂的教学模式中，学生先观看教师制作的教学视频自学，带着疑问来到课堂，与同学、教师交流解决，并且做一些针对性的练习。翻转课堂基于信息技术与教育的深度融合，真正实现了信息技术为教育服务，而不是新技术捆绑课堂。

随着教学过程的颠倒，课堂学习过程中的各个环节也随之发生了变化。近年来专家学者与一线教师的研究表明，翻转课堂有以下几点突出的优势。

1. 打破时空局限，减少学习阻碍

基于现代多媒体技术与发达的网络平台，教学视频能够跨时空被学生利用，解决了地理位置、时间等因素造成的辅导困难（比如缺课学生补课和异地学习），解决了因为突发情况无法集中上课的局面。让偏远地区的孩子们也能接受发达地区的优质教育，让世界各地的人们都能接受免费的高品质教育。并且在学习网络视频时，学生可以自主掌控学习节奏、速度。对于教学中的难点、重点，学生可以根据自己的实际情况反复观看，其间还可以利用视频中的暂停、回放的功能思考消化并做好相应的笔记。这有助于学习困难的学生得到转化，知识理解赶不上教师讲授而落下功课的学生得到提升，减少学习阻碍，加强学习的信心。

2. 利用多种资源，提高“翻转”成效

“翻转课堂”整合视频、声音、图片等多媒体资源，利用信息技术的优势，集音、形、义、色等为一体，其丰富的教学形式，激发了学生的学习兴趣，使学生眼、脑、手、口、耳多种器官综合参与学习，根据美国学者埃德加·戴尔的“学习金字塔”理论，学习效果将会得到显著提高。与此同时，翻转课堂利用网络优势，整合各种学习素材，满足学生的不同需求，为师生、生生之间搭建一个即时互动的交流平台。教师在备课时也可以借鉴网络上优秀的教学资源，实现教学相长。

3. 实现量化管理，彰显科学教学

传统课堂上教师是基于教学经验通过学生的课堂表现来把握教学的进度及学生的理解程度，难免有所偏差。而翻转课堂所基于的人机交互模式能记录大量的学习过程中的数据，即时反馈学习结果，形成学习、认知的数据库，教师可以根据相关数据进行科学分析，获得对学生学情的动态把握，从而适时调节教学进程，进行有针对性的教学，提高课堂教学效果。此外，翻转课堂利用人机交互技术所采集的学生的学习信息可以被教师提取出学生个性、行为、能力等信息以便于教师建立学生的学习档案，对各环节做形成性评价和总结性评价，进行客观公正的教育教学诊断，提升学生日常学习行为的量化管理的信度与效度。

（二）翻转课堂教学模式的特点与意义

1. 翻转课堂教学模式的特点

（1）以“动态建构、生成学习”为中心。翻转课堂中教与学的逻辑关系：“教”是为了“学”翻转课堂的开创者乔纳森·伯尔曼和亚伦·萨姆斯最为关注的也是有利于发展学生深层次认知能力的教师与学生之间、学生与学生之间的交流与互动。为此，他们还把翻转课堂重新命名为“翻转学习”。“教”的根本目的是“学”，如果教师教得很好，依据当前的教学评价标准来看，就是教师的课讲得十分精彩，但是学生未必一定学得好，这也是传统教学模式最根本的弊端。从根本上来说，如果教师的“教”没有立足于学生的“学”，可以说是无意义的教学，这也使学生的学习成为无意义的学习。

奥苏伯尔的有意义教学理论认为，有意义的教学必须包括三个要素：一是教学内容必须是结构清晰且具有内在逻辑性；二是教师传授的新知识必须能够被学生原有的认知结构所接受；三是学生有学习的意向。教师在进行翻转课堂设计时，首先要对学生的认知能力有所了解，这一点主要通过课堂前测、课前任务单、布置项目等方式来实现；其次，教师对教学目标、教学内容有清晰的认知，通过教学目标的设置、教学内容的取舍、重难点的设置等，保证自己的教学是有意义的教学。奥苏伯尔学习理论认为学习有接受学习与发现学习两种，发现学习有三个层次，即运用、问题解决、创造。翻转课堂一般要求接受性学习发生在课前，而在课堂中主要进行发现学习，通过合理的教学活动设计，促使学生在活动中实现知识运用、问题解决、创造思维的形成与发展的过程。采取有意义的教学充分利用课堂师生面对面的时间，设计促进学生主动发现式学习的教学活动，是翻转课堂解决“教”与“学”的逻辑关系的先进之处。

（2）“动态建构”与“生成学习”。传统课堂教学的本质特征仍是以教师的直接讲授、单向传递为主。建构主义学习观认为，知识不是通过教师传授得到，而是学习者在一定的情境，即社会文化背景下，借助其他人的帮助，利用必要的学习资料和现代化信息技术，通过意义建构的方式而获得。从这个角度看，翻转课堂是直接讲解与建构主义学习相结合，要求教师能够从学生的作业、讨论和课堂互动中发现问题、解决问题，明确学生的兴趣点所在，知道学生想学什么、愿意学什么，甚至是适合学什么，借助现代化技术手段，引导学生自主完成对知识的主动建构与形成。

翻转课堂将课堂的主动权交给学生，传统的教学模式是预设型教学，在传统的课堂模式中，绝大部分学生只要带着“耳朵”来听就可以了，在既定的教学模式下，教学目标、教学内容已经在课前由教师单方面设计、预定，学生只要全盘接受即可，学生没有机会去体验参与式、创造式、自我实现的空间。翻转课堂要求学生还要带着“嘴”与“脑”参与到课堂活动中，教师将课堂的“话语权”与“思考权”交到学生手里。教师根据建构主义的知识观、学习观和教学观强调知识的可变性、学生学习的主动建构性及教学的引导性。因此，翻转课堂又被称为“生成课程”，翻转课堂模式中，学生的学习可称为“生成学习”。

2. 翻转课堂教学模式的意义

基于所在学校的教学大纲与授课内容，任课教师先根据课程的重点、难点和部分新知识，制作教学微视频、PPT 等知识资料，并将这些资料放在搭建好的网上学习平台；而学生在新课上课前，上网在学习平台上通过观看教学微视频或 PPT 进行自主学习新课；完成观看后，学生自主完成平台上的在线测试，从而加深对新知识的掌握，然后再带着在观看过程中产生的疑问与教师、同学在课堂中互动交流与讨论，从而达到学生对所学新知识的完全理解和掌握。这种教学模式称为翻转课堂，又称颠倒课堂或反转课堂。翻转课堂的教学模式完全体现了新课改要求“以学生为中心”的教育理念，培养了学生自主学习的习惯，学生的学习状态也从以前的“要我学”的被动状态转变为主动的“我要学”的状态。

（三）高校翻转课堂教学活动设计

1. 激发学习动机

翻转课堂强调学生的自主学习能力，学习者的学习动机是自主学习的重要因素，当学习者对所学知识没有兴趣而缺乏动机时，学习几乎无法进行。美国佛罗里达州立大学约翰·M. 凯勒 1983 年提出 ARCS 模型，该模型在激发、维持学生的学习动机，保证持续的学习方面具有重要的参考价值。ARCS 模型认为教学应首先设计激发学生兴趣的活动引起学生注意（Attention），教授与学生的生活、未来职业、考试要求相关的内容让教学与学生产生关联（Relevance），通过合适的教学环境及教学评价方式设计增强学生的信心（Confidence），通过树立典型、创新加分等方式使学生达到满意（Satisfaction）。

2. 个性化课堂环境设计

翻转课堂最大的优点是促进学生的自主学习，本杰明·S. 布鲁姆在 20 世纪 70 年代提出精熟学习，是指以班级教学为基础，结合及时反馈，为学生提供充足的学习时间和个别指导，让学生掌握前一单元内容后再进入下一单元的学习。掌握学习是一套行之有效的个别化的教学实践，它能帮助大多数学生很好地学习，是集体教学和个别教学的综合。掌握学习的实施步骤包括定向、新授、评价、矫正。哈佛大学物理学教授埃里克·马祖尔教授提出同伴教学法，同伴教学法要求学生更多地利用课上进行课堂交互，增加师生互动和生生互动。

3. 协作互动的学习活动设计

如何有效并最大化地利用课堂师生面对面的时间是翻转教学的核心问题，其中如何设计和促进学生协作学习活动是关键。

（1）协作学习活动设计。许多教师在实际教学中都曾采用分组让学生合作完成某个学习任务的教学方式，其最大的弊端就是分组后，只有组中的某个人或某几个人积极参与，并完成大部分任务，其他学生什么也不做。在翻转课堂中，教师需要设计协作性学习活动而不是合作性学习活动。在协作的关系中，既包括为了共同的目标而合作的活动，也具有贡献大小不同的组内竞争。在协作学习中可以通过竞争、辩论合作、问题解决、角色扮演等方式更有效地激发小组内每个人的潜能。

（2）交互学习活动设计。小组是翻转课堂中交互活动的基本构建模块，人数一般为 3~6 人，分组方式包括小组成绩分工法、小组游戏竞赛法、切块拼接法、共学式、小组调查法等。在小组交互性活动中，教师需要尽可能地随时关注各个小组及小组中每个学生的动态变化并及时加以指导，确保每个学生都参与到学习活动中。翻转课堂小组活动中大量生成的信息不是显性的，而是隐蔽的，有时甚至是稍纵即逝的，这就需要教师有一双善于捕捉的眼睛，将隐性信息转变成显性信息，并将其融合于教学过程中。教师在指导翻转课堂小组活动时，要适时地做出决策，选择合适的交互策略，以保证小组活动的有效开展。小组讨论往往是小组活动的主要交互策略，教师可以通过设置小组讨论原则来实现，如 S–R–T 讨论法则，即陈述答案（State）、给出理由（Reasons）、提出证据（Truth）。其他常用的小组交互策略有浅谈令牌、头脑风暴、工作表、拼图学习等。

（3）处理好合作与竞争关系。20 世纪 20 年代，格式塔心理学创始人勒温的弟子道奇从目标结构角度提出了合作与竞争的理论：当个人的目标取向努力可以协助他人达成目标时即为合作性目标；当个人的目标取向努力会妨碍他人达成目标即为竞争性目标；当个人的目标取向努力与他人达成目标无关，即为个人的目标结构。道奇的弟子约翰逊兄弟将这一理论进行统整与拓展，形成了社会互赖理论，认为有积极互赖（合作）和消极互赖（竞争）两种社会互赖，当所有的人聚集在一起形成互勉、互助、互爱的团体气氛时，最有可能为了一个共同目标而工作。因此，翻转课堂实施过程中，教师要通过良好的评价设计体系保证学生形成一个积极互赖的团体氛围，处理好合作与竞争的关系。

（4）创建温暖的课堂气氛。选择理论的创立者哥斯认为，青少年学生有四种需要值得认真关注，这就是归属（友谊）、影响别人的力量（自尊）、自由和娱乐。他相信，学校的成功不在学术成绩方面，而在于培育温暖、建设性的关系方面，这些关系对于成功是绝对必要的。马斯洛的需求层次理论也认为青少年最为迫切的需要是尊重的需要。在翻转课堂环境中，教师应该最大限度地保证每个学生都可以参与到课堂活动中，要允许和鼓励学生低风险、无威胁地参与。教师要创造温暖的课堂气氛，要尽可能多地为参与者提供与同伴交流的机会，并给学生提供可随时检查自己想法是否正确的方法，鼓励学生提供多种解决问题的策略。

（5）教学相长，向他人讲授。“告诉我，我会忘记；展示给我看，我也许能记得；让我参与其中，我才能学会。”认知心理学的研究证明，如果要使信息保持在记忆中，并与记忆中已有的信息相联系，学习者必须对材料进行某种形式的认识重组或精制。精制的最有效方式之一就是向他人解释材料。学生通过独立探索、协作学习之后，完成的个人或者小组成果，需要在课堂上交流学习体验，并对自己的作品进行展示。在这个过程中，教师也会了解与发现学生的思维方式以及兴趣点所在。教师要不断面对新的学生，他们的成长背景不同，认知方式也各异。学生的思维能够紧跟社会发展、反映时代的进步，在翻转课堂学生的自我展示过程中，教师也能从中学到很多现代化、网络化知识。

4. 翻转课堂视频制作的关键要素

设计翻转课堂模式，微视频是必不可少的关键因素。微视频是指时间在10分钟左右，有明确的教学目标，内容短小，能够集中说明一个问题的视频。微视频要微、小、精。优秀的微视频标准是：聚集一个知识点；内容简明扼要；语言图像清晰；适当选取制作技术；多种创新活动。教师录制视频时，要形象亲切、语音清晰、语速适中，语言要符合学生的认知特点，适量使用学生的习惯用语或加入一些正能量网络用语，可激发学生的学习兴趣。微视频知识点要选取讲授内容中的重点和难点，过于简单的知识，使用微视频的意义不大；过于难的知识，微视频的作用也不能充分发挥。录制的内容尽量与学生的学习与生活现实相贴近，有利于激发学生的学习兴趣。

（四）翻转课堂教学模式的优化策略

翻转课堂教学模式将知识传授与内化环节相颠倒，突出体现学生的主体地位，但因此带来的学生自主性问题、自主学习的效果反馈问题、教学流程的程序性问题等对翻转教学的实施提出挑战，对此，本书从以下几点提出翻转课堂教学模式在高校实施中的优化策略。

1. 注重学生课前自主学习的监督与指导

在翻转教学中，学生的主体地位得到充分的体现，学生可以根据自己情况进行自主学习。学习行为不受时间和空间的限制，本应是发挥学生自主性与创造性的条件，但是，对一些自主学习能力较弱的学生，应采用加强对其在学习过程中的监督、学习方法的指导，以及丰富学习内容以提高学生学习兴趣的方式进行解决。通过积分机制的管理，能够从总体上对学生自主学习行为加以控制，以积分量化的方式监督学生自主学习、协作学习的开展，对自主学习意志力比较薄弱的学生有一定的激励作用。当然，对于积分管理的说明要在之前与学生商定明确，并在过程中适时修改完善，体现以学生为主体的原则。其次，可通过学习方法的指导，帮助学生独立完成学习任务。翻转课堂教学方式将学习的主动权交到学生手中，并不代表教师可以放任学生去学习。相反，教师应当在学习过程中对学生的学习方法、学习策略加以指导，提供合适的学习资源，避免学生过多地将时间花在整理资源上，提高学习效率。最后，还可通过在学习内容上的调整，如增强学习任务、学习内容的丰富度，以提高学生自主学习兴趣，以此达到在主观上提高学生自主学习效率。

2. 针对学习内容合理调整翻转教学流程

翻转课堂教学模式自被提出以来，国内外学者在罗伯特（Robert）基本翻转课堂教学模式的基础上，提出了各自的翻转课堂拓展模式，但整体的教学流程仍以课前知识授导、课中知识内化为主，并在这两个阶段融入不同的教学策略或平台，取得了较好的教学效果。但是，由此也带来翻转课堂教学流程复杂繁多的问题，往往对形式的注重多于对教学内容的思考，因此，在选择相应教学活动或教学策略时，应侧重针对教学内容的特点，合理调整教学的程序。在翻转教学实践中，高校应注重对教学流程的调整，即适当减少课堂中学习活动的数量，减少以相同知识点的考查为目的的教学活动，以提高学习活动的质量为重点，在不增加学生负担的前提下达到教学目标。

3. 借助交互平台实时反馈自主学习效果

在借鉴国内外研究学者对翻转教学的理论探索与实践经验的基础上，高校应多注重翻转教学过程中师生、生生之间的交流环节。在课前注重学生自主学习的效果反馈，有助于教师根据学生的掌握情况对课堂教学内容进行合理调整。因此，对交互平台的利用，不仅可以解决学生当下所遇到的问题，还可帮助教师了解学生整体的学习情况，对教学任务及教学资源进行合理选取，有针对性地开展教学活动。

(1)实施翻转教学的课程方面。对于面向全校学生开设的公共文化素质课，授课对象为不同专业的学生。针对学生不同的专业背景及对知识不同的掌握理解情况，在实施翻转教学时应结合课程特点与学生学习特征进行设计，如对教学资源的选取、对课程翻转内容的选取，以及不同学生的学业负担等问题。

①适量提供教学资源，体现课程特色。课程教学资源日益丰富，如何通过课下学生的自主学习提高教学资源的利用率成为教学面临的问题。在翻转课堂教学设计中，注重通过对课前教学资源的引导和教学方法的指导，提高教学资源的利用。但同时带来教学资源过多而增加学生学习负担的问题，因此，在课程翻转教学实施中，在自主学习阶段，应结合所选翻转章节的教学目标，对教学资源进行整理与分类，提供适量的学习资源，并通过思维导图呈现学习资源与学习任务的联系，减少学生在资源查找上所花费的时间。同时，提供的学习资源应以体现课程特色为原则，应尽量避免理论性或专业性较强的学习资源，可选取对相关概念内涵的讲解，通过知识地图或思维导图从宏观发展脉络到微观内涵意义，对专业内容的发展或历史意义进行整理与归纳，以此帮助学生对资源的选取和自主学习。

②结合课程知识特点，选取翻转内容。研究表明，在同等条件下，针对一些理论性、抽象性等较强的教学内容适宜以传统教学的面对面形式开展，以此提高教学效率，而不适宜采取翻转教学的方式。因此，在实施翻转教学时应在全面分析课程特征的基础上，选取恰当的教学内容开展翻转教学的实践。课程的理论知识部分，适合采取面对面形式开展教学；案例部分，为了在课堂上更好地分享学生从不同角度的思考及见解，因此更适宜采取翻转教学的方式，将对案例的基本知识放于课前，而在课堂上采用案例分析和小组讨论的形式分享各自的学习资源和心得，更有助于教学目标的达成。

③针对学生学习负担，合理布置任务。应针对不同学生，布置相应的学习任务。教学过程中应始终坚持的教学理念是“以学生为本”，那么在实施新的教学方式时，要充分结合学生自身情况进行教学设计。例如，对学业负担较重

的学生，在课前应适当减少学习任务量，避免其因承受过多的学习任务而产生回避心理，甚至导致降低课程的满意度和积极性的现象。高校可以在课下对其学业负担及对课程的态度进行访谈，结合学生意愿和学习风格特点，在保证一定教学目标的前提下，对每组学生的自主学习任务的内容及形式进行调整，如对学业负担较大的学生，布置较容易或形式较简单的学习任务；对学业负担较小或对本课程兴趣度较高的学生，布置相对较复杂或形式多样的学习任务。

（2）高校教学创新环境与资源方面。加强和完善高校教学创新服务体系和学习环境、资源建设，推动教室信息化改造和学习空间多元化建设。现行高校的电教中心、网络中心、图书馆等公共教学服务体系，迫切需要加强数字化、信息化建设改造，尤其需要实现以教学创新和学习方式变革为中心的一体化协同创新发展；教室也迫切需要改造，要打破千篇一律的教学环境，创建各种不同类型的学习、交流空间，以及与此相适应的网络学习平台和资源库，为师生开展多样化的研究性学习和团队学习，提供方便的教学支持服务。

第二节　高校教学质量管理实践与创新

一、教学质量管理的概念

（一）教学质量

到目前为止，教学质量没有一个统一的标准，因为不一样的学者有着自己的教育理念，在不同教育理念的驱使下，人们对教学质量的感知是不同的，理解也是不同的。综合多种教学质量的定义，本书将教学质量定义总结为：教学质量就是学生在特定的条件（时期和教育环境）下，其整体素质达到的进步程度是否与制定的基本标准一致，和大众对其的满意程度。其中，大众包括学生、工作部门、家长和政府中教育主管部门的人员等。众多的影响因素制约着人才的发展，要想培养更多的复合型人才，就需要各个利益相关者统筹协作，这样既可以降低成本的支出，又可以提高效率。高校教学质量是指通过设计、组织和实施，旨在实现为满足社会发展需要、个人发展需要和学校自身发展需要所确立的教育教学目标和人才培养目标的一系列教学活动所达到的效果。

（二）教学质量管理

对学校整体教学工作进行的质量上的督导和控制就是教学质量管理，它是为了保障教学质量，严格把好教学全过程的各个环节的质量关，具有全面性、全程性、规范性和动态性等特点。

根据全面质量管理理论的内容，教学质量管理系统应该包含六个要素：教学管理职责系统、教学资源管理系统、教学输入系统、教学过程系统、教学输出系统和教学质量检测、分析和改善系统。其中，教学管理职责系统包括教学质量政策和目标、教学质量管理组织、教学管理的人员代表和教学管理评估等；教学资源管理系统包含教师的吸纳和提拔、深造和培养、绩效考核、教学器材的设施采办和使用管理、图书馆书籍数量和种类等；教学输入系统包括培养计划、招生和报到、上学和教科书等；教学过程系统包括教师的教和学生的学、研究开发课程、科学研究、班级管理、考试等；教学输出系统包括深造和就业等；教学质量检测、分析和改善系统包括听课、对教学进行评价、客户投诉应对、教学材料统计技能、修正和修正方法等。

二、高校教学质量保障体系的构建

（一）高校教学质量保障体系构建思路

各高校自身区位特点及专业优势，学校定位及人才培养具体目标各有不同，实现人才培养目标的路径也各异。为了保证教学环节完整、教学活动有效落实、实现人才培养目标，高质量的教学质量保障体系必不可少。

教学质量保障体系一般由目标、标准、因素、监控和改进五个部分组成，高校的各项管理制度和教学运转机制源于学校的办学定位和长久以来的建设经验，在国家强调高等教育高质量发展，人才培养的目标是满足社会主义现代化建设需要的背景下，外部质量保障体系逐渐健全与完善，学校在进行建设和各项制度设计时，参考的标准越来越多，而且外部保障体系的目标和要求往往是刚性的，所以学校应以外部质量保障的目标和标准作为建设的引领，与内部质量保障目标相融合，落实内部质量保障体系建设，保证学校工作机制的有效运行和对目标的达成。

为维护应用型高校内部教学质量保障体系的有效性，构建“双系统”协同的教学质量保障体，系应遵循以下原则：第一，整体性构建，将外部质量保障目标和标准融于学校的具体定位和办学条件，将外部与内部目标协同，教学核心系统和教学服务外围系统协同，包括多维目标、多个主体的协同；第二，以“招生—人才培养—就业”闭环来衡量教学质量保障体系的过程、结果的有效性；第三，放大教学质量保障格局，为教育做整体保障而非仅仅为教学保障。

学校的行政中心为外部质量保障目标与标准的接收口，首先依据国家教育政策、经济政策营造质量保障氛围，而后协同质保、总务、教务、学务、科研、招生就业、党务部门负责人，统一分解目标，继而结合各个部门的工作范围和执掌、分类分层执行。

在外部质量保障目标和标准的引领下，质量保障部门、教务部门依据学校办学定位和人才培养目标，协同制定各项教学活动和教学载体（因素）的一般和通行标准（以制度、要求、方案、标准等形式体现）。教学活动包括课堂教学、校内实验、校外实习实训、毕业论文等，教学载体主要有教材、实验室、教学资料和实习基地等。总务部门负责教学条件建设、满足各项教学要求，学务部门负责制定学生管理规范、素质拓展、第二课堂；党务部门负责强化意识形态建设；招生就业部门拟定招生标准和跟踪调查毕业生就业质量；新闻中心负责对外宣传；科研部门制定科研标准与规划、提高科研水平。各个教学单位（学院、系）的管理办公室、教学管理人员结合专业特点和学院教学管理特点制定具体的教学质量管理规范，保障各个环节的教学质量。各实施主体及学校的教学质量保障部门对各项教学活动的运行进行监控，就业部门对毕业生就业结果进行评价，及时反馈，持续改进。

（二）高校教学质量保障体系建设重点

1. 教学与教学服务系统协同的举措

（1）建立学校行政中心在质量保障体系中的领导地位。

学校行政中心是将外部质量保障目标与内部质量保障目标统合的中心、是学校教学服务外围系统和教学核心系统的中心，所以，学校行政中心的领导地位要建立起来。其主要职能定位：第一，营造质量保障环境，强化质量至上文化，将质量保障思想与学校教育文化建设、教风建设、学风建设相融合，同口径输出。第二，作为教学服务部门之间、教学单位之间、服务部门和教学单位之间协调的纽带。第三，直接领导质量保障部门，接受质量保障部门的质量报告和提出综合改进意见。

（2）形成质量保障会议制度，保障两个系统质量保障信息对称。

制定质量保障会议制度，定期、不定期召开两个系统各部门负责人的质量保障协调会，保证信息对称，权责明晰，及时发现问题，及时沟通解决，保证两个系统的目标协同、教学质量保障活动协同。

（3）质量保障部门作为日常质量保障运行监控枢纽和质保数据的汇总部门。

质量保障部门受行政中心直接领导，相对独立于其他部门，负责教学质量保障体系的构建以及负责教学质量保障体系的日常运行和监控，同时从各个教学部门和教学活动的各个环节、各个时点收集教学质量监控数据，并对阶段性数据、分部数据开展及时分析。在数据收集过程中，注意一手数据和二手数据的分类管理，需经其他部门首次收集的数据协同，统一数据收集口径，节约时间和节省成本，如毕业生就业数据和社会评价数据，由招生就业部门先行收集，而后汇总于质量保障部门，招生就业部门需要与质量保证部门预先沟通，设计毕业生就业信息收集的口径。

（4）从制度、活动、人员三个角度使质量保障体系融入各个部门。

为保证教学质量保障体系随时随处发挥作用，从制度、质保活动和人员设置三个角度分层设置，全面布局：设置“学校　职能部门 / 教学单位（学院）”质量保障制度，确保各项质量保障活动有制度可依、有规范可循；各部门根据质量保障制度和质量保障目标开展各项质量保障活动，保障各项教育教学工作有力开展；设置“学校—职能部门 / 教学单位（学院）—教研室—学生”四级质保专员制度，保障质量保障体系在各个层级和各个环节有效发挥作用。

2. 两个系统“PDCA”闭环的实施

（1）教学服务系统的执行过程。

质量保障体系的运行建立在高校正常运转的基础上，建立在各个职能部门的具体业务实施中，故而两个系统质量保障体系的运行可以借鉴 PDCA 模式（Plan Do Check Act），以“计划—执行—检查—改进”这一闭环来实施。教学服务外围系统中，以学校的行政中心为核心，在协同目标和标准后，落实到具体的业务上，表现为统领各个部门制订工作计划为起点，从而进入周而复始的循环，所以教学服务系统的 PDCA 可以构建如下：

每个教学服务部门根据工作执掌，做好阶段性工作计划，经学校行政中心讨论研判，协同制订计划，而后进入执行环节，依据计划对照执行，学校的质量保障部门和校长办公会等对计划执行情况、执行过程和资料进行监控与检查，提出改进措施，反馈于各个部门以及时改进。在这个过程中，强调由学校行政中心集中管理，各个部门具体执行，学校行政中心和质量保障部门开展内部评价与监控。

（2）教学系统的执行过程。

学校办学定位的实现最终要落实到人才培养质量上，而人才培养目标的达成需要两个系统的协同，并最终落实于教学活动的实施。教学活动的实施至少包括以下要素：教学管理、教学主体、教学客体、教学载体、教学手段等，有显性要素和隐性要素，有程序性要素，有价值性要素，在具体实施中，各个要素也可以表现为 PDCA 过程。每个教学要素的执行主体各司其职，在各自的工作范围内依据工作目标制订相应计划，计划通常以专项方案、专项计划等文字形式存在，各主体遵照执行；各要素有特定的执行标准。教学管理部门参与所有环节标准的制定和检查，督促其改进。教务部门和学院、学校的质量保障部门参与所有环节的检查。

三、高校教学质量管理的改进和创新

（一）高校整体教学质量管理改进策略

教学质量管理在高校工作中非常重要，是不可忽视的一个方面，并且关乎着各个利益者的利益，针对这些问题，本书具体探讨进行改进教学质量管理的对策，主要包括六个方面：提高教学质量管理者的水平；加大教学管理质量工作宣传；积极支持学生参与教学质量管理；加强学生参与权的制度建设；提升学生参与管理的素质和能力；建立教学质量信息反馈改进系统。

1. 提高教学质量管理者的水平

在高校的教学质量管理工作中，管理人员起着非常重要的作用，能影响到高校人才的培养质量。所以提高高校教学管理者服务水平和专业素质就变得尤为，重要管理者的管理水平和效率也要跟上当今社会发展的要求。

（1）提高教学质量管理人员的服务水平。

要切实地搞好教学质量管理工作，使其顺利开展进行，教学管理人员必须有明确的服务意识，提高服务水平会使教学质量管理的进行事半功倍。因为学校的建立就是为了满足人发展的需要，所以学校就是为需要的人提供服务，应该以服务的对象为本，也就是以学生为本。随着教育的发展，教育竞争也日趋激烈，而高校之间竞争的关键之一就是能不能为服务的对象提供高效优质的教育服务。因此，教学质量管理人员必须有服务意识，以学生为本，做到热情服务、耐心解答、满足要求，以积极向上的精神面貌去对待工作，真正做到让教学质量管理为教学服务，保障教学工作的顺利进行。

（2）提升教学质量管理人员的专业素质。

高校教学质量管理人员除了要有服务意识，高水平的服务，还要提升相关的素质。首先是思想素质。高等教育担负着培育人才的重任，不仅要培养能够建设社会的人才，还要能发展人才。因此，具备过硬的思想素质是教学质量管理人员做好这项工作的基础。这些管理人员应该具备和提升的思想素质，有正确的政治和工作思想以及顾全大局的思想素质。其次是职业道德。高校教学质量管理人员职业道德核心是对党的教育事业忠诚，所以，管理人员职业的高尚道德是有效开展教学质量管理的基础。其次是管理素质。高校教学质量管理人员在从事教学质量管理工作时必须具备的基本条件就是要有高层次的管理素质，高校的办学水平和教学质量管理人员的管理素质及管理水平有着紧密的关系。因此，教学质量管理人员应该具备的管理素质包含和教学质量管理工作相关的基本知识、较高的日常教学质量管理的能力、组织协调的能力以及不断学习新知识的能力。最后是创新素质。教学质量管理人员必须掌握教学质量管理的内在规律，除此之外，还要有创新意识，时刻本着创新的精神来找寻自己学校发展所适合的路，在不断地实践和总结中提升工作效率。

（3）提高教学质量管理者的管理水平和效率。

首先，优化教学质量管理队伍。高校中能在教学质量管理岗位上工作的人员应该是不仅德与才兼备，还要懂教学质量管理知识，学校要按照教务处和各院系的要求去配备好这些人员，人员数量也要和办学规模相适应，新进的教学质量管理人员应该具备相应的学历和工作经验。要加强对教学管理骨干的培养培训，定期系统轮训一次，让新上岗的教学质量管理者具有强烈的工作责任感，掌握必需的教学质量管理相关的知识和手段，快速地领会到工作的本质内容，加快适应工作的步伐。同时，学校还要激励他们通过继续深造来提高理论和工作研究的能力，提高分析解决难题的才干。

其次，定期进行考察和研讨。要让教学质量管理人员听取同行知名专家开的讲座，或是去著名高校进行参观、考察、学习和交流，吸取借鉴一些先进的教学质量管理理念，以提高自己的业务水准和能力。

最后，保持教学质量管理队伍的稳定。各高校应该制定出相关的政策，切实地解决好教学质量管理人员的待遇问题，使他们不用为其他问题分心，更好地集中精力去搞好教学质量管理工作。学校还要加强教学质量管理的现代化建设，构建起高效共享的教学质量管理网络平台，推动教学质量管理的科学化和现代化，提高管理的效率。

2. 加大教学质量管理工作宣传

为了实现教学目标，学校应该让学生在教学实施之前就明确地知道教学目标和要求，因此要加大在学生中教学质量管理工作的宣传力度，这要充分利用覆盖学校的多种媒介，还要调动具备管理能力的学生参与这项工作的积极性，共同完成教学质量管理工作。

（1）充分利用各种媒介进行宣传。

学校的教学质量管理部门通过校园广播、校园网络以及宣传栏等，把教学工作的具体情况和进程及时对外公开，也可以请一些有关学院的人员共同参与，以增加行政人员和学生对教学质量管理工作的了解，学校还可以编印有关高校所颁布的教学质量管理文件，向学生宣传学校教学活动中的规定、要求和办事程序（如《本科生学业指南》等刊物），以此来转变教学观念和完善教学质量管理，为学生提供更多的便利服务。

（2）调动学生管理人员的积极性。

学生群体中那些具备管理能力的人，可以在教学质量管理过程中起到上下连接的沟通桥梁和交流纽带的作用，而对于这些学生来说，参与教学质量管理又是锻炼能力的机会。因此，高校应该重视对这些学生的培养和管理，充分调动其参与教学质量管理工作的积极性，有效地连通“学校”到“学生管理人员”再到“学生”之间的信息往来。

通过专门的培养和管理，提高学生管理人员的认识，以此带动更多学生，让他们对高校的教学质量管理有所认识，只有认识充分了，才会更好地配合教学质量管理人员开展相关的工作，有利于工作的顺利进行，进而也给高校的教学质量管理工作带来更大的成效。

3. 积极支持学生参与教学质量管理

高校管理的主体包括教师、管理者、学生，学生作为高校利益相关者之一，也有参与其中的权利。当一个组织强制它的内部人员服从它的权威时，这个组织里将出现信息不对称现象，一定会存在矛盾和冲突，而当它是建立在内部人员对其的认同之上，这个组织一定会长久。高校也一样，它的权威不能是通过强制实现的，必须依靠来自学生的认同。以前学校没有征求学生的意见而制定出来一些规章制度对学生进行约束，现在高校积极主动地让学生参与教学质量管理工作，满足学生的需要，学生就会认同学校的工作，学校的工作也将顺利进行。

（1）积极主动争取领导的重视和支持。

引起领导的重视，获取领导的支持，才不会让学生参与高校教学质量管理工作变成只是一个口号，流于形式或者昙花一现，而会使学生管理队伍参与高校教学质量管理工作更坚定有力。因此，教学质量管理部门要和学生管理队伍一起争取学校领导的支持，特别是负责教学和学生工作的领导对学生参与教学质量管理的支持，使领导能高度意识到学生参与教学质量管理的价值和意义，这不仅能够促进学生的全面发展，还能提高高校的教学质量。

（2）学校与学生管理部门相互合作。

教学质量管理部门和负责教学的领导应该和学生管理队伍（共青团、学生会等）主动地对学生参与教学质量管理工作进行指导。高校教学质量管理部门给学生提供机会使其能参与教学质量管理工作并进行指导，学生管理部门也要提升工作水平，积极投身于教学质量管理的工作中。两者中任何一方的努力都不能少，否则都会影响工作的有序开展和进行，只有两者通力合作，才能真正实现学生参与教学质量管理的价值。

4. 加强学生参与权的制度建设

在多数的发达国家里，学生有直接参与决策的权利，通常由学生代表参与，他们不仅有权利参与学校各种事务的会议，还能够代表学生进行发言，包括在董事会或校委员会中。例如，在英国，大学里都有专门设置学生组成的理事会，这些理事会里的成员能够参与大学组织的学术委员会或者行政会议等，并可以在这些会议上代表全体学生表达意见和建议，内容包括对教学工作和科学研究工作等的安排，对教师和专业的技术人员的提拔、任免等，对设置和实施有关学生参与管理的纪律等。学生代表的人数在大学理事会中的人数比例最高的是法国，可以达到 1/3 及以上，大学的理事会为确定本校的规章制度、审议各个院系的规章制度、制定和核算预算、经费的分配、制定教学计划、研究教学方法以及考试方式等，定期召开会议，在这些会议讨论的事项中，很多都与学生的利益紧密相关，因此，学生是有绝对的发言权和表决权的。例如，关于学校以及院系的规章制度、教学计划等。当然，在管理的开展初期，可以通过多种渠道让学生表达意见，包括设置校长、院长信箱，进行民主性的评议活动等。之后无论在学校事务上的安排，还是在其他相关工作上，通过不断落实，逐步丰富和健全，以展现学生的力量。

这些发达国家的经验可以给我们以借鉴和启示，即成立传达学生声音的学生团队参加校务会议。组成学生团队的是优秀的、有能力的学生，可以代表学生发言，这样的类似于专门委员会的形式应该是制度化的、可持续的，其作用包括在召开学生座谈会时发表意见和建议；学生以书面的或口头的形式做出反应；学生评教制度和学生代表制度等。因为大学和学生之间都有着共同努力的方向，彼此信任、合作，所以，学生参与学校的教学质量管理有进行下去的必要性，但参与教学质量管理工作，学生必须具有参与其中的才能和品质，当然，大学生的职责主要还是学习，在参与教学质量管理的过程中要保证不耽搁自己的学业，因此就要正确地把握学业和管理的关系，还要处理好与学生会、学习部等相关部门的关系，使参与教学质量管理成为学习管理能力的提升和拓展渠道。

5.提升学生参与教学质量管理的素质和能力

人是实施制度、理念和措施的根本，高校教学质量管理除了管理人员，还要有学生管理队伍，而要使学生参与教学质量管理真正可行，就要求学生管理工作队伍是高素质、稳定的工作团队。目前，我国高校里的学生管理工作者大多数都没有系统地掌握教育教学相关理论，专业程度并不高，工作起来往往是凭借自己的想象和别人的经验。学生管理工作中最重要的就是学生干部，他们是学生群体中的优秀人员，他们参与管理的能力高低是学生参与管理成功与否的重要影响因素。

大学生要正确对待教学质量管理工作，通过实践提高教学质量管理的能力，高校教学管理部门应该采取多种渠道和途径实现学生的参与和实践，并激发他们的热情，丰富他们参与教学质量管理的知识和技能。

高校大学生已经有了一定的自主性，他们的个性心理也已经相对成熟，并具有相应的知识水平，也有强有力的民主参与能力和意识，所需要的就是恰当的引导与积极主动的培育。因此，高校应该运用多种方式，让学生对他们的权利和义务进行透彻的了解，准确理解民主的含义。高校还要组织学生进行相应的培养和训练，为学生提供更多的机会，向学生传授参与教学质量管理的相关理论知识和实际操作的技能，使学生在参与实践过程中，能力经过锻炼而提高，并成为有道德、有素质、有责任、有意识的个体，进而给高校的民主化管理带来积极向上的作用。此外，高校还应该对学校决策的相关工作做好宣传，与学生增强彼此的信任和理解，从而提升学生的角色感、参与感以及责任感，使学生的个人利益和目标与高校的教学质量管理结合起来，唤起学生参与教学质量管理的积极性。例如，可以把参与教学质量管理作为实践课程选修课，大学生参加这个实践课程，可以得到相应的学分等。

6.建立教学质量信息反馈改进系统

使监控教学质量的多样化主体、多级别客体和教学目标等依照一定的关系进行组合并发挥作用的互相关联的一致体系，就是所谓的教学质量信息的反馈系统，它以教学质量管理和控制的角度为出发点，由教学质量监控的主体对监控的目标（进行质量监控的客体的状态和教学目标的完成情况等）做出反馈，来强化整体教学质量监控体系的错误修正能力，使其不断地优化和完善的过程。教学质量信息的反馈系统中的各个子系统积极互动、协调和连接，产生合力效应，使之一步步完善，从而形成教学质量信息反馈改进系统，这对教学质量的提升有着积极而重要的作用。为确保教学质量管理进行得高效顺畅，高校应该构建有关教学质量信息反馈的改进系统，相关信息以各种形式反馈到质量负责人处，包括口头上的、书面的、公开在网络上、教学的定期会议等形式，方便质量负责人在以后的工作中加强改进，提高教学的质量。各种各样的有关教学质量的信息一定要及时地反馈给学生处、教务处以及主管学生和教学工作的领导处，以便他们及时知道学校总体的教学质量情况，进行宏观控制与调整。具体关于学生参与的环节应包括五个：第一，可以从班级中挑选一名有责任感并能和其他各方面人员进行有效沟通的学生，然后加以特定培训，让其对教学质量管理相关工作进行全面深入的了解；第二，这些挑选出来的学生作为学校教学质量管理中的纽带，要及时地将教师上课的真实具体情况进行记录、汇总和梳理，尤其是一些异常状况，以便管理部门掌握真实的情况，并对亟待解决的问题快速了解，进行处理；第三，在班级内建立意见信箱，方便其他学生表达意见，使问题表现得更全面、更真实；第四，定期进行学生问卷调查和评价，开展学生参与的有关座谈会，使学生明确参与教学质量管理的价值和意义，能够发自内心地主动积极参与进来，实现学生参与的有效性；第五，利用现代化设备和条件，开设网络互通平台，向全体学生开放，使信息的交流更快速方便，这也更有利于学生与学校的平等沟通，同时，为了发挥学生在教学中的主体作用与地位，学校将有关信息和处理意见及时反馈给学生，对于无法立刻解决的问题要说明原因，最大限度地为学生参与教学管理提供制度保障，搭起教学互动的平台。

（二）新媒体下高校线上教学质量管理创新策略

1.树立并宣传线上教学全面质量管理观

在高校线上教学管理中务必树立顾客观与质量观。顾客观和质量观是全面质量管理思想的两个核心观念，将线上教学管理看作是一种“服务”而不是制约，视线上教学中的教师、学生、社会等为有需求的顾客。在我们的社会持续稳定的发展下，线上教学作为一种重要的教学形式必须着眼于长远，充分认识到线上教学中应具有的管理理念，从而保证线上教学质量随着教师、学生、家长、社会的需求而不断调整，使线上教学质量管理可以向着更好的方向发展，并使线上教学模式所培养出来的素质能够适应社会对人才的需求。教师与学生在线上教学中是基本要素，所以管理人员应将教学质量的优质输出，看作教师为学生做好服务。

另外，做好全员参与性的宣传工作。高校线上教学质量管理是一项复杂的系统工作，应推行全面质量管理理念来实现高校线上教学的质量优化，并使线上教学优质的生存下去，为全体参与者树立可持续发展的理念。应积极推广宣传和使用高校线上教学全面质量管理的管理模式与管理途径，从而保证高校线上教学管理全过程的实施。在重新构建的高校线上教学体系下，高校线上教学参与者需要对新的质量管理流程和文件有足够的认识并进行全员性的宣传，才能更好地贯彻落实在全面质量管理体系下的线上教学质量管理。学校以及平台的每个参与者都要有质量责任意识。高校教学每个环节分配到每个人的任务做到不交错，层层递进，提高培训力度，加强线上教学发展的宣传，既可以提高线上教学质量，又有助于高校线上教学的长期发展。

线上教学工作检查是对教学运行状况进行动态监测的重要环节，是线上教学全面质量管理体系的重要组成部分，是提高线上教学质量的重要手段。全面质量管理体系下的线上教学运行过程期间，必须进行全面的质量控制，及时发现偏离标准的各项活动及结果。质量控制横向涉及学校线上教学工作的全部方面，如教学平台状况，教师的教、学生的学，课堂质量控制，线上教学目标、教学计划、平台沟通、教学过程和每一项教学辅助工作。围绕线上教学管理工作、教师教学质量和学生学习质量三条主线，督导组全力深入，督导组评教、学生评教、教师自评等多种形式评教，做到以活动为载体，发扬线上教学全员性的管理，规范线上教学过程，充分调动教、学、管多方面的积极性，努力扩大教学工作监控的成果，使教学工作进一步科学化、规范化、全面化。

2. 设立合理的教学目标

教学目标是线上教学工作的整体导向。由于线上教学是高校教学的子系统，有传统教学相通的方面，也有其特性的方面。在目标设定过程中，高校教学管理者应该发挥学生与教师的主体性，实施全员管理、全员参与的原则，将其贯穿到整个线上教学管理中。在目标设定上要全方面考虑，高校线上教学对象主要为原有班级的学生或者统一专业的学生或是其他院校的对课程有需求的学生，教学宏观培养目标由学校或学院在课程开设前根据线上教学的特点、专业的特点、院校的特点进行全面发展性的目标定制，教学的微观维度目标一般由任课教师根据实际教学内容、学生基本素养进行个性化制定。在线上教学目标制定中需贯彻“以学生为主体”的宗旨，因此，应在进行教学之前，加强对学生的学习素养和教学平台操作技能等进行分析，对线上教学内容加以分解制订出更细致的线上教学的目标。将学生的声音充分扩充到线上教学的准备阶段，以多种方式方法搜集学生的声音，让学生可以表达属于自己的目标和期望，便于教师制定教学目标时具有可行性、现实性、针对性，尽量做到不同学生的需求全部得到满足。

高校线上教学质量管理的目标建设层次上应包含多种学科知识的建构，增加学生的自我管理能力、毕业后的就业能力，信息化教学稳定发展，以及创新能力的养成等。短期目标的建设上包含课时的高效完成性、信息技术能力的进步、更强的专注力、线上新型团队合作能力、交流的能力等。

3. 完善高校线上教学质量管理组织系统

高校教学组织指挥系统是线上教学质量管理体系中的“位置”心脏，其功能是对线上教学各阶段进行组织、运作与协调，其组织的合理与否直接关系到线上教学质量管理效率。高校的线上教学质量管理是行政管理与课程管理的结合。所以教学组织系统应由两个分系统构成，一个是教学行政管理，另一个是教学课程管理分系统。

线上教学的行政管理组织建设应以在原有的行政管理组织下增设教学平台协调处，其组织运行方式是按学校线上教学管理人员层级进行行为递进式的管理活动。主要功能是对线上教学起到发展方向性的指导作用，及线上教学顺利进行的保障作用。该组织系统运用行政管理的手段，对教师、管理人员、学生、教学平台等要素进行整合管理，对所有的线上教学活动的走向进行计划、组织、协调、指导，以确保教学质量整体目标的实现，同时对课程管理的组织系统提供服务和支持。线上教学课程管理组织分系统由原有的组织设置增加线上教学技术与技术培训部门，助教管理部门，扩大监课督导队伍。此部门着力线上教学的技术保障，线上课程建设，开发新型的适合线上教学的教学方法、学习方法、考试方法，监督反馈机制，评价体系，促进线上教学改革，使线上教学顺利进行，等等。通过课程管理组织的管理活动深入进行，实现对线上教学质量的控制。组织工作时要注重管理信息、教学信息的双向交互并将服务教师与学生作为行动指南。

高校线上教学组织的合理人员结构与管理人员的素质能力，决定了教学质量管理的成败。强化线上教学管理人员的为师生服务的意识和创新管理理念，从而达到教学质量管理的优化。不论在计划还是发展期间始终着力统建一支管理思想全面且创新、业务与个人素质强、有丰富的线上教学经验和知识且力求创新变革的教学管理队伍。这样的目标要求我们在发展线上教学的道路中注重开发与培训线上教学管理人员的线上管理技能学习，使管理行为更为奏效，切实提升线上教学质量。

4. 重构保障运行机制与监控评价机制

（1）重构保障运行机制。

“人”是高校线上教学的重要因素，且在线上主要要素中占有两项。所以要想使线上教学过程管理高效运行，必须对教学活动中的人有所干预，充分调动教师、学生和管理人员的线上教学的积极性，健全教师的发展机制从而保障教学系统高效运行。线上教学质量管理的保障机制主要涉及四种机制：第一种是竞争机制。通过竞争达到优质教学资源的输出以及调动教师、学生和管理人员的积极性奔赴线上教学，获取属于自己的荣誉与地位。学校在线上教学过程中通过线上教学能力竞赛、学生线上课程知识与创新能力的竞赛等多种手段达到促进竞争的目的。第二种是激励机制。激励机制是高校线上教学质量管理调动主动性，促进师生自我管理能力的生成主流机制。人文精神、诱导、奖励是实施线上教学激励机制应遵循的基本原则。线上教学质量目标和阶段性的课程目标将师生以及管理人员的经济激励或精神激励相结合，将线上教学质量保障与多重奖励等结合起来，使全体师生将线上教学质量的提升作为自身的需要，做到不断激发教师积极性，增强其投身线上教学质量内在动力。第三种是创新机制。创新是推动线上教学变革的最有力途径。线上教学创新机制不仅包括教师的教育理念、教学模式的创新和教学内容、教学方法、教学手段创新，还包括学生学习方法、学习环境，管理者的管理思想管理行为的创新。创新机制做到全员性参与是保障创新机制运行的重要条件。第四种是约束机制。约束机制是保证高校线上教学工作有序开展的重要条件。学校各部门要根据线上教学的质量目标及师生特性制定约束准则，管理人员对自身以及教师、学生、教学平台做好行为约束，教师对学生的约束，自我的约束要起头并进，从而保证线上教学工作有序开展。

（2）重构质量监控评价机制。

线上教学质量监控的五大主要要素为人（教师、学生、管理人员）、物（教学平台，终端设备、教材、图书资料）、方法（教学、学习、管理方法）、考核（学生教评、课程考试）、教学环境（风气、空间）和教学管理。针对这些要素，应按照做好预防、加强过程监控、深思结果的思路，即对线上教学实施前的体系监控、实施过程的人员与活动监控，以及最后的教学质量输出监控。并针对监控各环节制定一系列的线上教学管理规章制度，保证线上教学运行的科学性、规范性和延续性。在线上教学的监控中秉持全员性、全过程、全方位、有规划、多渠道、多形式的监控。

完整的高校线上教学质量评价可对线上教学的教学过程和结果做出数量或质量的评价，并与期望的标准进行全面的比较，呈现出当前的线上教学工作的优劣。教学评价系统是保障与提升教学质量的重要手段。全面质量管理理论认为评价是一个控制、反馈和持续改进的过程。评价系统的适用性是目前各高校急于解决的问题，高校教师考核评价体系急需完善与改进，应注重以下三方面来创新教师评价体系。第一，强调评价指标的多样性，保证各类教师与不同学生有标准可依，通过课程的特殊性将教师进行分类管理，将线上教学所涉及的方方面面全部纳入评价当中。第二，强调评价体系的客观性，减少冗杂的人际关系。做到多看质量少看“面子”；减少通过率的评价，多看实质行为。第三，加强过程评价，管理者对线上教学中的人实施过程跟踪管理，以结果评价为辅，提升考核评价的科学性与时效性。教师对学生的课程评价方面加强学生的课堂表现，凡是具有教师创造教学价值，学生具有创新与努力的表现，都应当得到支持与肯定，使评价的激励的结果更明显多样；遇到负面行为要积极加以疏导。线上教学质量评价机制的重构在很大程度上提高了线上教学质量。

5. 加强线上教学平台建设工作

线上教学平台功能性是教学质量的前提和基础保障，更是教学质量管理有效进行的基石。线上教学平台选择上应满足课程设计与开发功能、资源上传与传输功能、师生交互功能、考核与评价功能、课程管理功能、学习资源覆盖性广的功能等。课程界面应简洁易操作，符合学习的背景设计。随着 4G、5G 网络的发展，终端设备的多样化与简便化，线上教学平台功能的重构与发展变得更为现实。

教学平台学习资源的提供，除平台本身具备的功能外，还应考虑学校提供的教学资源，教师提供的学习资源，在平台中可以顺利应用，服务型原则是全面质量管理的顾客性导向理念。为顺利开展线上教学，教师除了根据自身特点选择适合的教学平台之外，还必须保证课程内容的良好呈现，要呈现优质的教学资源有两种方式一种是使用原有的课程的教学资源即 PPT。另一种是通过教师根据线上教学的特点在教学平台外自己设计、制作教学所学的资源。为实现这两种资源的长期性与延展性，发展平台系统内的教学资源开发与设计尤为重要。管理者应在平台提供保证学生全面发展的学习资源，做好电子图书馆的工作，提供教师备课所需的教学材料。

增强学校与教学平台的校企联络，是保障线上教学长期发展的必要手段。目前来看学校与教学平台是独立的，仅有的关系为提供课程或使用课程，双方应着力改变这样的浅表关系。以合作共赢为目的，即平台企业良好运转，校方的线上教学长期发展。平台为各校建立专门的板块，根据学校性质、专业性质、学生素质的不同设置专门化的通道，以及建设校企间的沟通渠道，及时沟通需求与问题，建设良好的战略性合作。

6. 师生能力培养创新化

（1）教师能力培养。

在线上教学质量管理体系中，打造一支素质高、教学能力强、信息技术水平高的线上优秀师资团队是提高高校线上教学质量的关键。

高校应培养教师信息意识。在线上课堂中，信息化成为其最显著的变化。高校教学管理应通过政策的宣传和指引帮助教师树立信息意识，提高对信息的捕捉力和敏感度，将对信息的运用内化为自觉意识，自然地融入教学创新及专业研究，从而不断地跟随时代脚步。

另外，高校应注重提升教师信息技术水平。信息技术水平体现出教师对信息的运用能力，就目前情况来看，教师的信息技术水平仍需提高。高校应针对不同教师的学科特点和岗位需求开展多样化的教学技术培训，提高教师运用信息技术的能力，帮助教师适应现代化教学环境，推动教学创新的实现。高校应有针对性地发布线上教学技术指南，帮助高校教师群体能够在实现操作“无障碍”教学的基础上进行高质量教学。

注重发展教师教学能力。为适应教学新形势，教师的语言能力、专业知识、信息技术运用能力、课堂组织能力等都必须大幅度提升，教学能力的不断提高始终是职业生涯的永恒追求。为此，开通专门的教师发展之路，不断开展为教师素质提升与创新能力培养“配货”，为教师提供广阔的学习与交流平台，促进学术探讨与教学经验的交流与分享，从而有效提升教学能力。

（2）学生能力培养。

学生的自主能力是目前线上教学培养人才的核心任务之一，也是当今创新人才必备的素质之一。学生在离开传统的教室环境下的学习，缺乏教师与管理者的实时监督和同学间的沟通交流，其自主能力的优劣成了影响学习质量的重要因素。线上教学中，教师作为监管者的角色被削弱，管理者与教师需引导学生形成自我规范的学习能力，教会学生如何自律，如何在线上教学中高效率地学习。管理者、教师首先让学生充分自我认识，鼓励学生用持之以恒的态度和恰当的方法将目标实现，通过教学内容与方法的改进教会学生自主学习、如何学习、终身学习。高校线上教学中，管理者引导学生感受到信息技术的教学魅力，教师可多设置小组交流合作的学习模式，以小组的模式激发学生的主动探究能力，根据不同类别学生设置个性化教育方案，尽可能地满足学生自主学习需求，构建线上教学独特学习文化，营造良好育人氛围。另外，也需转变学生的学习观念，使学生摒弃功利学习思想，寻找内在的学习动力。在线上教学设施条件上，高校可通过互联网技术以及人工智能的支撑，将线上教学资源优化配置，给予学生更多的学习动力，实现更加立体、生动、高效的线上教学，推动个性化定制学习模式的产生。

第七章　现代高校教学的发展趋势

第一节　现代信息技术进步促进高校教学的发展

一、现代信息技术应用于高校教学的优势和必要性

在全球信息化时代的大背景下，我国高等教育受到了现代信息技术的强力冲击和挑战。现代信息技术正深刻改变着高等教育的教学形式、教学手段和师生交流方式。因此，运用现代信息技术，构建优质高效教学资源，优化教育过程，培养学生的信息素养，促进教育现代化进程，成为高校教学的必然趋势。现代信息技术与高校教学的有效融通，必将进一步促进我国高等教育改革，全面提高教学质量。

（一）教育信息化是高校教学发展的必然要求

高等教育现代化主要体现在教育理念更新、教学体系改革和教学模式改进。现代信息技术的高速发展，促使高校教育从教学内容、教学手段、教学管理等各方面进行变革，为高等教育发展提供了强大推动力。将现代信息化技术深入融于高校教学，有利于提升高校教学质量和学生学习效率，有利于充分发挥教学过程中师生的互动性，有利于提高学生的信息素养和创新意识。现代信息技术与高校教学的有效融合，是新形势下高校教学发展的必然要求，有利于促进教学体系变革，全面提升高校教学质量。

（二）现代信息技术在高校教学中的应用优势

高校教育信息化克服了传统教学模式的诸多弊端，重构了一个学生为主体、教师引导的新教学生态。在现代信息技术的辅助下，“教”与“学”过程得到了全面改善和提升，具备了开放性、互动性和高效性的特点，为提升教学质量创造了条件。与传统教学模式相比，教育信息化具有五个明显优势：一是教学资源的丰富性。现代信息技术以互联网为支撑，覆盖了丰富且形式多样的教学资源。图片、广播、视频等各种教学载体代替了单调的课本，能最大限度地激发学生的学习热情。二是教学内容的时效性。现代信息技术汇聚了国内外最新的科研成果和教学资源，教师通过培养学生自学能力来获得最新知识，形成稳定的教学活动。三是教学内容的多元性。师生可根据个人需求获取感兴趣的教学内容，满足个性化学习的需要，学生在兴趣引导下能够化被动学习为主动学习，极大提高了学习效果。四是突破学习的时空限制。现代信息技术通过远程教育等网络学习手段，使教学突破了时间和空间的限制，实现随时随地学习，提高了学习效率。五是教学资源共享性。通过优质教学资源共享共建，避免了教学资源浪费，提高了教学资源质量。

二、现代信息技术在高校教学中的促进作用

（一）优化传统的教学组织形式

班级教学方式是各大高校较为常用的教学组织形式。随着现代信息技术在高校课堂中的不断渗透，传统的教学组织形式也发生了变化。当前，有限的课堂时间已经不能满足高校学生对于自身专业知识学习的需求，高校教师需要运用现代教育技术设计微课教学、远程教学以及定制个性化的教学内容，运用多元化的信息技术手段满足学生的学习和发展需求。总之，现代信息技术有利于促进高校传统的教学形式的完善和发展，有利于提升高校学生的学习效率。

（二）有效渗透多元化的系统思维

作为信息化时代发展的产物，各大高校在运用现代信息技术时，更具科学化、完整化、系统化和全面化的特点，同时现代信息技术作为理论知识和具体实践的纽带，可以凭借较强的操作性和实践性促进新时代教育的全面发展和进步。这些全新的教学理念、多元化的教学技术和丰富多样的教学软件可以帮助学生高效学习各种自己想要掌握的知识和技术。同时，这些开放性的系统思维涵盖了学生在课堂上没有完全掌握的知识点，学生可以根据自己的需要对这些

内容进行查漏补缺，及时纠正在学习过程中发现的问题，从海量的学习资料中汲取自己所需的知识和技能，并且在现代信息技术的辅助下，逐渐形成一套适合自己的学习方法。

在现代信息技术的影响下，高校不少复杂难懂的实验课也能从以往枯燥讲解模式中解脱出来，教师可以运用网络信息技术教学，构建立体化的虚拟场景，带领学生进行专业实验。在这种现代信息技术与高校教学相融合的模式中，渗透了多元化的系统思维，不仅能够能够帮助学生更好地掌握专业知识，还能有效提升学生的动手实操能力。因此，信息技术手段，能够与高校各专业课程进行有效融合，它已经成为高校教学中进行专业型人才、素质型人才、全面型人才培养不可或缺的辅助工具。

三、现代信息技术促进高校教学发展的策略

（一）转变教学理念，完善融合理论

转变教学理念，是现代信息技术促进高校教学发展的关键。现代教育提倡“主导—主体”新型教学结构，即以教师为主导，学生为主体的教学理念。在高校教学中，教师应树立“以生为本”的理念，实现从“主演”到“主导”的角色转变。作为高校教师，应主动学习现代信息技术的前沿理论，学会利用“在线开放课程”“翻转课堂”“新形态教材”“云课程”等学习载体，将新的教学理念融入教学实践中，完善自身教学理念。可以说，教师如果坚持沿用与时代发展不符的教学理念，即使运用最先进的信息技术，也无法改变传统教学的本质。因此，要想实现现代教育技术与高校教学的高度融合，教师应转变教学理念，在教学过程中应用各种全新的教育理论知识指导各类教学活动。

（二）优化课程设置，更新教学内容

为实现现代信息技术促进高校教学发展的目的，信息技术不但要“新”，教学内容也要“新”。根据专业发展和全新的人才需求观念，高校需要适当调整学科体系，优化课程设置，更新课程教学内容，及时反映国内外学术前沿动态和最新研究成果。高校需要通过在线学习和课堂讲授相结合的方式，根据学生的实际学习需求对课程模式和教学内容进行优化设计，充分发挥学生的自学能力，让学生不仅具有专业的知识储备，还具有符合时代发展的专业实践能力。

第二节 教师教学能力提升推动高校教学的发展

一、现代高校教师需具备的教学能力

（一）高校教师需具备的一般教学能力

高校教师的一般教学能力是指为达成教学目标，所有高校教师都应具备的通用教学能力。根据课前、课中、课后整个教学过程的需要，高校教师应具备以下教学能力。

1.知识更新能力

教师所具备知识的广度和深度是教学能力的基础，教学能力也必然要以宽厚扎实的教学知识和学科专业知识为前提。知识是能力的基础，学术层次越高，对教师专业化的程度要求也越高，教师应该具有广阔的知识基础，并具备较强的知识关联能力。高校教师具备的知识应该包括特定学科的相关的专业知识、基础文化知识、教育学相关的知识（特别是高等教育学及高等教育哲学等）、心理学相关的知识（特别是教育心理学、高等教育心理学及大学生心理等）、实践方面的知识以及高校教师在实际的教学过程中所具备的课堂相关的情境知识。新知识的快速发展必然会使得原有知识老化，所以高校教师应当具备较强的知识更新的能力。

2.课前钻研与设计能力

课前钻研与设计能力是教学能力的基础，能够反映教师教学准备和教学设计的质量。做好课前计划能够使教师对将要进行的教育教学活动具备更多主动权。课前计划是教师在教学任务开始之前的准备工作，包括了教师对教学任务、教学目标、教学方法、学习者特点以及教学策略和情境的分析和判断过程。课前钻研与设计能力包括教师对一门课程总教学目标和分教学目标的掌握能力、教师分析处理教材的能力、教师分析掌握教学大纲的能力、教师对学生个性特点的了解判断能力、教师教学设计能力以及制定教学计划的能力。高效的教师能够根据学生的不同特点，不同的学术程度来选择不同的教学方式。优秀的教师会在课前制定详尽的教学计划，乐意利用自己的额外时

间为学生提供帮助。

3. 课堂管理能力

教师在教学过程中，总会遇到一些在课前计划中没有预料到的问题，教师为了使课堂教学实现预设的教学目标，对此类问题的处理能力称为课堂管理能力。从现象上看，教师能够通过课堂管理在教学过程中调动学生的热情，让学生充分融入学习过程中，还能够运用多种教学方式，使教学内容更贴合学生的经验，帮助学生掌握，同时，根据学生的接受程度，调整教学难度，鼓励学生积极思考，提高学生学习的主动性。对学生影响最大的往往是那些对学生倾注爱心的老师，他们愿意为学生付出额外的时间，真诚对待每个学生，关心学生生活，通过鼓励帮助学生建立自信心。除了对学生的关心和耐心，教师还应具备语言表达能力和非语言表达能力、多媒体运用和选择能力、教学策略选择和运用能力、随机应变应对课堂突发状况的能力以及人际沟通能力。

4. 教学评价和反馈能力

教学评价能力和反馈能力是教师为了保证教学达到预期的教学目标，不断对教学活动本身进行计划、评价、反馈、检查以及调节的能力。教学评价和反馈能力既包括了教师对教学活动的预先计划及安排，也包括了教师对实际教学活动进行的监察评价和反馈。在教学活动中，教师需要及时将教学成果和学生学习掌握情况向学生进行反馈，并努力创设积极的学习过程。教师掌握教学评价和反馈能力，能够帮助自身了解教学优势，避免和纠正教学中的问题，从而实现有效教学。

5. 教学研究能力

现在很多高校受功利思潮的影响，盲目地攀比并效仿建设研究型大学，重视科研轻视教研，对教学研究没有引起足够的重视，使得部分高校教师教学研究能力欠缺。教学研究的过程是教师不断思考教学程序，总结教学经验，反思教学实践的过程，是教师主体提高教学能力的有效途径，很多不具备科研实力或者科研条件不充足的普通高校的教师，应该多进行教学研究，可以将自身实际情况与本校具有特色的学科专业相结合，从教学研究中获得启发，提高教学水平。教学是高等学校的主要目标和最基本的任务，即使是研究型大学，其科研活动也是在保障教学质量的前提下进行的。各高校应灵活处理教研与科研的关系，并切实有效地强化高校教师的教学和科研能力。

（二）高校教师需具备的特殊教学能力

1.实践教学能力

实践教学能力是教师在教学过程中能将相关行业、专业的知识技能和实践经验运用于教学，并能够有效指导学生实验实训、科技开发创新等实践活动的能力。

教师的实践教学能力是以自身具备相关的实践经验为基础的，包括了指导、组织和评价学生进行课程实习，课程设计，课程实验，课程实训，毕业实习和毕业设计等的具体教学能力。在具体的实践教学过程中，教师的实践教学能力体现为能够为相关理论课程开发相应的实践项目的课程资源开发能力以及运用相关案例组织理论教学的实践教学实施能力。教师在企业和行业进行实践锻炼的过程中，要勤于观察和思考，善于发现并妥善解决相关行业和企业单位的实际问题，在发现和解决实践问题的过程中，提高自身的实践教学能力。科技创新能力和科技开发能力也可以归入实践教学能力，以解决企业问题为目的横向科研项目要求教师能够运用自身的理论专长解决企业的实际问题，这个过程是对教师科技开发能力和科技创新能力的锻炼。

2.结合实践的专业课授课能力

高校教师除了具备一般教学能力，还应具备结合实践的专业课授课能力，让学生掌握实践领域的专业技能。教师要通过理论教学课堂和实践教学课程的有机结合，真正使学生具备理论应用于实践的能力。而要具备结合实践的专业课授课能力，教师应首先具备将实践经验转化为学生容易理解的知识的能力。

二、教师教学能力提升推动高校教学发展的策略

为有效促进高校教学的发展，高校可以从以下几个方面提升教师的教学能力。

（一）端正教学态度，培养教学兴趣

兴趣是个体力求认识某项活动的心理倾向，具体体现为一个人对某件事或者某种行为的积极态度和情绪反馈。教学的态度和兴趣是教师职业精神的重要部分，假如高校教师把工作当作自己的兴趣，有了兴趣工作积极性就被激发出来了，工作中也能一直保持乐观的态度，探索教学方法、进行教学研究也会事半功倍，并且在教学过程中可以进一步增强对教学的兴趣。

高校教师秉承着敬业精神，教学中重视对品德的教育，扛起教书育人的大旗，积极投身到教学工作中。发自内心的将教学、育人与科研联系在一起，将自己的全部精力和热血投入到教学工作中，而不是将教学看成是一种谋生的手段与地位的象征。因此，高校教师要增加对教学的热爱，研究教学技巧、把握教学特点、分析教学对象的特征，扩宽自己的学术视野，为学生营造融洽的学习氛围。

（二）加强知识学习，完善知识结构

具备深厚的科学文化知识，是做好一名高校教师需要具备的必要条件。高校教师不仅要有科学文化知识，还应掌握基本的教学理论知识。高校教师要树立终身学习的意识，活到老学到老，坚持持续的自我“充电”，为之后的教学活动打好基础。

高校需要加大对教师的培养力度以及专业知识学习方面的重视度。在大数据时代的今天，信息网络给教师们增加了许多学习平台。高校教师在熟知专业教材的基础上，需要在各种学习平台上进行学科延伸知识的学习与研究，尤其在现代全球化的背景下，跨学科和跨文化不断涌现，高校教师不能只接触研究本领域的知识，还要将专业领域延伸的知识纳入自己的知识结构中。高校教师不仅要做到专业，还要做到渊博，从而让自己的教学能力获得提升，使高校教学获得进一步发展。

三、教师教学能力提升对高校教学发展的重要作用

（一）提升教师教学能力，能够满足学习者个性化的学习需求

提升高校教师教学能力，能够满足学习者个性化的学习需求，这对于高校教学发展有着重要作用。当前，高校新兴的教学模式改变了传统的课堂教学模式，慕课、翻转课堂、微课堂等智慧教学为学生提供了多样化的知识获取途径，这要求教师具备更全面的教学能力。高校教师要为学生选择更有针对性的教学资源，将课堂教学过程进行重新设计，丰富教学内容，改变单一的授课方式。信息技术不仅改变了教学模式，也改变了学习方式。每个学生都可以通过互联网教育平台获得专属的学习计划，适当调整自己的学习进度，选择适合自身的学习方法，挖掘自己最大的潜能。这种个性化的学习方式要求高校教师具备更高的信息化教学水平，满足学生个性化的学习需求。因此如果有效提升高校教师的信息运用能力和教学水平，就能够满足学生个性化的学习需求，促进

高校教学的发展。

（二）提升教师教学能力，能够促进高校智慧校园的建设

提升高校教师教学能力，能够促进高校智慧校园的建设。高校建设智慧校园不仅需要高校完善相关的制度、健全体制机制和升级硬件设施，还需要教师不断提升教学能力，将信息技术真正融入日常课堂教学的整个过程，充分发挥信息技术在教学方面的优势。如果高校教师顺应“互联网+”的发展潮流，运用信息化的教学手段不断改进教学方法、丰富教学内容，努力提升教学能力，就能够促进高校智慧校园的建设，提升高校教学质量，这无疑对高校教学的发展奠定了重要基础。现代社会要求高校教师掌握一定的信息技术的能力，因此，高校教师一方面要完善自身教学能力，主动学习研究先进的教学信息技术，增加课程的探究性、趣味性和创造性，另一方面，高校教师要掌握获取优质教学资源、科学评价与反馈等方面的能力，为建设智慧校园和推动高校教学发展打好坚实的基础。

参考文献

[1] 吕村，谭笑风 . 高校教育管理与教学研究 [M]. 长春：吉林文史出版社，2021.

[2] 丁兵 . 当代高校教育管理研究 [M]. 西安：西北工业大学出版社，2019.

[3] 汪文娟，何龙，杨锐 . 高校教育管理创新研究 [M]. 北京：北京工业大学出版社，2018.

[4] 关洪海 . 高校教育管理与创新实践研析 [M]. 北京：冶金工业出版社，2019.

[5] 陈晔 . 新时期高校教育管理实践研究 [M]. 北京：现代出版社，2019.

[6] 贺丹 . 大数据背景下高校教育教学改革研究 [J]. 教育现代化，2018，5（49）：101—103.

[7] 张淑利 . 高校教育管理中以人为本的渗透与体现 [J]. 湖北开放职业学院学报，2018，31（24）：20—21.

[8] 房林 . 浅谈高校“线上教学”的现状、问题及嵌入路径 [J]. 市场研究，2018（12）：15—17.

[9] 杨阳，苏力，石城 . 大数据对现代高校教育管理的影响及改进策略 [J]. 江苏高教，2019（3）：58—61.

[10] 杨大方，宁先胜，孙作青 . 高校学生管理法治化的理性思考 [J]. 现代教育管理，2019（3）：112—116.

[11] 徐硕，侯立军 . 系统论视角下高校教学质量保障体系构建的举措 [J]. 黑龙江高教研究，2019，37（3）：137—140.

[12] 叶雯，贺世红 . 多元共治模式下政府实现高校教育治理现代化的路径研究 [J]. 常州工学院学报（社科版），2019，37（1）：108—112.

[13] 景安磊，周海涛．加强高校教师队伍建设的关键任务和路径探析 [J]. 国家教育行政学院学报，2019（3）：48—52.

[14] 杨超，徐天伟．“双一流”建设背景下地方高校学科建设的路径依赖及其破解 [J]. 学位与研究生教育，2019（6）：25—31.

[15] 冯刚，张芳．新时代高校文化育人的理论与实践探析 [J]. 湖北社会科学，2019（5）：176—183.

[16] 黄彬，刘盾，谢春晓．“双一流”背景下地方高校学科建设：逻辑转向与路径选择 [J]. 黑龙江高教研究，2019，37（8）：1—5.

[17] 邹长满，陈大阳．教育现代化背景下高校数据化管理改革路径 [J]. 北华大学学报（社会科学版），2019，20（6）：117—121.

[18] 贾辉．依法治校背景下高校学生管理法治化 [J]. 思想理论教育，2017（1）：108—111.

[19] 刘刚，李佳，梁晗．“互联网 +”时代高校教学创新的思考与对策 [J]. 中国高教研究，2017（2）：93—98.

[20] 刘一虹．互联网 + 时代创新高校教育管理的思考 [J]. 知识经济，2017（6）：167—168.

[21] 项丹．云计算与大数据时代下的高校教育教学管理信息化策略 [J]. 中国成人教育，2017（6）：40—43.

[22] 陈吉平．高校教育管理的流程再造与优化策略 [J]. 中国成人教育，2017（14）：43—45.

[23] 邹太龙．大数据时代高校教育管理的可能走向及实现路径 [J]. 高教探索，2017（11）：10—16.

[24] 陈妍．网络时代高校教学管理的分析 [J]. 科技资讯，2020，18（35）：140—142.

[25] 姜楠．“互联网 +”思维模式下的高校学生管理探索 [J]. 漯河职业技术学院学报，2021，20（1）：97—99.

[26] 孔丽华．新形势下高校教育管理的现状与机制创新 [J]. 科学咨询（科技 · 管理），2021（3）：44—45.

[27] 徐晓飞，战德臣，张策．关于高校慕课建设规范及应用的思考 [J]. 中国大学教学，2021（5）：85—91.

[28] 鲍威，陈得春，王婧．后疫情时代线上线下学习范式和教学成效的研究——

基于线上线下高校学生调查数据的对比分析 [J]. 中国电化教育，2021（6）：7—14.
[29] 刘彩娜，刘楠楠 . 文化自信视域下高校文化育人提升机制研究 [J]. 边疆经济与文化，2021（8）：104—106.
[30] 杨晓宏，郑新，田春雨 . 线上线下混合式一流本科课程的内涵、建设目标与建设策略 [J]. 现代教育技术，2021，31（9）：104—111.
[31] 邓薇 . 大数据时代下高校管理信息化创新发展路径研究 [J]. 佳木斯职业学院学报，2021，37（10）：132—133.
[32] 张峻峰 . 推进新时代高校文化育人的逻辑进路 [J]. 中国高等教育，2021（23）：64—66.
[33] 刘晓筱 . 高校教育管理信息化的体系建设 [J]. 理论界，2015（7）：146—151.
[34] 查永军 . “双一流”背景下地方高校学科建设困境及突围 [J]. 中国电化教育，2020（1）：70—75.
[35] 刘勉 . 大数据时代下的高校教育管理 [J]. 佳木斯职业学院学报，2020，36（10）：64—66.
[36] 谢守成 . 新时代高校文化建设的基本要求 [J]. 学校党建与思想教育，2017（23）：4—9.
[37] 宁滨 . 新时代加强高校教师队伍建设的若干思考 [J]. 中国高教研究，2018（4）：5—8.
[38] 马星，王楠 . 基于大数据的高校教学质量评价体系构建 [J]. 清华大学教育研究，2018，39（2）：38—43.
[39] 桑晓丹 . 信息化社会对高校教育现代化发展的影响 [J]. 江西电力职业技术学院学报，2018，31（2）：79—80.
[40] 陆芳 . 移动互联环境下的高校翻转课堂教学 [J]. 高等工程教育研究，2018（4）：158—162，167.
[41] 王慧玲 . 高校慕课建设的现状分析与发展对策研究 [J]. 宁波工程学院学报，2018，30（3）：74—78.
[42] 吴艳，黄珊，王笑欢 . 高校教师队伍建设路径研究——基于 25 所高校的调查 [J]. 宁波大学学报（教育科学版），2022，44（2）：107—115.
[43] 邓秀玲，黎慧清 . 翻转课堂在高校课堂教学中的应用及其有效性 [J]. 湖北工

程学院学报，2016，36（5）：86—89.
[44] 傅军 . 浅谈高等院校管理法制化 [J]. 中华女子学院山东分院学报，2009（5）：69—70，84.
[45] 王辉 . 高校校园法制文化建设与研究 [J]. 法制博览（中旬刊），2013（10）：104—105.
[46] 刘毅，叶海峰 . 教育信息化与教育现代化 [J]. 现代教育科学，2005（9）：104—105.
[47] 陈桂香 . 大数据对我国高校教育管理的影响及对策研究 [D]. 武汉：武汉大学，2017.
[48] 李向阳 . 基于大数据环境下高校教育管理信息化创新与发展研究 [D]. 信阳：信阳师范学院，2017.
[49] 易帆 . 以生为本理念下学生参与高校教育教学管理工作的研究 [D]. 长沙：湖南农业大学，2014.
[50] 韩忠全 . 大学生管理法治化研究 [D]. 哈尔滨：哈尔滨师范大学，2017.
[51] 邓雪琳 . 我国高校管理队伍专业化研究 [D]. 长沙：湖南大学，2004.